高等职业教育数字商务高水平专业群系列教材
编写委员会

总主编
张宝忠　浙江商业职业技术学院原校长
　　　　全国电子商务职业教育教学指导委员会副主任委员

执行总主编
王　慧　浙江同济科技职业学院

副总主编
吴洪贵	江苏经贸职业技术学院	陈　亮	江西外语外贸职业学院
张枝军	浙江商业职业技术学院	金渝琳	重庆工业职业技术学院
景秀眉	浙江同济科技职业学院	王庆春	昆明冶金高等专科学校
曹琳静	山西职业技术学院	徐林海	南京奥派信息产业股份公司

编　委（按姓氏拼音排序）

陈　宏	黑龙江建筑职业技术学院	毛卓琳	江西外语外贸职业学院
陈煜明	上海电子信息职业技术学院	孟迪云	湖南科技职业学院
顾玉牧	江苏航运职业技术学院	宋倩茜	潍坊工程职业学院
关善勇	广东科贸职业学院	童晓茜	昆明冶金高等专科学校
胡晓锋	浙江同济科技职业学院	王斐玉	新疆能源职业技术学院
皇甫静	浙江商业职业技术学院	王　皓	浙江同济科技职业学院
蒋　博	陕西职业技术学院	魏　颀	陕西能源职业技术学院
金玮佳	浙江同济科技职业学院	吴　凯	绍兴职业技术学院
李晨晖	浙江同济科技职业学院	余　炜	杭州全新未来科技有限公司
李洁婷	云南交通职业技术学院	张栩菡	浙江同济科技职业学院
李　乐	重庆工业职业技术学院	张宣建	重庆交通职业学院
李　喜	湖南商务职业技术学院	张雅欣	山西职业技术学院
李　瑶	北京信息职业技术学院	张子扬	浙江同济科技职业学院
李英宣	长江职业学院	赵　亮	武汉船舶职业技术学院
刘　丹	武汉外语外事职业学院	赵　琼	广东科贸职业学院
刘　红	南京城市职业学院	郑朝霞	赤峰工业职业技术学院
林　莉	南充职业技术学院	周　聪	浙江同济科技职业学院
刘婉莹	西安航空职业技术学院	周　蓉	武汉职业技术大学
柳学斌	上海中侨职业技术大学	周书林	江苏航运职业技术学院
卢彰诚	浙江商业职业技术学院	周月霞	杭州新雏鹰知识产权代理有限公司
陆春华	上海城建职业学院	朱林婷	浙江商业职业技术学院
罗天兰	贵州职业技术学院	朱柳栓	浙江商业职业技术学院

高等职业教育数字商务高水平专业群系列教材

总主编：张宝忠

流通经济学实务

主　编 / 李晨晖　金玮佳
副主编 / 范洪梅　王艺丹　吴凯　侯锐　李唯可　屠明达

华中科技大学出版社
http://press.hust.edu.cn
中国·武汉

内 容 提 要

本书全面深入地研究和分析了以货币为媒介的商品交换，以及在商品交换基础上形成的商品流通经济规律。旨在揭示流通运行的内在机制、流通组织的市场关系、流通体系在整个国民经济运行中发挥的特定作用，分析流通运行的政策制度体系和流通产业的未来发展趋势。本书共设置九个章节，分别为认识商品流通、商品流通的一般规律、流通的过程、流通的运行、现代流通产业、流通的体系、流通企业、流通的保障，以及流通产业的展望。每章配有情境导入、流通中国、案例阅读、思政园地、拓展课堂、延伸阅读、即测即评等数字资源。本书职业教育特色鲜明，适用于高等职业教育财经商贸类专业教学，以及企业职业技能培训等。

图书在版编目(CIP)数据

流通经济学实务 / 李晨晖，金玮佳主编 . -- 武汉：华中科技大学出版社，2024.6. -- (高等职业教育数字商务高水平专业群系列教材). -- ISBN 978-7-5772-0884-8

Ⅰ. F014.3

中国国家版本馆 CIP 数据核字第 2024RQ8845 号

流通经济学实务
Liutong Jingjixue Shiwu

李晨晖　金玮佳　主编

策划编辑：	宋　焱　张馨芳
责任编辑：	董　雪　余晓亮
封面设计：	廖亚萍
责任校对：	张汇娟
责任监印：	周治超

出版发行：华中科技大学出版社（中国·武汉）　　电话：（027）81321913
　　　　　武汉市东湖新技术开发区华工科技园　　邮编：430223

录　　排：华中科技大学出版社美编室
印　　刷：湖北新华印务有限公司
开　　本：787mm×1092mm　1/16
印　　张：14.25　　插页：2
字　　数：330 千字
版　　次：2024 年 6 月第 1 版第 1 次印刷
定　　价：49.80 元

本书若有印装质量问题，请向出版社营销中心调换
全国免费服务热线：400-6679-118　　竭诚为您服务
版权所有　侵权必究

网络增值服务

使用说明

欢迎使用华中科技大学出版社人文社科分社资源网

1 教师使用流程

（1）登录网址：https://bookcenter.hustp.com/index.html（注册时请选择教师身份）

注册 → 登录 → 完善个人信息 → 等待审核

（2）审核通过后，您可以在网站使用以下功能：

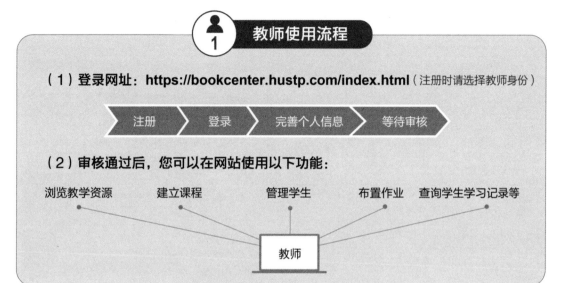

2 学员使用流程

（建议学员在PC端完成注册、登录、完善个人信息的操作）

（1）PC端学员操作步骤

① 登录网址：https://bookcenter.hustp.com/index.html（注册时请选择学生身份）

② 查看课程资源：（如有学习码，请在"个人中心—学习码验证"中先验证，再进行操作）

（2）手机端扫码操作步骤

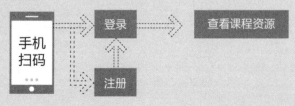

如申请二维码资源遇到问题，可联系编辑宋焱：15827068411

总 序

以数字经济为代表的新经济已经成为推动世界经济增长的主力军。数字商务作为先进的产业运营方法,以前沿、活跃、集中的表现方式,助推数字经济快速增长。在新的发展时期,我国数字商务的高速发展能有效提升产业核心竞争力,对我国经济的高质量发展有重要的意义。在此背景下,数字商务职业教育面临更加复杂和重要的育人育才责任。

(一)新一代信息技术推动产业结构快速迭代,数字经济发展急需数字化人才

职业教育最重要的特质与属性就是立足产业与经济发展的需求,为区域经济转型和高质量发展提供大量高素质技术技能人才。以大数据、云计算、人工智能、区块链和5G技术等为代表的新一代信息技术全方位推动整个社会产业经济结构由传统经济向数字经济快速迈进。数字经济已经成为推动世界经济增长的主力军。

产业数字化是数字经济中占比非常大的部分。在产业数字化中,管理学和经济学领域的新技术、新方法、新业态、新模式的应用带来了较快的产业增长和效率提升。过去十年,中国数字经济发展迅速,增长速度远远高于同期GDP增长率。

持续发展的通信技术、庞大的人口基数、稳固的制造业基础以及充满活力的巨量企业是中国数字经济持续向好发展的基础与保障,它们使得中国数字经济展现出巨大的增长空间。数字经济覆盖服务业、工业和农业各领域,企业实现数字化转型成为必要之举,熟悉数字场景应用的高素质人才将成为未来最为紧缺的要素资源。因此,为企业培养和输出经营、管理与操作一线人才的职业教育急需做出改变。

(二)现代产业高质量发展,急需明确职业教育新定位、新目标

2019年以来,人力资源社会保障部联合国家市场监督管理总局、国家统计局陆续发布新职业信息,其中包括互联网营销师、区块链工程技术人员、信息安全测试员、在线学习服务师等市场需求迫切的新职业信息。相应的新职业具有明确的人才培养目标和课程体系,对培养什么样的人提出了明确的要求。

专业升级源自高质量发展下的产业升级。在全球数字化转型的背景下，如何将新一代信息技术与学科专业、企业、行业各领域深度融合，对新专业提出了新要求。2021年3月，教育部印发了《职业教育专业目录（2021年）》。该专业目录通过对接现代产业体系，主动融入新发展格局，深度对接新经济、新业态、新技术、新职业。同时，新专业被赋予新内涵、新的一体化知识体系、新的数字化动手能力，以有效指导院校结合区域高质量发展需求开设相关专业。

具备基本的数字经济知识将成为职业院校培养高素质技术技能人才的基本要求。职业院校要运用新一代信息技术，通过知识体系重构向学生传授数字化转型所需要的新知识；要学习大数据、云计算、人工智能、区块链、5G等新技术，让学生适应、服务、支持新技术驱动的产业发展；要与时俱进地传授数字技能，如数据采集与清洗、数据挖掘与分析、机器人维修与操作、数字化运营、供应链管理等，因为学生只有具备数字技能，才能在未来实现高质量就业。

为什么要在这个时间节点提出"数字商务专业群建设"这一概念，而不是沿用传统的"电子商务专业群建设"概念？可以说，这是时代的需要，也是发展的选择。电子商务是通过互联网等信息网络销售商品或者提供服务的经营活动，它强调的是基于网络；而数字商务是由更新颖的数字技术，特别是将大数据广泛应用于商务各环节、各方面形成的经营活动，它强调的是基于数据。

1. 数字商务包括电子商务，其内涵更丰富，概念更宽广

商务部办公厅于2021年1月发布的《关于加快数字商务建设 服务构建新发展格局的通知》，将电子商务理解为数字商务最前沿、最活跃、最重要的组成部分。数字商务除了电子商务外，还包括电子政务、运行监测、政府储备、安全监督、行政执法、电子口岸等与商务相关的更广泛的内容。

2. 数字商务比电子商务模式更新颖

无论是实践发展还是理论的流行，数字商务都要比电子商务晚一些。数字商务是电子商务发展到一定阶段的产物，是对电子商务的进一步拓展。这种拓展不是量变，而是带有质变意义的新的转型与突破，可以带来更新颖的商务模式。

3. 数字商务更强调新技术，特别是大数据赋能

上述新颖的商务模式是由5G、物联网、大数据、人工智能、区块链等较为新颖的技术及其应用，特别是大数据的应用所催生的。数据驱动着更前沿的数字技术广泛应用于实体经济中商务活动的各环节、各方面，可以进一步突破先前的电子商务的边界，包括打破数字世界与实体世界的边界，使数字技术更深入地融入实体经济发展。

4.数字商务更强调数字技术跨领域集成、跨产业融合的商务应用

相比电子商务，数字商务不仅包括基于互联网开展的商务活动，而且将数字化、网络化的技术应用延展到商务活动所连接的生产与消费两端；不仅包括电子商务活动的直接关联主体，而且凭借物联网等技术延展到与开展商务活动相关的所有主体和客体，其主线是产商之间的集成融合。这种跨界打通产供销、连接消费和生产、关联服务与管理的应用，是数字商务提升商务绩效的基础。

5.数字商务结合具体的应用场景，更深度地融入实体经济

与电子商务相比，数字商务是更基于应用场景的商务活动，在不同的产业应用场景之下，以多种数字技术实现的集成应用具有不同的内容与形式。实际上，这正是数字商务更深度地融入实体经济的体现。换个角度来理解，如果没有具体应用场景的差别，在各行各业各种条件之下数字技术的商务应用都是千篇一律的，那么，商务的智能化也就无从谈起。从特定角度来看，数字商务的智能化程度越高，就越能灵敏地反映、精准地满足千差万别的应用场景下不同经济主体的需要。

大力发展数字商务，不断将前沿的数字技术更广泛、更深入地应用于各种商务活动，必将进一步激发电子商务应用的活力和功效，不断推动电子商务与数字商务的整体升级。更重要的是，范围更广、模式更新的数字商务应用，必将为自电子商务应用以来出现的商务流程再造带来新的可能性，从而为商务变革注入新的发展动能。

本系列教材的理念与特点是如何体现的呢？专业、课程与教材建设密切相关，我国近代教育家陆费逵曾明确提出"国立根本在乎教育，教育根本实在教科书"。由此可见，优秀的教材是提升专业质量和培养专业人才的重要抓手和保障。

第一，现代学徒制编写理念。教材编写内容覆盖企业实际经营过程中的整个场景，实现教材编写与产业需求的对接、教材编写与职业标准和生产过程的对接。

第二，强化课程思政教育。教材是落实立德树人根本任务的重要载体。本系列教材以《高等学校课程思政建设指导纲要》为指导，推动习近平新时代中国特色社会主义思想进教材，将课程思政元素以生动的、学生易接受的方式充分融入教材，使教材的课程思政内容更具温度，具有更高的质量。

第三，充分体现产教融合。本系列教材主编团队由全国电子商务职业教育教学指导委员会委员，以及全国数字商务（电子商务）学院院长、副院长、学科带头人、骨干教师等组成，全国各地优秀教师参与了教材的编写工作。教材编写团队吸纳了具有丰富教材编写经验的知名数字商务产业集群行业领军人物，以充分反映电子商务行业、数字商务产业集群行业发展最新进展，对接科技发展趋势和市场需求，及时将比较成熟的新技术、新规范等纳入教材。

第四，推动"岗课赛证"融通。本系列教材为"岗课赛证"综合育人教材，将电子商务有关证书的考核标准与人才培养有机融合，鼓励学生积极取得电子商务有关证书，

包括中国电子商务师证书、全媒体运营师职业技能等级证书、网店运营推广职业技能等级证书、数据分析师证书等。

第五，教材资源数字化，教材形式多元化。本系列教材构建了丰富实用的数字化资源库，包括专家精讲微课、数字商务实操视频、拓展阅读资料、电子教案等资源，形成图文声像并茂的格局。部分教材根据教学需要以活页、工作手册、融媒体等形式呈现。

第六，数字商业化和商业数字化加速融合。以消费者体验为中心的数字商业时代，商贸流通升级，制造业服务化加速转型，企业追求快速、精准响应消费者需求，最大化品牌产出和运营效率，呈现"前台—中台—后台"的扁平化数字商业产业链，即前台无限接近终端客户，中台整合管理全商业资源，后台提供"云、物、智、链"等技术以及数据资源的基础支撑。数字商业化和商业数字化的融合催生了数字商业新岗位，也急需改革商科人才供给侧结构。本系列教材以零售商业的核心三要素"人、货、场"为依据，以数字经济与实体经济深度整合为出发点，全面构建面向数字商务专业群的基础课、核心课，以全方位服务高水平数字商务专业群建设，促进数字商业高质量发展。

根据总体部署，我们计划在"十四五"期间，结合两大板块对本系列教材进行规划和构架。第一板块为数字商务专业群基础课程，包括数字技术与数据可视化、消费者行为分析、商品基础实务、基础会计实务、新媒体营销实务、知识产权与标准化实务、网络零售实务、流通经济学实务等。第二板块为数字商务专业群核心课程，包括视觉营销设计、互联网产品开发、直播电商运营、短视频制作与运营、电商数据化运营、品牌建设与运营等。当然，在实际执行中，可能会根据情况适当进行调整。

本系列教材是一项系统性工程，不少工作是尝试性的。无论是编写系列教材的总体构架和框架设计，还是具体课程的挑选以及内容和体例的安排，都有待广大读者来评判和检验。我们真心期待大家提出宝贵的意见和建议。本系列教材的编写得到了诸多同行和企业人士的支持。这样一群热爱职业教育的人为教材的开发提供了大量的人力与智力支撑，也成就了职业教育的快速发展。相信在我们的共同努力下，我国数字商务职业教育一定能培养出更多的高素质技术技能人才，助力数字经济与实体经济发展深度整合，助推数字产业高质量发展，为我国从职业教育大国迈向职业教育强国贡献力量。

丛书编委会
2024年1月

前言

习近平总书记在党的二十大报告中强调"增强国内大循环内生动力和可靠性,提升国际循环质量和水平"。现代流通体系则是国内大循环的基础骨架。在加快构建以国内大循环为主体、国内国际双循环相互促进的新发展格局下,现代流通体系的内涵进一步深化和拓展。在此背景下,我们编写了本书。

流通经济学是流通理论界一直致力创建的一门应用经济学。2024年国务院政府工作报告提出深入推进数字经济创新发展。随着数字经济的深入推进、流通技术进步的加速驱动,现代流通产业将朝着数字化、组织化、绿色化、国际化方向发展。本书紧跟时代步伐,在介绍基础理论知识的同时,加入流通行业新技术、新理念,让学生理解和掌握数字经济新模式下的流通活动的发展与创新,深化对现代化流通体系内涵的理解。同时本书辅以操作性实训,旨在培养学生对流通企业业务的认知、操作应用能力和分析能力,提高学生在流通经济领域的信息技术创新思维能力。

与同类教材相比,本书具有以下特点。

1.践行课程思政,落实立德树人要求

本书紧盯流通经济领域的发展变化,以习近平新时代中国特色社会主义思想为指导,以塑造高素质技术技能人才为目标,通过流通中国、思政园地、案例阅读、拓展课堂等数字资源,有机融入思政元素,凸显教材育人功能,培养学生职业精神和工匠精神。

2.产教融合,紧跟时代步伐

本书编写团队与新道科技股份有限公司共同合作,将业财一体信息化应用职业技能等级证书考试的知识点和技能点融入课程教学,实现"1+X"证课融通;并以聚水潭-电商云ERP为蓝本设计实训练习,介绍流通企业采购管理、销售管理、库存管理等子系统的应用方法和操作流程。

3. 配套信息化资源，助力教学改革

本书资源以信息化网络教学资源为主，搭配配套案例、PPT、即测即评等多媒体教学资源，不断更新课后习题，并设置在线互动讨论区。

本书在编写过程中参考了国内外相关教材和论文等资料，得到了新道科技股份有限公司的大力支持，在此我们深表谢意！由于编者水平有限，书中难免有疏漏和不妥之处，敬请读者提出宝贵意见，以便日后修改完善。

编　者
2024年3月

目录

第一章 认识商品流通   1
  思维导图   1
  学习目标   2
  第一节 流通的产生   2
  第二节 流通的功能、地位与作用   6
  第三节 我国流通体制的发展历程   12
  本章小结   17

第二章 商品流通的一般规律   19
  思维导图   19
  学习目标   20
  第一节 供求规律   20
  第二节 价值规律   29
  第三节 竞争规律   34
  第四节 平均利润率规律   38
  第五节 消费者行为规律   43
  本章小结   47

第三章 流通的过程   48
  思维导图   48
  学习目标   49
  第一节 流通中的商流   49
  第二节 流通中的物流   53
  第三节 流通中的信息流   58
  第四节 流通中的资金流   63
  本章小结   71

第四章 流通的运行 72
思维导图 72
学习目标 73
第一节 流通主体 73
第二节 流通客体 79
第三节 流通载体 83
第四节 流通渠道 87
本章小结 92

第五章 现代流通产业 94
思维导图 94
学习目标 95
第一节 批发商业 95
第二节 零售商业 101
第三节 连锁经营 110
第四节 电子商务 113
第五节 现代服务业 118
本章小结 124

第六章 流通的体系 126
思维导图 126
学习目标 127
第一节 流通体系 127
第二节 流通模式 134
第三节 现代流通管理体系 137
本章小结 142

第七章 流通企业 143
思维导图 143
学习目标 144
第一节 流通企业概述 144
第二节 流通企业的经营与管理 150
第三节 流通企业的创新 159
本章小结 164

第八章 流通的保障 165
 思维导图 165
 学习目标 166
 第一节 流通装备与设施系统 166
 第二节 流通信息系统 171
 第三节 流通标准系统 179
 本章小结 187

第九章 流通产业的展望 188
 思维导图 188
 学习目标 189
 第一节 流通产业的现状 189
 第二节 流通产业的政策 194
 第三节 流通产业的发展 200
 本章小结 210

参考资料 211

数字资源目录

第一章 认识商品流通   1
情境导入 1-1   2
延伸阅读 1-1   2
历史上的三次社会大分工   3
三次产业是怎样划分的   5
流通中国 1-1   6
计划经济时期中国流通产业四阶段   14
思政园地 1-1   17
第一章即测即评   18

第二章 商品流通的一般规律   19
流通中国 2-1   20
延伸阅读 2-1   20
竞争与竞争要素   34
八种视同销售行为   40
拓展课堂 2-1   47
思政园地 2-1   47
第二章即测即评   47

第三章 流通的过程   48
流通中国 3-1   49
延伸阅读 3-1   49
案例阅读 3-1   53
案例阅读 3-2   56
思政园地 3-1   58
案例阅读 3-3   61
思政园地 3-2   63

拓展课堂 3-1　　　　　　　　　　　　　　　　　　　　63
　　第三章即测即评　　　　　　　　　　　　　　　　　　71

第四章　流通的运行　　　　　　　　　　　　　　　　72
　　情境导入 4-1　　　　　　　　　　　　　　　　　　　73
　　延伸阅读 4-1　　　　　　　　　　　　　　　　　　　73
　　其他交易方式　　　　　　　　　　　　　　　　　　　77
　　思政园地 4-1　　　　　　　　　　　　　　　　　　　92
　　第四章即测即评　　　　　　　　　　　　　　　　　　92

第五章　现代流通产业　　　　　　　　　　　　　　　　94
　　流通中国 5-1　　　　　　　　　　　　　　　　　　　95
　　三种类型批发企业的比较　　　　　　　　　　　　　　98
　　连锁商店的三种形式　　　　　　　　　　　　　　　103
　　案例阅读 5-1　　　　　　　　　　　　　　　　　　110
　　案例阅读 5-2　　　　　　　　　　　　　　　　　　113
　　连锁经营　　　　　　　　　　　　　　　　　　　　113
　　流通中国 5-2　　　　　　　　　　　　　　　　　　117
　　文化产业范围与内容　　　　　　　　　　　　　　　118
　　科技服务业的范围与内容　　　　　　　　　　　　　120
　　科技服务业发展的重点任务　　　　　　　　　　　　121
　　拓展课堂 5-1　　　　　　　　　　　　　　　　　　124
　　第五章即测即评　　　　　　　　　　　　　　　　　125

第六章　流通的体系　　　　　　　　　　　　　　　　126
　　流通中国 6-1　　　　　　　　　　　　　　　　　　127
　　我国的流通体系　　　　　　　　　　　　　　　　　128
　　网红营销与主播直播产业　　　　　　　　　　　　　135
　　自媒体时代与粉丝经济　　　　　　　　　　　　　　135
　　案例阅读 6-1　　　　　　　　　　　　　　　　　　136
　　拓展课堂 6-1　　　　　　　　　　　　　　　　　　137
　　案例阅读 6-2　　　　　　　　　　　　　　　　　　139
　　思政园地 6-1　　　　　　　　　　　　　　　　　　142
　　第六章即测即评　　　　　　　　　　　　　　　　　142

第七章　流通企业　　　　　　　　　　　　　　　　　143
　　流通中国 7-1　　　　　　　　　　　　　　　　　　144
　　拓展课堂 7-1　　　　　　　　　　　　　　　　　　160

思政园地 7-1	164
实训一　聚水潭平台介绍及基础信息设置	164
实训二　订单管理	164
实训三　采购管理	164
实训四　库存管理	164
第七章即测即评	164

第八章　流通的保障 — 165

情境导入 8-1	166
延伸阅读 8-1	166
流通设施	168
案例阅读 8-1	171
流通信息系统	173
思政园地 8-1	179
拓展课堂 8-1	187
第八章即测即评	187

第九章　流通产业的展望 — 188

情境导入 9-1	189
延伸阅读 9-1	189
案例阅读 9-1	194
思政园地 9-1	200
拓展课堂 9-1	210
第九章即测即评	210

第一章 认识商品流通

思维导图

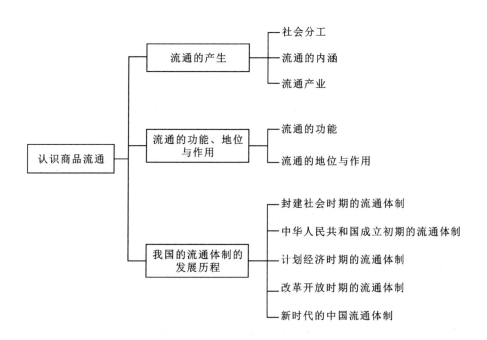

学习目标

◇ **知识目标**

(1) 了解流通的产生；
(2) 理解并掌握流通的功能；
(3) 理解流通的地位与作用；
(4) 了解我国流通体制的发展历程。

◇ **能力目标**

(1) 能够分析流通产业实例中流通的作用；
(2) 能够厘清我国流通产业的分类；
(3) 能够掌握我国流通体制的现状。

◇ **素养目标**

(1) 引导学生了解中国国情，培养学生爱国情怀；
(2) 让学生关注中国经济问题，培养学生辩证、系统的经济分析思维；
(3) 引导学生了解中国社会主义基本经济制度，学习中国文化，增强学生对中国特色社会主义的道路自信、理论自信、制度自信、文化自信。

情境导入1-1   延伸阅读1-1

第一节　流通的产生

一、社会分工

从历史上看，分工，特别是社会分工，是商品交换的前提。商品交换的形式与规模是随着社会分工的出现及深化而不断发展与扩大的。

（一）社会分工的作用及历史

分工是指组织或个人各自从事不同的工作或活动，其在人类社会的发展过程中发挥着巨大的、无可替代的作用。分工伴随着人类社会的产生、发展而不断深化，每一次历史性的进步都是分工深化的结果。分工使劳动得以专门化，提高了工人的熟练程度，使单位产量得以提高；另外，分工还使劳动得以简化，使专门从事某项操作的工人可以把全部精力倾注到一种简单的事务上，便于改进工具和发明机器；此外，分工还能节省由一种工作转移到另一种工作时所花费的时间。人类发展史上先后出现了三次社会大分工，推动了不同生产方式的产生和发展，促进了人类社会向文明时代的进步。社会分工是商品交换、商品流通形成和发展的前提条件。

文档　视频
历史上的三次社会大分工

（二）分工、交换与流通

分工起因于交换，分工程度受交换能力的制约，即受市场范围的限制。分工提高了每个劳动者在某一个领域的劳动技能与熟练程度，促进了劳动工具的不断改进和完善，加快了生产经验的积累，因而大大提高了专业化劳动效率，节约了生产成本和资源，增加了社会财富的积累速度。

交换是解决生产和消费之间矛盾的最好手段。交换是两个以上的个人或组织相互提供各自活动及其成果的行为，包括劳动的交换和劳动成果交换，即商品的交换。商品交换是指不同企业或个人通过某种条件相互转让自己所有的商品。通过交换，商品所有权发生转移，商品从生产领域进入消费领域，实现了价值和使用价值的统一，也实现了大规模生产与小批量零星消费之间的矛盾调和。与此同时，交换的广度和深度不断发展，也会反过来促进生产和消费的进一步细分。可见，分工是商品交换的前提，商品交换形式的发展和规模的扩大，也是社会分工不断深化的条件。

商品流通是随着社会生产的发展，以及商品货币关系的出现而产生的。商品流通的出现，克服了物物交换的困难，促进了商品生产和商品交换的发展，专门从事商品交换的商人随之出现，加速了商品的流通，提高了社会经济效益，这是商品生产和商品交换发展进程中的一大进步。

（三）商品流通过程

商品流通过程，是指商品从生产领域向消费领域运动的经济过程。整个社会的商品，从离开生产过程后，会通过一系列以货币为媒介的错综复杂的交换关系，到达消费领域，整个流通过程具有丰富的内容，它是社会再生产活动中具有相对独立的特殊功能的客观经济过程。

商品流通过程对于交换的当事人来说可以分为两个阶段，即买和卖。商品流通的所有经济活动都是围绕着买和卖进行的。买和卖的两端，一端是货币（G），另一端是商品（W）。商品和货币在空间位置上的互换和在时间上产生的顺序不同，形成商品流通的两个不同阶段：W—G 和 G—W。这两个阶段紧密相连、相互交织，在不同情况下处于不同的地位，从而发挥着不同的作用。构成商品流通两个阶段的买和卖，实际上是作为商品的二重性在流通过程中的一种表现形式。作为价值形式，它表现为货币（G）；作为使用价值形式，它又表现为商品（W），并且W—G或G—W这两种流通形态也处于不断地转化过程中。

商品流通两个阶段的位置交替和作用的变化，反映着流通过程与生产和消费过程的相互制约关系，也是流通过程的主要内容。从直接生产过程来看，G—W 是购买过程，而 W—G 则是销售过程；而从整个社会再生产总体来看，买和卖构成的流通过程成为两个生产过程的中介。

从总体上来讲，商品流通有两种基本表现形式：一种是 W—G—W，另一种是 G—W—G′。前者称为简单商品流通形式，是由简单再生产决定的；后者称为发达商品流通形式，是由发达的商品生产决定的。商品生产的性质决定了两种流通形式有着本质的区别。

简单商品流通形式（W—G—W）的特点：先卖后买，卖的目的是买；商品是流通过程的出发点和归宿；货币是过程的中介，以卖开始，以买结束；流通的最终目的是取得使用价值。

发达商品流通形式（G—W—G′）的特点：先买后卖，买的目的是卖；货币是流通过程的出发点和归宿；商品是过程的中介，以买开始，以卖结束；流通的最终目的是取得更多的交换价值，实现货币的增值。

二、流通的内涵

从总体上看商品的交换过程，流通就是指商品从生产领域向消费领域转移的经济过程。流通有广义与狭义之分。广义的流通是指资金的运动过程，也就是以价值形式表现的社会再生产过程。

马克思和恩格斯从三个角度进一步阐述了流通的内涵：流通是社会再生产过程，是生产、分配、交换（流通）、消费中的一个独立的经济活动；流通是以货币为媒介的商品交换；流通是商品占有者的全部相互关系的总和。

马克思的流通观告诉我们，流通是以货币为媒介的商品交换，是随着社会生产的发展、商品货币关系的出现而产生的。流通的形成与社会分工是紧密联系在一起的，社会分工是商品交换、商品流通形成和发展的前提条件，只要社会分工存在就会有商品交换，就会有商品流通。流通是商品经济特有的范畴。在商品经济条件下，流通是社会生产过程的重要阶段，它把生产和由生产决定的分配同消费联系起来，成为生产和消费之间必不可少的中间环节。流通的出现，是商品交换进一步发展的结果。通过流通过程，不断完成商品的形态变化，实现商品由生产领域向消费领域交换的运动过程，从而为社会主义扩大再生产提供必要条件。可见，流通构成了社会再生产的中间环节，其一端联系着生产，另一端联系着消费，因而成为再生产过程的中介，是连接生产和消费的媒介。

三、流通产业

（一）产业的含义

产业是指由提供相近产品或服务，在相同或相关价值链上活动的企业共同构成的企业集合，产业是社会分工的产物，也是社会生产力发展的必然结果。产业的形成是多层次的。随着生产力水平的不断提高，产业的内涵不断充实，产业的外延也在不断拓展。根据《国民经济行业分类》（GB/T 4754—2017），流通产业包括大部分的第三产业，其中，商品的物流分别包括在交通运输、仓储和邮政业中，电子商务（网上交易）包括在信息传输、软件和信息技术服务业中。

三次产业
是怎样划分的

（二）流通产业的含义及分类

流通产业是指从事和组织流通经济活动的流通企业所构成的企业集合。流通产业的主体是流通企业，它们的共性是都属于经营性企业，这些企业各自有着自身的经营优势和经营绩效，它们提供的是在技术上可相互替代的流通服务，但同时它们之间又存在着相互的竞争、合作以及垄断的市场关系，进而构成了流通产业的组织和结构。商品流通产业包括的主要行业领域见表1-1。

表1-1 商品流通产业包括的主要行业领域

序号	行业领域	内容
1	批发和零售业	这是商品流通产业的核心部分，涉及商品的买卖交易
2	餐饮业	包括各种餐厅、食堂等的经营服务活动
3	仓储业	涉及货物的存储和管理
4	交通运输业	与商品的运输相关联的服务活动
5	租赁和商务服务业	包括房屋租赁、商业咨询等服务
6	居民服务与其他服务业	如教育、文化娱乐、医疗保健等非实物商品或服务的相关行业

续表

序号	行业领域	内容
7	贸易平台	通过互联网或其他方式提供的交易平台和服务
8	特种行业	包括某些特定的商品（如酒类、肉类）的批发和零售，以及相关的市场管理服务等

（三）流通产业的产生

产业经济发展的历史可以分为前后连续并不断高度化的三个阶段：一是早期以广义农业为主体的产业经济体系发展阶段；二是近代以工业生产为主体的产业经济体系发展阶段；三是当代以服务业为主体的产业经济体系发展阶段。随着产业结构的不断演进和高度化发展，第三产业逐渐占据主导地位，社会经济也将进入以服务业为主导产业的发展阶段。在三次产业的划分中，流通产业属于第三产业，即服务业的范畴。随着服务业产值占GDP（国内生产总值）的比重逐渐上升，服务经济的社会形态逐渐显现，建立在服务产品生产和配置基础上的经济运行凸显出新的产业特征，服务业更大程度地发挥引领和先导作用。

与此同时，流通产业也不断显现出其基础性产业和先导性产业的特征，在社会经济发展中的地位和作用也越加重要。作为基础性产业，流通产业本身构成了国民经济发展的基础，同时也能通过关联作用较大程度制约其他产业的发展；作为先导性产业，其在市场需求的引导下可以通过产业链延伸带动其他产业的发展，进而促进国民经济的结构调整和良性发展。随着网络经济和数字经济时代的到来，电子商务的不断发展，新的商业模式不断涌现，数字化成为产业转型升级的强大动力，流通产业的重要地位和作用还将进一步凸显。

流通中国 1-1

第二节　流通的功能、地位与作用

一、流通的功能

商品流通功能是由流通运行内在要素的相互作用所决定的，是其相互作用的内在规定性和流通规律性的具体体现。流通功能是在动态的流通运行过程中发挥作用的，它既是流通规律的客观要求和反映，同时也受各种外部环境因素的制约。流通活动在商品或产品的生产与消费过程中发挥的功能表现为以下几个方面。

(一)实现价值功能

商品是用于交换的劳动产品,具有价值和使用价值二重性。价值是凝结在商品中的无差别的人类劳动,是商品的社会属性;使用价值是指商品能满足人们某种需要的属性,是商品的自然属性。商品必须是劳动产品,且只有用于交换才成为商品,因此交换是商品的基本特征,只有通过交换才能完成商品"惊险的跳跃",实现商品价值和使用价值。由此可见,商品一定离不开流通,商品流通是实现商品价值和使用价值的唯一途径,这是流通的基本功能。从商品产生的过程来看,生产企业生产的产品,只有进入流通过程进行交换,即通过买卖行为的不断循环和连续,一方面实现商品的价值,获得相应的货币收入,完成生产过程中必要的劳动耗费的及时补偿;另一方面实现商品的使用价值,满足生产的需要,保证社会再生产的连续正常进行。因此,商品的价值和使用价值的实现过程,也是商品完成交换实现商品所有权转移的过程,这构成了商品流通过程的基本经济内容。

(二)中介功能

商品流通总是处于生产的两端之间:一端是商品的生产者,另一端是商品的消费者。在这里,一方的买意味着另一方的卖,买和卖、购和销必须相互衔接与配合,在时间上继起,在空间上连续,不能发生任何脱节和间断,否则就会造成再生产过程的中断,这就要求有一个中介来连接,而流通正可以担当此任。这样,作为专门从事商品交换的媒介物,商品流通一方联系着生产过程,另一方联系着消费过程,使大规模生产的商品进入流通过程短暂停留,完成产销时空矛盾的转换,进而连续不断地满足消费者的个性化、零星的需求,成为社会再生产过程的中介。这种流通中介功能的发挥,既有效衔接了生产过程和消费过程,又保证了社会再生产过程的连续性。此外,流通中介功能的实现,也有利于流通的环节、速度、规模、质量等方面的改进,还有利于保障生产结构与消费结构的合理性,克服产销脱节的不合理现象。

(三)调节功能

商品流通对于社会再生产过程具有极为有效的调节作用,主要表现为以下几个方面。

1.调节产业结构

商品流通是实现社会再生产的必要条件,它能及时掌握市场,反馈信息,通过供求匹配,满足社会再生产迅速发展的各种需求,保持社会再生产的合理比例关系,提高产品结构和产业结构的合理性,优化国民经济各部门的比例关系和合理结构。

2. 调节资源配置

商品流通是调节社会资源合理流动、实现社会资源合理配置的有效手段，在供求关系和市场竞争规律的引导下，商品流通可以精准满足生产消费和生活消费，实现资源配置的最优化。实现流通成本节约，在有专业流通机构介入商品流通的情况下，各个流通主体通过分工与专业化，都可以专注于自己的专业领域，在商品的生产、交换与物流等领域获得规模经济效益，从而可以极大地降低流通成本。

3. 调节经济利益关系

商品流通是生产企业、消费企业经济利益关系的调节器，通过商品流通的缓冲和中介作用，弥合、化解生产企业与消费企业之间的矛盾和脱节，平衡和调节其间的经济利益关系，满足各方面经济利益的要求并使其合理化。商品流通还可以调节商品流通中参与者分担的风险，并进行必要的防范。此外，流通还能调节资金流通，即资金融通活动，主要包括两种类型：一是流通机构商品销售活动的资金融通，一般情况由商业机构给供给方垫付资金，由金融机构提供商业信用贷款；二是消费者购买商品的资金融通，金融机构对消费者提供金融支持，包括赊销、分期付款和贷款。

4. 调整社会分工

商品流通是调整社会生产力布局的有力工具，随着社会分工不断深化，流通领域的分工形式也不断拓展和细化，新业态不断涌现，新模式日趋成熟，商品流通能不断促进社会生产、分工及专业化发展，提高社会劳动生产率。

（四）先导功能

随着市场经济的深入发展、买方市场的形成，流通对生产的决定作用日益凸显，流通产业的发展已经成为对国民经济的发展起先导与带动作用的决定性力量。流通产业成为先导产业，对经济发展起带动作用，尤其是进入互联网时代，流通的先导功能更加凸显。

（1）流通产业对经济增长的贡献度不断提高，一方面通过提高流通效率、节约成本，流通可以对国民经济增长产生强大贡献；另一方面，对外贸易的发展也成为经济增长的重要原动力，国民经济的增长与对外贸易的发展密不可分，对外贸易推动国民经济增长的作用日益凸显。

（2）流通产业具有较高的产业关联度，使得流通产业与国民经济各个产业部门的技术经济联系更加密切，成为各部门之间实现物资、货币、信息等经济要素传输的渠道与载体。流通体系的现代化程度与运作效率反映了并且决定了整个市场机制的成熟程度和运作效率，进而决定了整个经济系统的活力。

（3）流通产业的发展有助于扩大内需和增加就业。发达的流通产业具有引导需求、发掘需求、创造需求的功能。流通产业具有规模化、专业化、信誉高等特点。流通产业不同的市场定位和市场细分，在营业时间、产品种类和档次、购物环境等方面能够满足各类消费者的需求，充分体现人文关怀，能够扩大内需。所以流通产业具有很强的劳动力吸纳能力，能够增加就业。

（4）流通产业战略性逐步增强。现代流通产业内部的经营方式正在经历着新的变革，现代流通企业正在通过连锁经营、超市经营、电子商务和数字营销等先进的经营方式，将零散的流通渠道整合、集中成若干条发达的中枢流通渠道，这样，现代流通产业就有能力通过对流通渠道的垄断实现对上游生产部门的控制。因此，要正确认识流通产业的充分发展对经济发展的带动作用，应对流通产业给予应有的重视。

二、流通的地位与作用

流通是商品生产和社会分工的产物，是生产和消费的中间环节。商品流通过程与生产过程一样，在社会再生产过程中居于重要地位。在商品经济条件下，流通过程不仅成为实现生产过程的必要前提，其运行状况也将直接影响生产过程的顺畅程度，而且流通过程更是呈现出不断融入生产过程，进而引导和决定生产过程的趋势。流通对整个社会经济运行的影响越来越突出，成为社会经济运行不可缺少的组成部分，同时发挥着先导作用，进而产生对国民经济发展的带动作用。

因此，现代商品流通也就必然成为我国市场经济体制环境下，实现资源的市场化配置必不可少的交易与流通的关键过程与内容。现代商品流通也必然具有衔接供求关系方面不可替代的重要地位。从这个意义上讲，没有现代商品流通过程，社会主义市场经济体制的构建与运行就无从谈起。图1-1展示了商品流通在我国市场经济体制中的地位。

（一）流通与生产

流通与生产的关系表现为：生产决定流通，流通反过来又会影响和制约生产。在一般情况下，生产是流通的基础和归宿，生产决定着流通的内容、规模和方式；流通是生产存在和发展的必要前提。二者相互制约、互相决定、互为媒介，是矛盾的统一体。

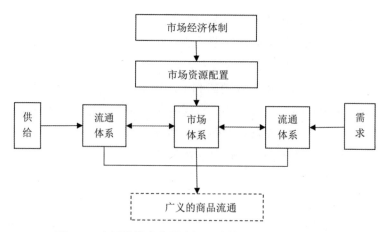

图 1-1 商品流通在我国市场经济体制中的地位示意图

1. 生产决定流通

生产的社会分工是交换产生和发展的必要条件，生产方式的性质决定着流通的性质，生产发展的规模和结构决定交换的深度与广度，也决定了流通的深度和广度。

2. 流通对生产有影响和制约作用

流通对生产的重要制约作用，主要表现在流通对社会生产中分工协作关系的维持上。协作是社会分工产生并存在的基本条件，协作的实现又是通过商品交换和流通来完成。没有流通对协作的实现和促进，社会分工就会因为失去必要的外部环境而无法存在，商品生产也就会随之消失而退回到效率低下的自然经济状态。

（二）流通与分配

在社会经济运行的一般序列中，分配在前，交换（流通）在后，分配的经济职能是借助社会经济规律确定社会各成员对社会产品所占有的份额和比例，交换（流通）则是社会各成员在其对社会产品进行占有之后相互交换自己所需要的其他产品，从而达到最终消费。分配和交换（流通）这两个作用不同却相互联系的环节，共同维系着生产和消费的正常运转。

1. 分配须借助流通来实现

分配的方式决定着交换（流通）的方式，分配的数量和结构影响着交换（流通）的规律和结构；而交换（流通）对分配则有能动作用，它不仅调节着分配的数量和结构，而且对分配能否进行到底起着决定性作用。

2.流通对分配具有能动作用

分配的实现有赖于流通（交换），流通（交换）的方式、规模和结构对分配的方式、数量及结构具有影响作用。流通（交换）能对分配结构产生调节作用。

（三）流通与消费

流通的直接目的是满足消费，流通对消费的实现具有决定性作用，因此流通规模、流通结构、流通速度，以及流通模式会对消费规模、消费结构、消费水平产生直接影响。复杂而多样化的消费需求会进一步引导流通规模、流通结构、流通速度，以及流通模式的升级和发展，以期更高层次地满足社会的消费需求，由此形成相互作用与相互促进的辩证关系。

（四）流通与社会经济运行

社会再生产是由生产、分配、交换（流通）和消费四个环节构成的一个有机整体。流通（交换），是连接生产和消费的中介，在现实的社会经济运行过程中，流通（交换）与生产、分配和消费这些再生产活动的其他环节之间存在着相互影响、相互作用的辩证统一关系，这也决定了商品流通在社会经济运行中的重要地位和巨大作用。流通对国民经济发展的作用有如下几点。

1.流通连接生产与消费过程的中介作用

生产表现为起点，消费表现为终点，分配和交换（流通）则表现为中间环节，连接着生产和消费。流通是从总体上看的商品交换，它把国民经济中每个企业连接为统一的整体，成为再生产过程的媒介。在这个生产循环运动中的供应和销售阶段，买卖双方的交换行为都是商品和货币的流通，以实现对生产资料的补偿。价值形态和实物形态的补偿都只能通过交换才能实现，这正体现了流通的中介地位及作用。流通体现了社会经济运行的内在规律性。

2.流通产业在国民经济体系中的基础性作用

生产过程和流通过程是社会经济系统运行的基本过程。随着生产力水平及生产的商品化、社会化程度的不断提高，流通对于整个社会经济运行的影响也越来越突出，成为较生产过程更为重要的经济运行过程。

3. 流通产业引领国民经济发展的先导作用

流通产业对经济增长的贡献度在不断提高。流通产业具有较高的产业关联度，这使得流通产业与国民经济各个产业部门的经济技术联系更加密切，成为各部门之间实现物资、货币、信息等经济要素传输的渠道与载体。流通产业的发展有助于扩大内需和增加就业，发达的流通产业具有引导需求、发掘需求、创造需求的功能。在改革开放的背景下，流通产业具有越来越强的战略性。

4. 流通产业结构调整对国民经济结构调整具有重大影响

流通产业在产业结构中占有重要地位，是国民经济发展的支柱产业之一，是当代各国积极发展的重点。流通产业状况是评价一国经济整体发展水平的重要指标，因而是投资的主要领域、利税的主要来源、就业的主要渠道和科技开发应用的主要领域。流通产业在国民经济中发挥着产业带动作用，发展流通产业对国民经济的协调、快速发展具有重要意义。市场化进程的加快也将对产业结构调整的方式产生深刻的影响。随着高新技术迅猛发展，产业技术含量不断提升。新时代的到来，要求大力推进现代科学技术在流通领域的广泛应用，提升流通产业的技术含量，这是产业结构升级的主要推动力和重要标志。

5. 流通体系在构建"双循环"新发展格局中发挥着重要的支撑作用

流通体系是有效衔接从生产到消费各环节的纽带与通道，也是国内统一大市场的重要组成部分。流通体系发展到今天，已经不仅仅是一个简单的实现商品价值和货物转移的过程，它同时还是价格形成的前提和资源合理配置的基础，能够引导产业结构调整和技术进步，引领消费模式转变和消费结构升级。在构建"双循环"新发展格局中，加快完善全国统一大市场有利于拉动消费，更好地发挥消费对经济发展的带动作用，流通体系便是国内大循环的基础骨架。

第三节 我国流通体制的发展历程

流通随商品经济的出现而出现，随商品经济的发展而发展。商品经济起源于原始社会末期，随着手工业从农业中分离，交换得到了进一步的发展。流通（交换）在商品经济发展初期是包含在生产活动中的。随着商品经济的不断发展，马克思把交换从生产活动中分离出来，变成一个独立的经济活动。

一、封建社会时期的流通体制

中国在封建社会初期与中期，是世界上流通产业最发达的国家之一。《易传》曾这样记载："（神农氏）日中为市，致天下之民，聚天下之货，交易而退，各得其所。"这是最早关于"流通"的文字记载。这种交易的目的就是"各得其所"。司马迁曾说，"天下熙熙，皆为利来；天下攘攘，皆为利往"，说的是同样的道理。

中国封建社会时期的流通可以划分为三个发展阶段：第一个阶段，封建社会前期，自春秋战国时期经秦汉至唐代；第二个阶段，封建社会中期，自唐代后至宋、元时期；第三个阶段，封建社会末期，自元代后至明、清时期。

封建社会时期流通的发展源于以下条件：生产力的发展，商人阶层的出现，钱币的出现与发展，钱庄、票号的诞生，海上丝绸之路。

二、中华人民共和国成立初期的流通体制

中华人民共和国成立时存在着五种经济成分：国营经济、合作社经济、个体经济、民族资本主义经济和国家资本主义经济。

1.成立中央人民政府贸易部统管国内贸易与对外贸易

1949年中央人民政府贸易部（以下简称中央贸易部）成立（1952年被撤销，成立了其他部门承担其职责），统一管理国内贸易与对外贸易。中央贸易部成立后，着力解决三大问题：一是调整流通领域的生产关系，建立以国营经济为主体、合作社经济为辅、五种经济成分并存的流通格局；二是稳定市场，平抑物价，安定社会，巩固新政权；三是打破美国的禁运与封锁，开创外贸新局面。

2.建立中国流通管理体制的初步尝试

中华人民共和国成立后，如何建立以及建立怎样的国内外流通管理，成为中央政府面临的难题。借鉴苏联模式，党中央、政务院采取了三种做法：一是明确管理与发展中国流通产业的大政方针；二是实行高度集中统一的流通管理体制；三是政企不分。国民经济恢复时期对建立中国流通管理体制的尝试是初步的，也是有益的，更为今后中国的流通管理模式奠定了基础。

三、计划经济时期的流通体制

1.计划经济时期中国流通产业面临的形势与任务

从1953年到1977年，可称为中国实行计划经济体制时期。这一时期跨度很大，流

通产业又可细分为四个阶段：第一个五年计划经济时期的流通产业（1953—1957年）、"大跃进"时期的流通产业（1958—1960年）、国民经济调整时期的流通产业（1961—1965年）和"文化大革命"时期的流通产业（1966—1977年）。

计划经济时期中国流通产业四阶段

2. 流通分割管理体制的形成与发展

国民经济恢复时期结束后，国内商品流通与对外贸易任务日益繁重，粮食供应问题日益突出。为了加强对国内外贸易的领导和对粮食工作的统一管理，中央人民政府于1952年8月通过了《中央人民政府委员会关于调整中央人民政府机构的决议》。1952年8月，粮食部成立，统一负责粮食的征购与供应工作。同时撤销中央贸易部，成立商业部统管国内贸易，成立对外贸易部统管对外贸易。1955年以后，商业部为加强对水产品流通的管理，成立中国水产供销公司。1956年5月成立水产部。同时，成立城市服务部，主管副食品和饮食业、服务性行业（旅游、理发、浴池、洗染、照相等），并对城市房产工作进行领导和管理。

国民经济恢复时期由中央贸易部统管的国内外贸易活动由此分别由粮食部、商业部、对外贸易部、水产部、城市服务部和供销合作总社承担。相关部门经整改反复变化，由此形成了城乡分割、内外贸分割、生活资料与生产资料流通分割的格局。

3. 计划经济体制下内外贸流通产业的特点

（1）分割管理。计划经济时期呈现一种城乡分割、内外贸分割、生活资料与生产资料流通分割的格局。对外贸易只被看作社会主义扩大再生产的补充手段，互通有无，调剂余缺，单独设置一个对外贸易部就是为了完成这一任务而已。

（2）高度集权。内贸与外贸都是高度集权统一，是一种以计划分配取代商品流通的实物经济模式。各级政府对主要物资和商品实行统一分配。

（3）短缺经济。在计划经济时期，中国一直处于短缺经济状态，主要商品供不应求，形成了三种流通运行方式：一是"米袋子""菜篮子""煤炉子"一直是流通部门的主要工作；二是直接抓产品，不是抓市场；三是计划生产、计划分配，生产企业与流通企业都没有自主权。

（4）政府定价。在改革开放前，价格背离价值，内贸与外贸垄断性公司的经营行为都是为了完成指令性计划这一政治任务，国家对这些公司统负盈亏。

（5）政企不分。流通部门的领导干部实行官本位，由政府任命，其经营行为一切听命于政府，服务于计划。

四、改革开放时期的流通体制

1978年12月18—22日，党的十一届三中全会在北京举行，确立了党在新时期的思想路线、政治路线与组织路线，确立了实施经济体制改革和对外开放的重要举措。

1. 内贸流通体制改革

1）流通行政管理体制改革

1982年，设立新的商业部，全面领导和协调国内商业。为了加强物资的综合管理，进一步发展计划指导下的生产资料市场，搞活流通，1988年4月组建物资部；同年5月，国务院印发《关于深化物资体制改革的方案》。1993年第八届全国人民代表大会第一次会议审议通过了《关于国务院机构改革方案的决定》，决定撤销商业部、物资部，组建国内贸易部。这次改革的目的是打破生活资料流通与生产资料流通分割的局面，面向国内国际两个市场，建立大流通的新格局，培育全国统一的商品流通体系。

2003年3月，根据第十届全国人民代表大会第一次会议批准的国务院机构改革方案等文件，决定组建商务部，将原对外贸易经济合作部职责，原国家经济贸易委员会的内贸管理、对外经济协调、产业损害调查和重要工业品、原材料进出口计划组织实施等职责，原国家发展计划委员会组织实施农产品进出口计划的职责等整合起来，由此形成了内外贸一体化的管理体制。

2）内贸流通体制改革的进程

党的十一届三中全会以来，随着整个经济体制改革的全面推进，流通体制改革也在逐步深化，大体经历了四个阶段。

第一阶段（1979—1984年），按照计划与市场相结合的原则，改变了过去商品集中统一管理的格局，扩大了市场调节的范围。

第二阶段（1985—1987年），围绕建立有计划商品经济体制，对流通领域的企业结构批发体系、价格制度、经营机制等方面进行了全面改革，打破了传统体制的束缚，扩大了企业自主权，建立了多种形式的经营责任制，推动了流通体制向市场取向的改革进程。

第三阶段（1988—1992年），根据培育和发展社会主义市场体系的要求，积极发展多层次、多形式、多功能的商品批发交易市场，初步形成了具有批发零售、期货现货、有形无形市场相结合的交易体系。同时，对生产资料的经营管理体制进行了全面改革，计划管理的品种、数量大幅度减少。流通企业开始以较快速度走向市场。

第四阶段（1993年至今），依照建立社会主义市场经济体制的目标，进一步加大流通领域的改革力度，特别是粮食、棉花、成品油等的流通体制改革。全面推进流通企业建立现代企业制度。推进以连锁经营、现代物流与电子商务，以及扩大开放为重点的流通现代化。

2. 对外贸易流通体制改革

我国对外贸易流通体制的改革大体经历了四个阶段。

第一阶段（1979—1986年），改革的中心内容是下放权力。

第二阶段（1987—1990年），改革的中心内容是实施对外贸易承包经营责任制。

第三阶段（1991—1993年），改革的中心内容是自负盈亏。

第四阶段（1994年至今），改革的中心内容是建立适应市场经济和国际惯例的对外贸易体制。

3. 内外贸分割体制的统一

2003年成立商务部后，其主要职责是研究、拟订规范市场运行和流通秩序的政策法规，促进市场体系的建立和完善，深化流通体制改革，监测、分析市场运行和商品供求状况，组织开展国际经济合作，负责组织协调反倾销、反补贴的有关事宜，组织产业损害调查等。商务部的成立，宣告了我国内外贸分割、国内外市场分割和进出口配额分割的管理体制的终结。

五、新时代中国流通体制

随着经济全球化的发展和中国"一带一路"倡议的提出，世界各国市场日益融合，贸易门槛不断降低，商品流通呈现出全方位开放型经济新体系的特点。与此同时，互联网已经融入经济社会生活的方方面面，数字技术的应用深刻改变了人们的生产和生活方式，在国际经济一体化、网络化的形势下，流通产业不断向信息化、集约化、纵深化方向发展，呈现出不断整合的趋势。

1. 流通模式的整合

流通模式指的是具有某种特定内涵的流通渠道和运作方式，含特定的流通渠道结构特征和渠道成员之间的关系特征。21世纪以来，国际上出现了许多新的流通策略和模式，它们的特点是在大流通的前提下，针对某大类商品，就其物流、信息流和商流等展开集成管理。

2. 流通组织构架的整合

广义的流通产业，包含零售批发物流和金融业等诸多行业，通过广泛的合作和兼并，形成新型企业联盟或企业集团。按产业链的业务流程划分，有纵向合作和横向合作两种方式。近年来，数字技术的应用实现了产品所有权与使用权的分离，数据流通比信息传递具有了更广泛的沟通协调能力，深化了产品拥有者和使用者的分工，强化了流通产业线上线下的协同融合，开拓了新的市场，提高了流通的附加值，降低了流通中产品服务的交易成本，产品生产、加工配送、连锁经营的一体化程度加深，各流通组织间合作方式向开放化、去中间化的平台化方向转变。

3. 信息网络的整合

在流通产业价值链中，上下游企业之间信息共享，特别是共享动态变化的最终消费信息。通过促进信息充分流动，可以消除不必要的商品转运、积压和倒运。通过规范信息格式和编码，可以建立共享的信息网络，改进信息传递方式，提高企业之间信息网络系统的运行效率等。一旦实现信息共享，经济效益十分可观，将极大改善整个流通过程的应变能力和速度。

4. 流通资源配置技术的整合

以数字化流通为基础，通过云计算平台分析与处理大数据中心的海量数据，据此构建时空信息云平台，感知流通中人、物、环境状态的动态变化，实现"基础设施—数据—平台—决策运营"的管控服务一体化与系统化。开展流通软资源的整合，如开发中间商，共享先进的管理模式和经验，通过知识、经验信息数据的具象化促进知识溢出，促进流通资源配置效率的提升。

5. 政府对流通管理方式的整合

建立和健全有关大流通的技术与管理标准，如物流运输标准、包装容器标准、物品条形码标准、EDI（电子数据交换）格式标准等。同时，理顺各种关系和管理机制，建立统一的法律法规和管理条例。通过人工智能数据分析与区块链技术的智能穿透，着重加强对经营商户的资质信息安全检测、交易信息订单管理、订单追踪等流通场景数据的采集、分析与监控，推动流通企业运营成本和授信成本的降低。

文档　　视频

思政园地 1-1

本章小结

流通产生于原始社会末期，随着人类社会的分工、生产和经济的发展而发展。商品流通过程是指商品从生产领域向消费领域运动的经济过程。

流通的功能包括实现价值、中介、调节、先导等。流通过程是实现生产过程的必要前提，其运行状况直接影响生产过程，具有引导和决定生产过程的作用。分配决定了商品交换（流通）的方式、规律和结构。流通是消费实现的必要前提，能扩大消费的深度和广度，消费的升级可以带动流通产业的整体升级。流通与生产、分配、消费各环节之间存在互相影响、互相作用的辩证统一关系，这决定了其在社会经济运行中的重要地位和巨大作用。

我国流通的历史最早可以追溯到商代，新中国成立后，我国流通体制的发展历程主要包括中华人民共和国成立初期、计划经济时期、改革开放时期、新时代四个阶段。

第一章即测即评

第二章　商品流通的一般规律

思维导图

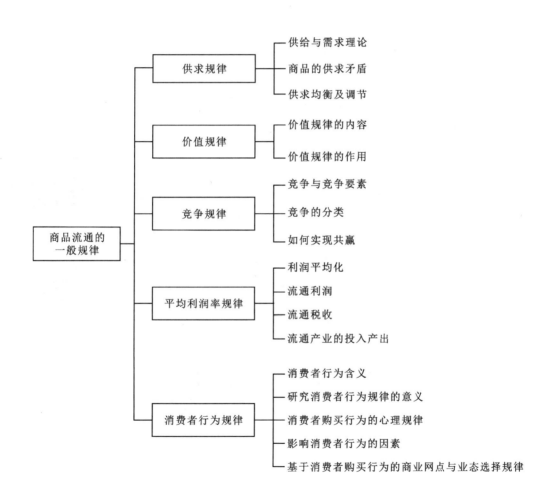

学习目标

◇ **知识目标**

(1) 理解商品的供求矛盾；

(2) 熟悉调节供求关系的方法；

(3) 了解价值规律的内容及作用；

(4) 理解竞争规律；

(5) 熟悉利润率规律；

(6) 熟悉消费者行为规律及影响因素。

◇ **能力目标**

(1) 能够厘清供求不平衡的原因；

(2) 能够评估商品差价；

(3) 能够为纳税主体准确判断其增值税纳税范围；

(4) 能够对消费者行为进行合理分析。

◇ **素养目标**

(1) 引导学生了解我国在商品流通领域取得的显著成就，增强学生对中国特色社会主义的道路自信、理论自信、制度自信、文化自信；

(2) 帮助学生养成用辩证思维思考问题的习惯；

(3) 能够理解我国经济的宏观调控方法和政策的深远意义，树立国家认同感和社会责任感。

流通中国2-1

延伸阅读2-1

第一节 供求规律

一、供给与需求理论

(一) 商品供给

1. 商品供给的概念

商品供给是指生产企业、流通企业和服务企业在一定时期内、一定价格水平上愿意并且能够提供给市场的商品量和劳务量。所谓的"商品量",是指处在商品实体状态下的各类生产资料商品和生活资料商品的量。所谓的"劳务量",是指银行、运输、通信、餐饮、旅游、家政服务、修理等行业提供的服务性劳动的量。随着我国社会主义市场经济建设的不断发展和人民生活水平的不断提高,"劳务量"的供给与需求所占的比例正在不断增大。

2. 商品供给的状态

现实中,商品供给的状态通常有三种:一是生产领域正在生产的商品,或者是能够提供给市场的商品的生产能力,即潜在的供给;二是已经由生产领域进入流通领域,处在交易、运输、储存、集配环节的商品;三是处在销售环节等待出售的商品。

3. 影响商品供给变动的因素

影响商品供给变动的主要因素有生产技术水平、生产要素价格、商品价格、相关商品的价格、对商品价格的预期等因素。商品的供给量会随着影响它变化的其他因素的变化而变化。

4. 供给函数

在供给的各个影响因素中,最重要的影响因素就是商品的价格。假定其他因素都固定不变,商品的供给量与商品的价格之间存在一一对应的函数关系。这种函数关系可以简化为:

$$Q'=f(P)$$

商品的供给曲线如图2-1所示。

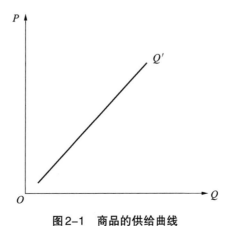

图2-1 商品的供给曲线

在图 2-1 中所显示的供给曲线向上倾斜。这是因为在一定技术水平条件下，价格越低，供给者通常愿意并且能够供给的商品就越少；价格越高，供给者愿意并且能够供给的商品就越多。

图 2-1 中所示的这条供给曲线只是某个单个生产者的供给曲线。从整个市场来看，一种商品有无数的提供者，所以对一种商品来说就会有很多生产者来供给，即构成了市场供给总量。市场供给总量是指在一定技术水平和一定价格条件下，所有生产者的商品供给量的总和。因此，市场供给曲线是每个生产者对商品的供给量的横向加总。进行横向加总是为了确定在任一既定条件下所有生产者供给量的总和。应该注意的是，当更多的生产者进入市场时，市场供给曲线会向右移动，因为这时在同一个价格水平上，商品的供给量增加了。影响单个生产者供给商品的因素同样也会影响市场供给。例如，当生产要素的价格下降时，单个生产者就会增加对商品的供给，每个生产者都增加的话，市场供给总量也会增加。因此，市场供给曲线与单个生产者的供给曲线的形状是基本相同的。

(二) 商品需求

1.商品需求的概念

商品需求是指在一定时期内，生产者、经营者和消费者有货币支付能力的市场需求。这里特别强调的是，在我国社会主义市场经济运行条件下，考虑商品需求问题时，无论是现实的需求还是潜在的需求，一定都是建立在"有货币支付能力"的基础上的需求，在正常的社会经济运行状态下，没有货币支付能力的需求是没有任何现实经济意义的。

2.商品需求的性质

从需求的性质来看，家庭、个人、社会团体、行政事业单位等的需求属于最终需求。各类生产经营者对生产资料、零部件等的需求属于中间性需求，这种需求是生产经营性需求，是为了生产出能够出售并获取利润的商品而进行的原材料等的采购；或者通过调配、运输、整理、包装，能够在市场上销售出去并能获取利润而进行的"进货"性采购。

3.商品需求的类型

商品需求的类型可按需求的类型分类，也可以按需求的现实性和潜在性分类，还可以按需求的弹性分类。

(1) 按需求的类型，可分为两种：一种是最终需求，包括家庭、个人消费者对生活资料的消费需求，以及社会团体、行政事业单位等对办公用品等方面的消费需求；另一种是中间性需求，包括各类生产企业对生产资料的生产性消费需求，以及流通企业对所经营商品的"购进"性经营需求。

（2）按需求的现实性和潜在性，可分为两种：一种是现实的需求行为，包括生产者维持生产所必需的各种生产资料和辅助材料的现实需求，经营者为了经营商品而必须补充货源的现实需求，以及广大消费者为维持和享受生活对生活资料的现实消费需求；另一种是潜在的需求行为，潜在的需求行为又可分为发展型潜在需求和因素影响型潜在需求。

（3）按需求的弹性，可分为弹性需求和非弹性需求。需求弹性是指因价格与收入变化而引起需求的变化的比率。同时，需求弹性又细分为需求的价格弹性与需求的收入弹性。一般而言，粮、油、菜、盐、药、御寒用的衣服、鞋帽等生活必需品，都属于非弹性商品；用来享受的各类高档商品、奢侈品等都属于需求弹性较大的商品。

4.影响商品需求变动的因素

影响消费者对商品需求变动的因素主要有消费者的偏好、收入、对商品价格的预期、相关商品价格的变化、商品销售价格变化等。

（1）消费者的偏好。不同的消费者有不同的偏好。即使是对同一种商品，不同的消费者喜欢的样式也有可能不同。随着时间的推移，偏好也会发生改变。因此在不同的时期，不同的消费者对不同的商品会有不同的需求。

（2）收入。随着收入的变化，消费者对不同商品的需求会发生相应的变化，收入增加可能会增加消费者对某种消费品的需求，如奢侈品。这些商品在收入较低的情况下无法支付，只有在收入增长到一定程度才会产生对该类商品的需求。收入增加也会相应地减少对某些商品的需求，如收入增加后对低质、价廉的商品的需求会下降。

（3）对商品价格的预期。假如消费者预期某种商品的价格将要上涨，那么其对这种商品的现期需求就会增加；假如消费者预期某种商品的价格会下跌，那么一般来说，消费者在近期会减少对这种商品的购买，因此，需求就会相应地减少。

（4）相关商品的价格变化。假如甲商品与乙商品是替代关系，甲商品的价格上涨，消费者就会减少对甲商品的购买，增加对乙商品的购买，因而其对乙商品的需求就会增加，即当两种商品是替代品时，一种商品的价格与另一种商品的需求向同一个方向变动。若甲商品与乙商品是互补关系，甲商品的价格上涨，消费者就会减少对甲商品的购买，相应地，也就会减少对乙商品的购买，对乙商品的需求也就会减少，即当两种商品是互补品时，一种商品的价格和另一种商品的需求向相反的方向变动。

（5）商品销售价格的变化。在所有影响需求的因素中，最重要的因素就是商品自身的价格变化。在假定其他因素都固定不变的情况下，需求量只与商品自身价格有关，他们之间存在一一对应的函数关系。

5.需求曲线

商品的需求曲线如图2-2所示。

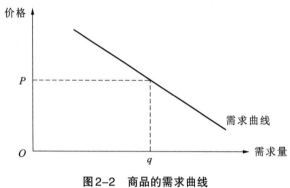

图2-2　商品的需求曲线

需求曲线向下倾斜。因为价格越低,消费者通常需求的商品就会多一些,价格越高,消费者需求的商品通常会少一些。

图2-2中的需求曲线是指单个消费者的需求曲线。对于整个社会来说,对某种商品的市场总需求是指对这种商品在某一价格水平下个人需求的总和。市场总需求曲线是每个消费者需求的横向加总。与供给相同,横向加总是为了确定在任一既定水平下所有消费者对商品的需求总和。同样,当有更多的消费者进入市场时,市场需求曲线会向右移动,影响个别消费者对商品的需求的因素也会影响市场的总需求。所以市场需求曲线与个人需求曲线的形状基本是相同的。

需求曲线除了价格需求曲线以外还有收入需求曲线。它们是根据消费者为了实现自己的效用最大化的原则而制定的。一般来说,价格需求曲线是向右下方倾斜的,这是替代效应和收入效应共同作用的结果。替代效应是指在收入和所达到的效用水平不变的情况下,一种商品的价格发生变化而导致消费者用其他商品替代这种商品以使效用不变的情况,如果价格上涨,消费者会减少对这种商品的购买而用其他商品替代这种商品来使效用不变。收入效应对不同商品产生的效果是不同的,对于正常商品,一种商品的价格上涨,相当于消费者的实际收入减少了,人们就会减少对这种商品的购买。替代效应和收入效应叠加起来就会出现向右下方倾斜的价格需求曲线。

而对于某些特殊的商品,随着这种商品价格的上涨,实际收入的减少,消费者对这种商品的消费反而会增加,这时收入效应与替代效应作用的方向就是相反的。这时,若收入效应小于替代效应,价格需求曲线还是向右下方倾斜的;若收入效应大于替代效应,价格需求曲线向右上方倾斜,这种商品被称为吉芬商品。而收入需求曲线一般来说都是向右上方倾斜的,它同样可以由替代效应和收入效应推导出来,这里就不做详细的描述了。

二、商品的供求矛盾

(一) 商品供给与需求的关系

一般来说,商品供给与需求是互为前提、相互促进的关系。首先,商品供给是商品需求的物质前提,没有供给便谈不上需求。同时,一个国家或者地区的经济发展水平、生产水平和科技水平也决定了商品供给的种类、数量、质量等。因此,商品供给对商品需求具有推动作用。其次,需求并不是完全被动地接受供给。一个国家或者地区广大需求者的收入水平、消费习惯、自然地理条件等诸多因素对商品供给的种类、结构、数量、时间、空间等方面也提出了相应的要求,若不符合需求的各种要求,商品供给也难以最终实现。从这个角度看,商品需求也有对商品供给的"拉动"作用。

在现实生活中,供给和需求要达到完全均衡几乎是不可能的,一般处于供过于求或供不应求的状态。即使达到均衡状态也只是极其偶然的现象,但两者也不是一点关联都没有,而是相互影响、相互制约的。市场价格上升时,供给增加,需求减少,供过于求;然后又会导致市场价格下降,供给减少,需求增加,供不应求,从而导致市场价格增加,由此循环往复,一直处于这样不断变化的状态。各个变化的过程可以用图2-3来进行说明。

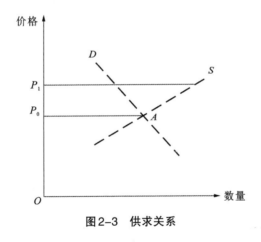

图2-3 供求关系

图2-3中,供给曲线和需求曲线相交于点A。在这个点上,供给和需求达到均衡,所以这个点叫作均衡点。由于市场的变化,假定市场价格上升,高于A点的均衡价格,上升为P_1。这时,由于价格的上升,供给量增加,需求量减少,供给量就会大于需求量,出现供过于求的现象。但这种状态不会长久存在,由于生产者之间的竞争,每个生产者都想增加自己的销售量,抢占市场,有些生产者就会率先降价,其他的生产者害怕失去市场,也会跟着降价,直到降到均衡价格P_0为止。这时,供给量和需求量又会相等,市场就会恢复到均衡状态。当市场价格下降时,需求量大于供给量,生产厂商为了获得更多的利润,就会纷纷提高价格,使市场恢复到均衡状态。

(二) 供求关系的市场运行机制

在实际生活中,供给和需求的关系十分复杂,很难出现供给和需求完全均衡的状态。但是从整体上来看,就算供给和需求不一致,但由于它们内在的联系,也会将供给和需求反复推向均衡点,因此它们的均衡不是长久的,只是暂时的。它们的不均衡会不断地发生,而且只要它们偏离均衡点到一定程度,就会有市场"无形的手"使其向相反的方向偏离。正如马克思认为的那样,供求实际上从来不会一致,如果它们达到一致那也只是偶然现象,所以在科学上等于零,可以看作没有发生过的事情。实际上,供求关系的运行轨迹与供求均衡的理论轴线并不是重合的,只有一些相交点而已。有时实际供求关系曲线在供求均衡的理论轴线上方,有时又在下方,并且这两种情况是交替出现的,这是由供求规律决定的。供给和需求都是在有规律地围绕供求均衡的理论轴线不断变化的,实现均衡的实际情况极少,它是暂时的、瞬间的,只有在特殊情况下才能发生。大部分的情况下供求都是不均衡的。

(三) 供给与需求不均衡的原因

我们研究市场经济的运行,实际上就是在研究市场供求关系的均衡问题。供给和需求之间出现这种不断变化的关系,其原因在于影响供给和需求的因素是不同的。影响供给的主要因素有商品的价格、生产商品的技术水平和发展变化、生产要素的价格水平、商品比价的影响和企业的盈利预期等;而影响需求的主要因素有商品的价格、相关商品的价格、消费者的收入水平、消费者的偏好、政府的消费政策和消费者对商品价格的预期等。其中商品的价格对需求量的影响主要由需求价格弹性来体现,而影响需求的相关商品主要指相互替代的商品和互补品。

影响供给和需求的因素的不一致导致供给和需求之间的矛盾。某些商品由于受技术水平、自然资源的制约,只能生产很少的商品,不能满足人们对这种商品的需求,以至于商品供不应求;而某些商品由于企业追求高额利润,不断抢占市场,相互竞争,企业以不断提高生产技术、加大生产规模、降低生产成本的方式来排挤竞争对手、大量生产,从而造成生产的商品过多,以至供过于求。而某些商品由于实际供求关系不能及时地被价格反映出来,或者人们对市场的错误判断导致其对商品的价格产生错误的预期,使得商品的生产量过多或过少,而这都会造成商品供求之间产生矛盾。

导致供给与需求不一致除了以上提到的因素外,还有供给与需求的结构、时间、空间、供求特性、供求关系与市场信号之间的滞后性等方面的因素。

三、供求均衡及调节

(一) 供求关系的平衡点

供给和需求的数量都会随着市场条件的变化而变化,当供给和需求的数量达到一个平衡点时，市场就达到了供求关系的平衡状态。理论上来说，当市场处于供求关系的平衡点时，商品或服务的价格也应该达到一个最优的水平。当供给超过需求时，商品或服务的价格就会下降，直到市场平衡点达到为止；当需求超过供给时，商品或服务的价格就会上升，直到市场平衡点达到为止。

（二）商品供给与需求之间总是表现出不均衡的常态性

市场经济运行过程中的基本问题是供求关系的均衡问题。从宏观经济运行与管理的角度来看，如何准确把握供求关系，正确调控供求矛盾，是保证国民经济能否顺利运行的关键；从微观经济活动主体的角度来看，准确分析供求矛盾，预测供求矛盾的发展趋势，是保证企业能否不断地捕捉市场机会，获取利润的关键。但是，在现实经济运行过程中，商品的供给与需求从来不会达到完全均衡，而总是处在各种不均衡的矛盾状态，如果供求达到均衡，那也只是十分偶然的现象。

（三）商品供给与需求之间的平衡性是动态的、趋势性的

商品的供给与需求之间虽然从来不会保持均衡，但两者的关系也不是杂乱无序、随意发展的，而是相互制约、相互影响，表现出动态的、大致的、暂时的、趋势性的、不断变化着的相对均衡。换言之，供给与需求之间只有动态的均衡，而没有静止的、绝对的均衡。我们用坐标图（见图2-4）来进一步分析马克思对供求关系运行特征的描述。

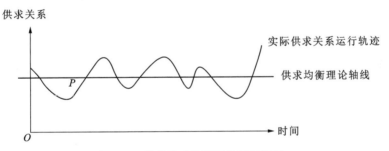

图2-4 供求关系的运行特征示意图

图2-4中，"实际供求关系运行轨迹"与"供求均衡理论轴线"之间相交的点，就是现实中供求均衡实际发生的点。我们可以明显看到，市场供求均衡实际发生的情况极少，而且是瞬间的、暂时的，而供求不均衡则是经常的。从运行与发展趋势来看，供求之间又是围绕"供求均衡理论轴线"变化的一种趋势性均衡。

综上所述，市场供求关系运行特征可以这样表述：在市场经济体制与运行机制条件下，供求之间的不均衡是经常的、普遍的、绝对的、无条件的，而供求之间的均衡却是特殊的、相对的、暂时的、有条件的。供给与需求之间的均衡只是动态的、相对的、趋势性的均衡。

（四）供求规律的调节作用

供求规律是商品流通领域中的一个重要规律，它对商品流通过程起着十分重要的支配和调节作用。供求规律的作用主要表现在以下几个方面。

（1）供求规律调节着生产与消费之间的均衡关系。商品生产是为了满足社会需要而进行的，商品能否为社会所承认，需要通过市场供求关系来检验。若商品供过于求，有一部分商品便不会被社会所承认，会迫使其销售价格下降，抑制该商品的生产；若商品供不应求，有一部分需求没有得到满足，就会迫使销售价格上涨，刺激商品供给的增加。供求规律的这种调节作用使供给与需求之间、生产和消费之间达到一个动态平衡的过程。

（2）供求规律调节着商品价格的变化。价格是价值的货币表现，价值决定价格。商品价格必须真实地反映其价值。但是，在商品流通过程中，受供求关系的影响，价格与价值经常背离。

（3）供求规律调节着商品的数量和构成。商品的数量和构成主要取决于商品供给量与商品需求量的均衡状况及其构成。当某地区商品供求在数量和构成上发生不平衡时，供求规律就会发生作用，推动着其他地区的商品向该地区流通，从而调节商品流通的数量与构成。某地区商品的数量和结构不均衡的程度越大，由供求规律调节的商品数量也就越大。

（4）供求规律调节着商品流通方向和流通速度。商品流通的方向和速度主要取决于商品不均衡的空间位置和不均衡的程度。当某地区某商品供不应求时，供求规律就会调节同类商品，使其流向该区域，这在客观上决定了商品流通的方向。同时，该区域商品供不应求的程度也决定了商品流通的速度。商品供不应求的程度越大，该区域与其他供求相对均衡的区域的同类商品的价格差别也就越大，商品流向该区域的获利水平也就越高，因此刺激商品流向该区域的动力也就越大，商品流通的速度也就越快。

（5）供求规律对商品流通领域经营者提出了要求。在现实的生产经营过程中，从事商品流通的经营者要根据市场供求矛盾的运行规律与要求，一方面及时组织、调运和经营适销对路的商品；另一方面也要根据消费者的潜在需求和生产者的潜在供给，及时预测市场供求矛盾的发展变化趋势，不断调整商业企业的经营内容和方向。

总之，没有供求矛盾，就没有商业机会。商品经营者没有及时、准确地认识和捕捉市场供求矛盾，将失去商业机会。

（五）调节供求关系的方法

在市场上调节供求关系的方法有很多种，下面我们列举几个比较常见的方法。

（1）价格机制。价格是市场供求关系的重要指标之一，通过调整价格可以影响人们的消费行为。如果市场上某种商品的供给过剩，那么厂商可以通过降价来增加商品的销售量,直到出现一个新的平衡点。相反,如果某种商品的需求过大,那么价格就会上升,直到出现一个新的供求平衡点。

(2)政府干预。政府也可以通过干预市场,来调节供求关系。政府可以制定提高或者降低关税、增加额外税收等政策来调节供求关系,也可以通过补贴减少某些产品的生产成本,从而增加市场上的供给。当然,政府的干预也可能引发一些副作用,比如导致价格波动等。

(3)供应链管理。供求关系不仅仅局限于市场层面,也与供应链层面有着密切的关系。供应链管理过程中可以通过优化供应链来调节市场的供求关系。比如通过完善物流、生产计划等,来控制产品的供应速度和质量,以保持市场的正常运转。

总之,供求关系是市场经济的重要特征之一,动态平衡和调节也是市场经济运转的核心机制。只有在供求关系得到有效平衡和调节的情况下,市场经济才能够保持稳定运转,实现可持续发展。

第二节 价值规律

一、价值规律的内容

价值规律是商品经济的基本规律。所谓价值规律,就是社会必要劳动时间决定商品的价值量的规律。所谓"社会必要劳动时间",是指在社会正常生产经营条件下,在商品生产者的平均劳动熟练程度和平均劳动强度下生产商品所耗费的劳动时间。

(一)社会必要劳动时间的含义

理论界普遍认为,社会必要劳动时间有以下两层含义。

第一层含义:决定商品价格的商品价值量不是由个别企业的生产或者经营的个别劳动时间决定的,而是在社会正常生产经营条件下,由同一生产或者经营行业的各个企业在社会平均劳动熟练程度和平均劳动强度下所耗费的劳动时间所决定的。这一层含义的社会必要劳动时间代表了该行业生产或者经营企业的商品的社会价值尺度,是该行业生产经营的商品价格形成的基础和依据。

第二层含义:指按照社会需要,社会总劳动时间分配给某一部门,某一行业生产经营某类商品的总量应使用的必要劳动时间。

在现实的市场交易过程中,这两层含义的社会必要劳动时间共同决定、制约和调节着商品生产与经营的销售价格,以及能够为市场提供的商品的总量。

（二）价值规律的要求

价值规律的实现方式或者途径就是价值规律的要求。具体来讲，在商品流通领域，价值规律主要有以下三点要求。

第一，我们在进行商品流通体制改革、设计商品流通制度体系、制定有关商品流通政策时，都必须按价值规律的有关内容办事，绝不能做出违背价值规律的事情来。否则，我们出台的政策就有可能限制价值规律作用的充分发挥。

第二，我们要构造一个完全符合价值规律要求的商品流通环境和市场交易环境。例如，违背公平交易、阻碍商品流通的畅通性、制造市场壁垒等行为，都会极大地限制价值规律作用的充分发挥，阻碍市场经济运行机制正常运作。

第三，商品流通企业在开展经营活动和制定企业的发展战略时，必须充分考虑价值规律的要求。企业在初期发展阶段可能感受不到价值规律的作用，但如果企业没有遵循价值规律，当企业发展到一定程度之后，价值规律的制约或者惩罚作用就会表现出来，此时企业将很难挽回损失。

（三）商品价格的形成

研究商品的价格，必须了解商品价格形成的基础及价格的构成，才能恰当地运用价值规律发挥价格在社会主义市场经济中的杠杆作用。

1. 商品价格形成必须以价值为基础

商品价格是商品价值的货币表现。商品价格必须以价值为基础，就是要使商品价格最大限度地接近或等于商品价值，即接近或等于社会必要劳动消耗（社会必要劳动时间）。

2. 商品价格受供求关系的影响

价值决定价格，就是我们常说的价值规律。但价值规律是通过供求状况起作用的，价值对价格的决定作用受供求关系的影响。在一定市场条件下，某种商品供大于求时，价格就会下降；相反，供小于求，价格就会上涨。随着供求关系的变化，商品价格的变动最终会持续到这样一个水平：市场上愿意卖出的某商品的数量（供给）恰好等于愿意买入的数量（需求），即供求平衡，此时的价格就是商品的均衡价格。因此，供求影响价格的过程，就是商品价格随着市场商品供求差额的变化而自由升降的过程，通过供给与需求的相互作用，最终相对稳定在均衡价格水平。

3. 商品价格的构成

商品价格作为其价值的货币表现，与价格的构成相适应，可分为三个部分：物质消耗支出——生产资料转移价值的货币表现；劳动报酬支出——劳动者必要的劳动部分创造的价值的货币表现；盈利——劳动者剩余的劳动部分创造的价值的货币表现。

假设 C_m 为生产成本，R_m 为生产企业利润，P_m 为生产企业产品销售价格，P_p 为流通企业采购价格，C_R 为流通企业成本，R_R 为流通企业利润，P_R 为流通企业销售价格，P 为消费者购买价格，在一般情况下，可得出如下公式：

$$P=P_R=P_p+C_R+R_R$$

其中，

$$P_p=P_m=C_m+R_m$$

4. 商品差价

同一种商品，在购销环节、购销地区、购销时间、购销数量及质量差别方面形成的价格差额，称为商品差价。商品差价主要有购销差价、批零差价、地区差价、季节差价等。商品差价通常用差价金额和差率表示。

（1）购销差价。购销差价是流通企业经营环节中的第一个差价环节，它是指同种商品在同一产地的同一时间里的购进价格与销售价格的差额。它由经营企业从事商品收购、运输、储存和销售过程中所发生的流通费用及其合理利润构成。工业品购销差价的计算方法主要有两种。

一是根据商品出厂价格计算，其计算公式为：

工业品购销差价＝（出厂价格+市内运杂费）×（1+天数×日利率）（1-损耗率）×（1-流通费用率-利润率）-出厂价格

二是根据确定的购销差率计算，其计算公式为：

工业品购销差价＝出厂价格×工业品购销差率

（2）批零差价。批零差价是指同种商品在市场同一时间批发价格和零售价格的差额。批零差价主要由商品从当地批发环节到零售环节的运输费用、商品资金占用利息、经营中的合理损耗、零售企业的经营管理费用、零售环节的各种税金和合理利润等部分构成。批零差价一般是根据有关部门规定的各种商品的批零差率来计算。批零差率分为顺加批零差率（批零差价占批发价格的百分比）和倒扣批零差率（批零差价占零售价格的百分比）。其计算公式为：

顺加批零差率＝批零差价/批发价格×100%

批零差价＝批发价格×顺加批零差率

倒扣批零差率＝批零差价/零售价格×100%

批零差价＝零售价格×倒扣批零差率

(3) 地区差价。地区差价是指同种商品在同一时间不同地区的价格差额。形成地区差价的主要原因是流通企业在买卖商品的过程中所垫付的商品运输费用,实际上就是延伸到流通过程中的商品生产费用的继续追加。

地区差价目前主要是根据地区差率计算的,其计算公式如下:

$$地区差价=销地(或起算地)批发价格×地区差率$$

也就是说,地区差率是地区差价占销地(或起算地)批发价格的百分比,还可以用如下公式计算:

$$地区差率=\frac{销地批发价格-产地批发价格}{产地批发价格}×100\%$$

(4) 季节差价。季节差价是指同种商品在同一市场,不同季节收购价格或销售价格的差额。季节差价形成有两方面原因:一是由于商品流通的正常储备所需保管费用的追加和合理分摊形成的储存性季节差价,如生产不受季节和气候变化影响的工业品;二是由于在不同季节生产同一种商品所花费的劳动耗费不同所引起的淡旺季差价,主要是生产受季节和气候变化影响的农副产品。因此,季节差价又可分为储存性季节差价和淡旺季差价。

季节差价的计算,通常采用成本法或差率法。成本法是根据淡旺季生产成本或储存费用计算季节差价,其计算公式为:

$$季节差价=季节价格-基价$$

其中,基价指全年各个月的最低价格,季节价格的计算公式为:

$$季节价格=基价+(淡季生产成本或储存费用-旺季生产成本或储存费用)±季节盈余$$

生产成本属于工业企业,储存费用属于流通企业,主要包括商品资金占用利息、保管费、场租费、商品损耗等。

差率法又称比较法,主要根据历史价格资料来比较计算。季节差率计算公式为:

$$季节差率=\frac{季节价格-基价}{基价}×100\%$$

为盘活资金,加速资金周转,不少企业实施了季节差价策略。如在炎热的夏季打折销售皮衣、毛衣、棉衣、毛棉鞋等。如果季节差价策略运用合理,不但可以盘活企业存量资产,而且能实现扩销增效的目的。

5. 商品价格管理

商品价格管理是国家对价格体系形成过程中的计划、调节、控制和监督等各项活动的总称。在社会主义市场经济条件下,国家价格管理的实质就是促进价格体系灵活地反映商品价值和供求关系的变化,促进市场机制的正常运转,而不是取代市场机制对价格的作用。我国价格管理与其他各国的价格管理相似,主要对那些具有垄断性、公益性的商品和重要服务价格实行直接管理;对直接关系人民生活和国家安全的一些重要商品价格实行间接管理。例如,规定蔬菜的批零差率,对元旦、春节期间组织省际猪肉调拨和南菜北运的经营企业给予一定的价格补贴;建立和完善粮食、食油、猪肉、糖、钢材、有色金属、橡胶、成品油等重要商品的储备制度,形成中央和地方两级储备体系,并按不同的调控目标,把国家储备分为战略储备和市场调节储备;由流通主管部门管理市场、调节储备,在市场发生较大波动时,平抑物价、稳定市场;建立和完善粮食、副食品风险基金制度,扶持和发展商品粮、商品猪基地等;增加国家对市场的调控能力,建立市场信息和监测系统,及时掌握商品供求和价格信息,定期发布指导价格。

二、价值规律的作用

价值规律对商品流通领域经济活动的调节与制约作用主要表现在以下三个方面。

(一) 价值规律决定并调节商品流通领域和市场上的价格体系

在正常的市场竞争环境下,商品流通领域和市场上的商品价格会自发地形成一个价格体系。这个价格体系包括商品的比价、差价和同类商品的价格水平。

商品流通企业在从事经营活动的过程中必然面临着三种类型的价格决策:一是商品流通企业在进行采购、批发、储运、销售过程中,必须对所经营的商品的差价(购销差价、批零差价等)水平进行选择和决策;二是商品流通企业在对所经营的不同商品制定销售价格的过程中,必须考虑和处理好不同商品之间的比价关系;三是商品流通企业在对所经营的某类商品进行定价时,必须考虑和参照该类商品在市场上已经形成的、公认的价格水平。一般来讲,商品流通企业是不能任意地自主决定这三类商品的价格水平的,只能参照市场公认的价格水平来制定本企业相关商品的价格水平,甚至被迫接受这些公认的价格水平。

形成、决定和调节市场公认的商品价格的差价、比价和同类商品的价格水平的基础,就是价值规律的核心内容,即生产和经营商品的社会必要劳动时间,这是由生产或者经营同类商品的社会必要劳动时间以及生产或者经营不同商品所耗费的社会必要劳动时间之间的比例关系决定的。

(二) 价值规律决定和调节各类商品流通企业的利润率水平

剩余价值转化为利润,剩余价值率转化为利润率,利润率又进一步转化为平均利润率,这是价值规律在发达市场经济条件下演变与转化的必然方向。这个规律作用在商品流通领域中,会促使商品流通领域内部的不同行业和企业在利润率方面产生两种情况:一是商品流通领域同行业内部的各个企业在竞争的过程中会促使单个企业的"个别利润率"趋向同行业的"平均利润率";二是如果商品流通领域内各行业之间的利润率水平差别较大，在价值规律的调节下，会使资金等资源向利润率水平高的行业转移。

（三）价值规律决定和调节商品流通企业的经营管理水平与服务质量

在平均利润率规律的制约下，商品流通领域同行业内部的各企业想要提高个别利润率水平，途径只有两条：一是通过提高企业的经营管理水平，使个别企业的经营管理成本降到社会必要劳动成本以下，以此来提高个别企业的利润率，这样必然会促进经营管理水平和劳动效率的不断提高；二是通过提高企业的服务质量，提高企业在商品经营过程中的附加价值来提高商品的销售价格，达到提高利润率水平，获取更多利润的目的。

第三节　竞　争　规　律

一、竞争与竞争要素

竞争与竞争要素

（一）竞争机制

竞争机制是指各种市场主体在市场经济条件下维护和扩大自身经济利益的方式。商品的价格是其生产费用和效用的统一，谁能提供成本最低而效用最高的产品和服务，谁就能在竞争中获胜，取得较大的利润，占有较大的市场份额，拥有较多的经济资源。竞争是市场经济的内在属性和固有规律，是市场实现资源合理使用和优化配置的重要方式。

商品的本质特征是自由流通，只有自由流通才能最快、最完善地实现其价值。哪个地方需要这种商品，这种商品必然向这个地方流动；哪个地方能卖个好价钱，即商品的价值在哪里最好实现，那么商品也会向这个地方流动。市场就是这样优化资源配置，在供给与需求中寻找平衡点。

自由竞争是商品流通的基本规律。在自然界，优胜劣汰是一个客观规律，在市场上同样如此。全世界每天有成千上万的企业诞生，也有成千上万的企业倒闭。市场就像战场，供应链管理所谓的共赢，只不过是换了一种竞争的方法而已。但在市场中通过自由竞争的优胜劣汰与自然界中的优胜劣汰不同，进入市场的商品与企业，不可能不通过人去竞争，因此，随着市场经济的进一步发展与高新技术的诞生，竞争的广度与深度变得更加复杂。

(二) 参与商品自由竞争的要素

1. 商品与服务价格

如果同一种商品能降低成本,就可以取得价格优势,如以原价出售,成本降低的部分就变成了利润。如何降低成本取得竞争优势,无非在三个方面下功夫:一是降低原材料成本;二是降低人力成本;三是降低物流成本。降低物流成本被普遍认为是企业的第三利润源。

2. 品牌与质量

品牌标志着一种优良的品质和良好的信誉,也意味着品牌产品的价格可以高出普通产品几倍甚至几十倍。品牌产品或品牌服务的质量应名副其实,容不得半点虚假,否则品牌就失去了应有的内涵。

3. 服务

售前、售中、售后服务是竞争的新趋势。例如,海尔的产品价格并不便宜,但其在各个服务环节均做到了周到与细致,靠的就是海尔的品牌服务和信誉。

4. 广告

广告是竞争促销的手段,广告的方法很多,如电视、广播、报纸杂志、户外与室内广告,甚至还可以通过文体活动促销。

5. 包装

商品包装本身要满足商品特性要求和行业标准要求,同时,商品包装设计还应体现出一种竞争性,即要从市场需求出发,采取与竞争对手有差异的包装定位,从而赢得竞价优势。

6. 选择性降价

如利用节假日、换季,降价销售。

7. 不同零售业态

利用不同收入人群的不同需求,把零售业分为百货、超市、便利店、专卖店、购物中心等多种业态,在不同业态发挥竞争优势。

8.消费者偏好

消费者偏好包括：购买某商品或服务欲望的强弱，即需求的迫切性；购买某商品或服务的货币实际支付能力；购买的某商品或服务是否符合潮流，即是不是一种时尚；购买某商品或服务的风险的大小。是否满足消费者偏好，对商品或服务的竞争至关重要。

二、竞争的分类

从不同的角度进行考察，可对竞争进行不同的分类。

（一）按竞争的不同领域，分为行业内竞争和行业间竞争

行业内竞争，是指生产同类商品的企业为争夺销售份额和有利的价格条件而展开的竞争，其目的是获取超额利润，这种竞争能刺激企业不断提高生产效率。行业内竞争实现了生产要素在企业之间的转移，使资源流向生产效率最高的企业，从而优化整个行业的组织结构。

行业间竞争，是指不同行业间的企业为争夺有利的投资场所和超额收益而进行的竞争，这种竞争引导生产要素在行业之间的转移，使资源流向能产生最高效益的行业，从而促进产业结构调整和升级，并最终使各行业获得平均利润。

（二）按参与竞争的不同市场主体，可分为供给者之间的竞争、需求者之间的竞争和供求之间的竞争

供给者之间的竞争，包括生产同类产品的企业之间为争夺市场和消费者而展开的竞争，以及生产要素的供给者（如劳动力所有者、资本所有者、土地所有者等）为争夺要素需求者而进行的竞争。

需求者之间的竞争，包括消费者为争夺稀缺商品而展开的竞争和企业为争夺稀缺要素而展开的竞争，如争夺高素质的劳动力、资本市场上的融资额、位置优越的土地等。

供求之间的竞争，指供求双方为达成有利于自己的交易条件，在谈判、履约和违约、仲裁等过程中展开的种种较量。

（三）按竞争的不同方式和内涵，分为同质竞争、异质竞争和并购竞争

1.同质竞争

同质是指企业提供的产品和服务无差异，可完全替代，市场售价也基本一致。此时，企业要扩大销售、增加利润，就要通过技术进步、改善管理来降低成本，进而以

比竞争对手更低廉的价格来吸引消费者。因此，同质竞争也被称为成本竞争或价格竞争。

2. 异质竞争

异质竞争也称非价格竞争。由于需求方关注的是商品的性能价格比，而提高性能价格比的方法有两种：在性能不变的前提下降低价格，在价格不变的前提下提高性能。具体说来，异质竞争包括技术竞争、质量竞争、服务竞争、品牌竞争。

3. 并购竞争

企业的并购是竞争的最高形式。经过一定时期的同质竞争和异质竞争，生产会向龙头企业和优势企业集中，一些中小企业或被迫退出，或被同行兼并。企业并购的形式主要是同行业内部的横向合并。这种同行业、跨地区、跨国界的企业并购，是实现资源优化配置、产业结构优化升级的最有效手段，对并购双方和相关行业都是有利的。它能实现三个经济效应：经营协同效应、管理协同效应、财务协同效应。

三、如何实现共赢

（一）竞争与垄断

一般理论认为，垄断是市场经济发展到一定高度以后的必然产物，发源于市场竞争，又反过来否定、限制、阻止市场竞争，是自由竞争的一种"异化"力量，是对"公平竞争"的反动，往往使"市场失灵"。

垄断，是指在市场交易中，少数当事人或经济组织凭借自身的优势或超经济势力，对商品生产、商品价格、商品数量及市场供求状况实行排他性控制，以牟取长期稳定超额利润的经济行为。垄断包括生产与销售两个方面。垄断的危害性主要在于：人为地控制商品的生产与供给数量，制造有利于自己的"卖方市场"状态，维持大大高于自由竞争市场的商品垄断价格，以攫取暴利；通过种种排他性控制或采取不正当手段，阻止竞争对手的进入，限制公平竞争，损害消费者权益，阻碍技术进步，降低经济效率，导致经济停滞。针对这种垄断行为，不少政府都制定了法律加以反对，如美国的反托拉斯法。但在实际经济运行中，垄断与反垄断的关系错综复杂。

市场经济是通过公平竞争实现资源有效配置的经济。许多国际著名经济学家都认为，公平竞争是市场经济的生命，法治是市场经济的保证，只有公平竞争才会带来经济的增长与社会的繁荣，才能激活经济活力，保护消费者权益，提高经济效益，促进技术进步和实现充分就业，因而保障社会成员的共同利益。因此，维护公平竞争也是一种国家责任。不少国家设有公平交易局或公平交易委员会，通过经济的、法律的、行政的手段来规范公平交易的市场秩序。不少国家还制定了反垄断法以及有关法规、条例。

（二）共赢与共享

随着社会经济进步以及数字化信息技术应用的发展，居民消费水平不断提升，消费观念逐渐发生转变，在这一过程中，流通产业亦在数字洪流中加快自身变革，流通产业内外关系逐渐由竞争关系转向竞合关系，在充分发挥各方资源、资金、数据、平台等优势共享的基础上满足消费者多样化、品质化及个性化消费需求，实现多方共赢。流通领域内的线上、线下共享经济模式以实现客户价值为核心，通过线上、线下信息及服务的集成化为消费者提供全方位消费体验，从而达到线上、线下信息管理、客户服务、物流配送以及组织架构的全方位协同。

在共享的基础上，流通产业能够借助数字化信息技术实现线上、线下的高度互联互融，将捕捉电子商务网络流量、构建信息平台，以及大数据分析的优势，与线下众多实体门店和真实消费体验相协同，线上、线下相互引流，在有效整合资源的同时明确渠道分工与合作，以低成本、高效率手段为消费者提供品质化服务，实现线上、线下融合共生。流通产业线上、线下高度互联可以最大限度地集合分布在金融、生产、生活、交通、住房和知识服务等诸多领域的闲置资源，大大提升各类要素及资源的配置效率，减少重复性浪费，在增进社会效益的同时亦能带来消费者消费能力与生活水平的提升。线上、线下信息与资源互联互通是满足人民美好生活需要的绝佳路径，能够有效提升消费者的满足感、获得感和幸福感。

第四节　平均利润率规律

一、利润平均化

在市场经济条件下，利润平均化是商品流通的客观结果。引起利润平均化的原因是价值规律和市场机制对生产、分配、交换（流通）、消费的调节作用。

首先，商品流通企业之间存在利润平均化趋势。在市场机制充分作用的条件下，企业可以根据市场状况和收益最大化的要求，把资金投向利润更高的产品或经营项目。而当经营某种产品或项目的利润率降低时，一些企业就会把资金从该行业中撤出来，而去追逐利润率更高的行业。追求利润的内在动力和市场竞争的外部压力，迫使企业不断寻求利润率高的行业，即产品销售价格高于价值的行业，而撤离销售价格低于价值的行业，即利润更低的行业。在流通领域内，这种资源流动将使流通利润趋于平均化。

其次，社会各行业的企业之间存在利润平均化趋势。由于商品流通是连接生产和消费的中介，流通企业最先感受到社会需求的变化，在某种产品或服务供不应求的市场条件下，经营该产品或服务的流通企业的利润率将首先提高，由于流通对生产的反馈和传导作用，生产该产品或服务的企业，甚至是相关行业，其利润率都将提高。较高的利润率也将吸引其他行业的企业加入，直到由于供给增加、价格下跌而使利润率下降到社会平均利润率为止。相反，如果某行业的利润率低于平均利润率或厂商可接受的利润率，厂商就会把资金撤离该行业，转移到利润率较高的行业上去，最终社会各行业的利润同样趋于平均化。在市场机制不完善或商品流通受到限制的条件下，利润平均化的趋势虽然会延缓，但始终存在。

最后，产业资本、商业资本、金融资本的利用同样存在利润平均化趋势。市场经济条件下，存在着庞大的资本市场，在资本市场上，有大量的资本在流动，资本永远向利润高的方向流动，这种流动必然产生平均利润率，最终使社会上的三大资本平衡。

二、流通利润

（一）利润的内涵

利润是企业在一定时期内的经营成果，是商品价值的组成部分，一般表现为企业在一定时期内，收入抵偿费用后的净收入，即将收入减去已耗费的成本或费用的正差（如果是负差则为亏损）。

企业生产经营活动的主要目的，就是不断提高企业的盈利水平，增强企业获利能力。最大限度地获取利润，才能为国家积累更多的资金，保证社会扩大再生产的正常运行，不断促进社会生产力的发展，满足人民日益增长的物质及文化需求。因此，利润水平的高低不仅反映企业的盈利水平，而且反映企业对整个社会所做的贡献。

利润是衡量和评价企业经营管理水平和经济效益的一项综合性指标，它与企业的会计期间联系在一起。严格地说，只有企业完成了整个资金的循环过程，才完成了利润的最终实现。但在会计运作过程中，为了考核企业各个会计期间的经营成果，必须区别会计期间与资金周转期，运用会计办法对企业经营成果进行划分和确认，以形成企业在一定会计期间的利润。通常的会计期间以月、季、年为分期标准。

（二）利润的构成

流通企业的利润一般由营业利润、投资净收益和营业外收支净额三个部分构成。其中，营业利润又是由主营业务利润和其他业务利润扣除各项费用后形成的。企业的营业利润加上投资净收益和营业外收支净额，即为企业当期的利润总额。

1. 主营业务利润

主营业务利润是企业主要生产经营活动所产生的利润，它是企业生产经营活动的主要经营成果，对于商品流通企业来说，就是企业经营商品所获取的利润加上代购代销的利润。

2. 其他费用

其他费用是企业利润形成和实现的必要条件，是直接参与企业主营业务获取利润而形成的耗费，主要包括管理费用、财务费用及汇兑损失。

3. 营业利润的形成

企业的营业利润可以由上项目计算而成，其公式为：

主营业务利润＝商品销售收入－销售折扣与折让－商品销售成本－经营费用－商品销售税金及附加＋代购代销收入

营业利润＝主营业务利润＋其他业务利润－管理费用－财务费用及汇兑损失

利润总额是企业本期实现的利润的总和（如为负数则是亏损）。如前文所述，它包括营业利润、投资净收益和营业外收支净额三个部分。其公式为：

利润总额（如为负数则是亏损）＝营业利润＋投资净收益＋营业外收入－营业外支出

企业的利润总额确定后依法缴纳所得税后形成的企业净利润又称利润净额：

利润净额＝利润总额－应缴纳的所得税

（三）利润分配

流通企业利润是流通企业经营的最终成果。正确计算并确定流通企业利润总额，并依法缴纳所得税后的企业净利润必须进行分配。

企业净利润加上企业以前年度未分配利润，即为企业当期可供分配的利润。企业可供分配的利润一般按照顺序进行分配：弥补企业以前年度亏损、提取盈余公积金、向投资者分配利润。

三、流通税收

（一）增值税

增值税是指在我国境内销售货物或者提供加工、修理修配劳务，销售服务、无形资产或者不动产、进口货物的企业单位和个人，就其销售

八种视同
销售行为

货物、劳务、服务、无形资产或者不动产的增值额和进口货物金额为计税依据而课征的一种流转税。增值税采用间接计算办法计算应纳增值税额，即先按当期销售额乘以适用税率计算出销项税额，然后以当期准予抵扣的进项税额进行抵扣后的余额为当期应缴纳的增值税税额。这种计算办法避免了流转过程中重复计税的问题。

增值税的征税范围一般包括：销售或进口的货物，提供加工、修理修配劳务，销售服务，销售无形资产，销售不动产。除了上述五项一般规定之外，还对经济活动中的属于增值税征税范围的特殊项目、特殊行为做了具体界定。特殊项目主要有：货物期货（包括商品期货和贵金属期货）、银行销售金银的业务、典当业的死当销售业务、电力公司向发电企业收取的过网费。税法规定属于增值税征税范围的特殊行为主要包括八种视同销售行为和混合销售行为。为了简化增值税的计算和征收，减少税收征管漏洞，税法上将纳税人按会计核算水平和经营规模分为小规模纳税人和一般纳税人，分别采用不同的管理办法。

（二）企业所得税

企业所得税是指，对在我国境内的企业和其他取得收入的组织，以其生产经营所得为课税对象所征收的一种所得税。征收企业所得税是国家参与企业利润分配的一种重要手段。应缴纳的企业所得税额是由应纳税所得额乘以适用的所得税税率得到。企业所得税纳税人分为居民企业和非居民企业。

应纳税所得额有如下两种计算方法。

1.直接计算法

企业每一纳税年度的收入总额减去不征税收入、免税收入、各项扣除以及允许弥补的以前年度亏损后的余额为应纳税所得额。其计算公式为：

应纳税所得额＝收入总额－不征税收入－免税收入－各项扣除项目金额－允许弥补的以前年度亏损

其中，收入总额包括：销售货物收入；提供劳务收入；转让财产收入；股息、红利等权益性投资收益；利息收入；租金收入；特许权使用费收入；接受捐赠收入；其他收入。

各项扣除项目金额是指企业实际发生与取得收入有关的、合理的支出，包括成本、费用、税金、损失及其他支出。

2.间接计算法

会计利润总额加上或减去纳税调整项目金额后为应纳税所得额。其计算公式为：

应纳税所得额=会计利润总额±纳税调整项目金额

应纳税所得额与会计利润是两个不同的概念,二者既有联系又有区别。前者是一个税收概念,是指企业所得税法按照一定的标准确定的、纳税人在一个时期内的计税所得,即企业所得税的计税依据。而后者则是一个会计要素,是指企业在一定会计期间的财务成果。会计利润是确定应纳税所得额的基础,企业按照财务会计制度的规定进行核算,得出会计利润,根据税法规定做相应的调整后,才能将其作为企业的应纳税所得额。

(三)城市维护建设税

城市维护建设税是对在我国境内缴纳增值税、消费税的单位和个人征收的一种附加税。我国现行的城市维护建设税主要有四个特点:专款专用,城市维护建设税税款专门用于城市公用事业和公共设施的维护建设;属于附加税,以增值税和消费税之和为计税依据;实行差别比例税率,根据不同规模城市建设资金需要,设置了7%、5%和1%三档税率;征收范围广,增值税是我国最主要的流转税,商品、劳务、服务等都需要缴纳增值税,而城市维护建设税是其附加税,因此,该税的征收范围也相应较广。

四、流通产业的投入产出

流通产业作为一个产业,必然有一个投入产出的经济分析模式,但投入与产出的关系又受流通速度的影响,所以流通投入规模(流动资产总额)、流通产出规模(商品销售总额)、流通速度(流动资产周转率)之间就出现了关联。同时,在卖方市场和买方市场、均衡市场和不均衡市场上的投入产出也必然是不一样的。

卖方市场条件下,商品交易由卖方左右,卖方有压倒优势的控制力量,商品供给量不能满足社会对其的需求,主要原因是商品供给不足,这被称为市场的供给约束。在这种情况下,流通产业即使加大流动资产的投入、加快流通的周转速度也无济于事。解决的办法就是增加供给,即增加商品的生产量。

在买方市场条件下,商品供应量超过需求量,这是市场经济下的常态。商品交易由买方控制,市场出现需求约束。在这种情况下,一方面可以在供给领域进行产业与产品的结构性调整;另一方面,可以加大流通产业的流通投入规模,并加快流通速度。这种状况下,投入产出成正比。但在有些国家,常常会出现供给与需求的双重约束,即一部分产品供大于求、一部分产品供不应求的情况,这是一种结构性失衡。这时,生产产业与流通产业要按实际情况调整比重,有的部分加大投入,提高供给能力;有的部分加快流通速度,加大消费需求。

西方经济学中常常提到均衡市场,但实际上,市场的不均衡才是常态,如出现均衡也是短暂的。均衡市场情况下，为了加快经济发展，可以加大供给而提高消费水平，也可以加大需求而改善供给水平。

综上所述，我们可以用以下两个等式来表示流通投入、产出与速度之间的关系：

商品流通速度=商品流通产出规模/商品流通投入规模

商品流通产出规模=商品流通速度×商品流通投入规模

第五节　消费者行为规律

一、消费者行为含义

消费者行为从狭义上讲，仅仅指消费者的购买行为以及对消费资料的实际消费。从广义上讲，指消费者为索取、使用、处置消费品所采取的各种行动以及先于和决定这些行动的决策过程，甚至是包括消费收入的取得等一系列复杂的过程。

消费者行为是动态的，它涉及感知、认知、行为，以及环境因素的相互作用，也涉及交易的过程。消费者行为是与产品或服务的交换密切联系在一起的。在现代市场经济条件下，企业研究消费者行为是着眼于与消费者建立和发展长期的交换关系。为此，不仅需要了解消费者是如何获取产品与服务的，而且也需要了解消费者是如何消费产品的，以及产品在用完之后是如何被处置的。因为消费者的消费体验、消费者处置旧产品的方式和感受均会影响消费者的下一轮购买，也就是说，会对企业和消费者之间的长期交换关系产生直接作用。传统上对消费者行为的研究重点一直放在产品、服务的获取上，关于产品的消费与处置方面的研究相对被忽视。随着对消费者行为研究的深化，人们越来越深刻地意识到，消费者行为是一个整体，是一个过程，获取或者购买只是这一过程的一个阶段。因此，研究消费者行为，既应调查、了解消费者在获取产品、服务之前的评价与选择活动，也应重视消费者在产品获取后对产品的使用、处置等活动。只有这样，对消费者行为的理解才会趋于完整。

所谓消费者行为的研究是指研究个人、集团和组织究竟怎样选择、购买、使用和处置商品、服务、创意或经验，以满足他们的需求和愿望。消费者行为研究就是研究不同消费者的各种消费心理和消费行为，以及分析影响消费心理和消费行为的各种因素，揭示消费行为的变化规律。总之，消费者行为学的研究对象是各类消费者的消费行为产生和发展的规律。

二、研究消费者行为规律的意义

探索和研究我国消费者行为规律具有以下四个方面的意义。

一是对国家进行经济发展的宏观调控方法和政策选取具有重要的指导意义。在市场经济的运行机制下，市场的供求关系、居民存款的储蓄量与使用方向、消费者的购买意向等，都是影响我国国民经济健康运行的重要因素，也是国家宏观经济调控的重要对象。这些因素都与我国广大消费者的消费行为有着密切的关系。正确把握我国广大人民群众的消费行为规律，是国家正确制定宏观经济调控方法和选取科学、合理的政策的重要依据之一。

二是对为体现党和国家构建"和谐社会""以人为本"的施政精神制定相关的消费制度、消费政策等，不断满足广大人民群众的生存、发展与享受的各项需求，具有重要的指导意义。

三是对城市商业街区和商业网点的规划与建设具有重要的指导意义。近年来，我国城市化的发展速度越来越快，城市规模越来越大，城市商贸的发展越来越繁荣，商贸活动对我国经济的贡献也越来越大。正确把握城市消费者的行为规律，是搞好城市商业街区和商业网点的规划与建设所必须考虑的重要因素之一。

四是对企业的商品生产和经营，服务的内容、方法、策略、战略等方面具有重要的参考价值。在我国"买方市场"格局下，商品生产与经营企业之间的竞争越来越激烈，企业只有正确地把握消费者的行为规律，生产或者经营适销对路的商品，才能获得更好的经济利益，在市场上更好地生存与发展；反之，不了解消费者行为规律，便有可能被市场所淘汰。

三、消费者购买行为的心理规律

消费者购买行为的心理规律是十分复杂的，这些复杂的购买心理需要在消费心理学领域进行专门研究，本书此处仅选取对广大消费者购买行为影响较大的三个主要购买心理规律进行阐述。

（一）消费者的"求实、求廉"心理规律

任何消费者，无论其收入水平的高低，他们在购买商品和服务时，一方面十分关注所购买商品的使用价值的质量（这里的质量包括商品的耐用性、适用性、安全性等）；另一方面总是希望以尽量低的价格买到"量"尽量多、"质"尽量好的商品。因此，企业的销售价格水平，以及所销售的商品或者服务的质量，这两个综合因素能否适应或者满足消费者的这种"求实、求廉"的购买心理，是能否"抓住"消费者的重要因素之一。

（二）消费者的"求名"心理规律

在激烈的市场竞争条件下逐步形成的"名牌"商品或者流通企业知名"商号"，是

商品或者服务质量优秀的代表或者标识。消费者在购买商品时，在支付能力和商品销售价格一定的情况下，对商品的"品牌"或者企业"商号"的知名度和信誉度具有很高的购买或者消费心理认可度。因此，"名牌"是引导消费者购买行为的重要心理规律。消费者在购买价格水平大致相同但品牌不同的同类商品时，商品品牌的知名度对消费者的购买行为具有很强的吸引力，甚至许多消费者宁可花费更高的价格去购买同类商品的"名牌"商品。同理，在业态相同的不同流通企业的市场竞争中，市场信誉好、知名度高的流通企业会得到更多消费者的青睐。

（三）消费者的"求新"心理规律

在我国商品供给的种类、数量等日益丰富，商品更新换代频率加快的市场供给态势下，通常广大消费者总是希望购买到在质量、花色、款式、功能等方面有所创新、有所完善，或者是比较独特的商品。消费者在这种"求新"心理规律的引导下，对各类创新商品的需求增加，如广大消费者常讲的"时尚"商品，往往代表了消费的热点或者主流方向。

四、影响消费者行为的因素

（一）经济因素

在我国社会主义市场经济体制下，人们取得劳动报酬的形式是代表一定劳动时间的货币收入，人们相互换取劳动成果的方式是以货币为媒介的商品交换。换言之，人们的消费行为必须是在商品经济关系的制约之中，依照商品交换的经济规律和原则，在有货币支付能力的前提下实现其意愿的。因此，影响消费者购买行为的经济因素主要有四个方面：消费者的货币收入水平、消费品的价格水平、市场供求状况、通货膨胀。

（二）心理因素

消费者心理是产生、促进、制约和影响消费者购买行为的重要因素。除了少数消费者在十分饥饿、寒冷等情况下产生的纯生理性购买欲望之外，正常情况下，市场上不同消费者的不同心理活动对购买行为会产生较明显的差别性影响。消费者消费心理大致包括两个阶段：消费者消费心理的形成阶段，我们称处在这一阶段的消费者为"不成熟消费者"，这类消费者的特点是其受消费时尚、广告宣传、心理冲动等因素的影响较大，"感性消费"的特点比较突出；消费者消费心理的成熟阶段，我们称处在这一阶段的消费者为"成熟消费者"，这类消费者的特点是，受消费时尚、广告宣传的影响较小，购买心理因素和购买行为比较稳定，已经形成一定的习惯，"理性消费"的特点比较突出。

另外，无论是"不成熟消费者"还是"成熟消费者"，消费者的个性消费心理差别与个性消费特点对消费者的消费行为也有很大影响。

（三）社会因素

消费者总是在一定的消费观念、消费导向、社会风俗（包括民族风俗）、文化教育等社会因素的影响下生活的。消费者的个人因素（文化水平、生活阅历、个性与能力等）存在差异，因此这些社会因素也会对不同消费者的行为产生不同影响。

五、基于消费者购买行为的商业网点与业态选择规律

在城市特别是大城市中，消费者购买行为的商业网点与业态选择规律，对城市商业网点布局是否科学，商业业态选点是否合理，具有十分重要的影响，甚至决定了商业企业经营的成败。一般来讲，消费者购买行为的商业网点与业态选择规律主要包括以下内容。

第一，消费者在购物时的行走距离与所购买的商品的价格水平有着密切关系。消费者所要购买的商品价格越高，在购买过程中对商品的选择性要求就越强。为了买到比较满意的商品，消费者可能行走的距离会远一些，选择的商场多一些。相反，消费者所购买的商品价格越低，购买过程中对商品的选择性要求就越弱，消费者就不大可能花费更多的时间，行走较远距离到购物点购买商品。

第二，消费者的购物行走距离与所消费商品的频率和数量有着密切关系。消费者在购买低值易耗的日常生活用品时，其购买频率比较高、价格比较低，此时消费者的便利性、实惠性的购买心理需求就强一些，消费者希望到比较近、比较方便的地方购物。但如果一次购买商品的数量比较大，或者购买的商品种类比较多，消费者也愿意到比较远，但商品种类多、选择余地大、价格比较便宜的商场去购物。另外，虽然购买频率比较高，但一次购物的数量或种类很少，消费者也就不会花费很多时间行走较远的距离到商场购物。

第三，消费者的消费行为还具有一些临时性、应急性和方便性的特点。例如，充饥、解渴、临时发现缺少某些调味品等而发生的临时性需求，这时消费者希望花费很少的时间到最近的商场购物。

第四，消费者的消费行为与商场的服务与商品质量有关。每个消费者都希望买到物美价廉、货真价实的商品，也希望在购买商品时得到周全的或者合理的销售服务。如果商场的商品和服务质量都很差，消费者就有可能舍近求远，寻找商品和服务质量好的商场购物。如果商场的商品和服务质量很好，商场也有可能吸引更多、更远的顾客前来购物。

拓展课堂2-1　　思政园地2-1

本章小结

供求不平衡又称供求矛盾，是指商品供过于求和供不应求两种现象的统称，是社会生产与社会需求之间的矛盾在商品流通领域中的反映。供求不平衡主要表现在：商品供求总额之间的矛盾；商品供求构成之间的矛盾；商品供求在时间上和空间上的矛盾。调节供求关系的方法有：价格机制、政府干预、供应链管理。

商品价格受到供求关系的影响，由生产资料价值的货币表现、必要劳动创造价值的货币表现、剩余劳动创造价值的货币表现共同构成。价值规律对商品流通领域经济活动的调节与制约作用主要表现在：价值规律决定和调节着商品流通领域和市场上的价格体系、流通企业的利润率水平与经营管理水平和服务质量。流通企业的利润一般由营业利润、投资净收益和营业外收支净额三个部分构成。

影响消费者行为的因素有经济因素、心理因素、社会因素。研究消费者购买行为对于商业网点布局与业态选择具有重要意义。

第二章即测即评

第三章 流通的过程

思维导图

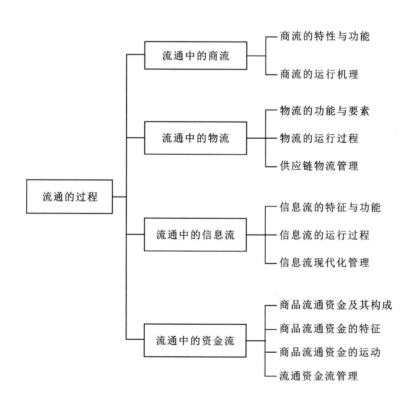

学习目标

◇ **知识目标**

(1) 掌握商流的特性、功能及其运行机理；
(2) 掌握物流的功能、要素及其运行过程；
(3) 了解供应链物流管理的特点与物流战略；
(4) 掌握信息流的特征与功能；
(5) 了解资金流的作用及其运行过程。

◇ **能力目标**

(1) 能够分析流通过程中"四流"的联系过程和作用；
(2) 能够整合"四流"，实现流通的协同优化；
(3) 能够解决"四流"管理中的问题；
(4) 基于对"四流"的理解，能够为企业发展战略做出规划。

◇ **素养目标**

(1) 引导学生从流通过程中涉及的多个部门环节的协同合作中，培养自己的团队协作意识；
(2) 在学习过程中，不断思考如何优化"四流"，培养创新思维；
(3) 增强风险防范意识和工作责任意识；
(4) 引导学生了解中国商品流通过程，增强学生对中国特色社会主义的道路自信、理论自信、制度自信、文化自信。

文档

流通中国 3-1

视频

延伸阅读 3-1

第一节　流通中的商流

一、商流的特性与功能

商品流通是商品内在矛盾运动的统一，商流的过程是商品价值形态的转化过程，即商品价值的实现过程。具体的商流包括购、销等商品交易活动，以及商品信息活动。通过商流活动可以克服生产者和消费者之间的社会距离，发挥商品所有权的效用。

（一）商流的特性

商流是商品流通中最基本、最重要的一种运动形式和运动过程。流通过程中，商流表现出其固有的特性。

1. 商流反映整个商品流通的本质内涵

在马克思主义经济学著作中，商品流通有广义和狭义之分，前者是商品价值形态变换过程和商品实体物质运动的统一，是商品所有者相互关系的全部总和；后者则单指以价格规定的交换价值的流通（即商品和货币的不断转化）。与广义的商品流通相对，狭义的商品流通通常称为纯粹的商品流通。

2. 商流是整个商品流通活动的主要经济内容

商流作为商品流通的主要经济活动内容的直接体现，必然成为整个商品流通过程中最重要的组成因素。

3. 商流是整个商品流通过程的首要前提和先决条件

从商品流通的一般运行时序来看，除托收承付结算方式、赊销或分期付款购销方式、佣金代理销售方式等少数特殊情况外，通常总是先有纯粹的商品流通，后有商品实体的运动。商品所有权的变更，带动商品实体先后经过相应的包装、运输、保管等物流环节，从商品生产方、供给方转向消费方、需求方。在商品流通过程中，如果没有物流的配合，商流很难真正得到最终实现；但如果没有商流这一商品流通的根本经济内容的发生和存在，没有商流过程中价值转移和所有权变更的驱动与引导，物流就成了无源之水、无本之木。因此，可以说商流是整个商品流通过程中最为重要的先决条件。

4. 商流过程是商品流通全过程不可缺少的组成部分

商流是整个商品流通过程中最基本、最重要的一种运动形式和运动过程。没有商流，即使有商品实体运动，也不能产生真正意义上的商品流通。在特殊情况下，商品流通过程中的物流过程可以部分或全部省略。或者说，物流并不构成商品流通的必要条件，商品流通在缺少物流的情况下仍可以完成。但与物流过程所表现的这种弹性和灵活性不同，商流始终是商品流通整体不可缺少的组成部分。

(二) 商流的功能

商流在社会经济运行中的功能主要有如下三个方面。

1. 实现商品价值的功能

商品是专为别人消费而生产的私人劳动产品，是商品价值和使用价值的对立统一物。其中，产品具有的满足人们某种需求的有用性，并由此产生的使用价值，是其可以成为商品的一个重要物质条件；但与此同时，商品的有用性只有在除生产者之外的其他人手中时，才可能体现并得以实现。商品的价值实现对于商品本身、商品生产及社会再生产的存在和发展，都是至关重要的。

商流是若干次"G—W"的价值形态转换所组成的"形态变化序列"，它对商品的价值实现起着重要的促进作用。商流能够有效促进商品价值的实现，为产品转化成商品、商品生产的不断进行和发展创造必要的先决条件。

2. 生产先导的经济功能

不论在任何情况下，劳动过程都必须结合生产资料"物"的因素和劳动者"人"的因素才能进行。在商品经济条件下，物与人的结合必须经过同一资本对它们的分别购买后才能实现。企业要想进行生产和经营活动，首先就要预付资本，在市场上购买特定的生产资料和所需的劳动力，获得生产资料和劳动力的所有权及使用权之后，"物"与"人"的要素的有效结合才能使企业创造物质财富的生产活动得以进行。否则，没有资本向生产资料和劳动力转化的这一商流过程（G—W），分别独立存在的"物"的因素与"人"的因素就难以结合，企业的生产就无法组织，简单再生产或扩大再生产都将无从谈起。由此看来，资本在生产要素市场中的商流过程（G—W）是一切企业生产经营活动进行并持续下去的首要前提，商流具有生产先导的经济功能。

3. 促进资源优化配置的功能

商流是连接商品生产者、所有者与商品需求者和消费者的一个社会经济运行过程。商流受买方约束的影响，商品生产者必然要根据社会需求来安排生产，使商品使用价值的各个方面都更适应消费需求，从而促进社会供给结构平衡的建立。受社会约束的影响和调节，由于等价交换的客观要求，一方面，以社会必要劳动时间为标准的同业竞争会促使资本、资源在同一部门向经济效益高的经济个体转移；另一方面，以等量有效劳动交换为原则的行业间竞争，又会使得资本等短缺资源在行业之间重新分配。这样，商流这一社会经济过程及其内在的优胜劣汰机制，会在社会经济运行过程中促使社会资源不断优化配置。

二、商流的运行机理

（一）商流的微观分析

从微观经济活动或企业的生产经营活动过程来看，商流典型表现为从企业资本投入开始，经过一系列形式变化最终实现商品价值补偿的运动过程。

马克思在考察企业资本流通时，认为企业资本的循环中存在且进行着两种商流过程，即购买阶段（G—W）的商流和售卖阶段（W′—G′）的商流。

（二）商流的宏观分析

从宏观经济即社会总资本的运动过程来考察，商流集中表现为连接社会总供给和总需求的、多个买卖行为所共同组成的商品贸易和商品流通过程。

社会范围内互相联系的所有个别资本的总和，构成社会总资本。也就是说，相互交错进行的微观商流的有机总和，就形成了社会经济运行总过程中的宏观商流。当然，宏观商流还不仅仅只是微观商流的简单相加，它还包含微观商流之外的一些新内容。例如，以企业资本运动为典型形态的微观商流，一般只包括生产资料与生产要素商品的商流过程；而宏观商流则还包括生活消费品的商流。这是因为，从社会范围来看，人们用货币购买个人消费品的过程，也就是消费品生产和经营企业实现其商品价值的过程，其中所发生的货币与商品所有权的更迭，必然构成宏观商流的基本内容。

（三）商流运行的影响因素

商流运行过程中受到多种因素的影响，主要涉及以下几个方面。

（1）生产水平。生产者的生产水平、产品结构等都直接决定着其产品是否能满足他人需要、能否及时换回货币，从而决定商流过程能否发生以及商流运行效率的高低。如果生产水平不高、生产能力有限、产品结构陈旧而使商品无法产出或供给不足，商品交换失去对象，商流过程也就无从谈起。

（2）与商品相协调的货币和货币量。商流本质上是以货币为媒介的商品所有权的更替运动过程。因此，货币成为商流运行的必要工具。

（3）流通企业及其效率。作为一种独立的社会分工，流通企业可通过其中介贸易活动，更好地缓解产、销在时空、批量上的矛盾，使偶然的、个别的商品交换，成长为经常的、社会化的商品贸易，使宏观、微观商流运行都更加便利。尤其就宏观商流而言，流通企业可以起到马克思所说的"机器"作用，节省社会在流通领域的投入，节约更多生产时间，缩短社会再生产时间，多方面促进商流的高效运行。当然，如果流通企业自身经济效率不高，则不仅会降低对商流运行的正面促进作用，还可能会因只买不卖或只卖不买等商业投机行为而对宏观、微观商流的正常运行造成负面影响。

(4) 市场及其他交易载体。商品交换是商品供求双方彼此联系、相互作用的一个社会性过程，有关各方在时空上的高度统一是这一社会过程得以存在和进行的基本前提。没有时空上的集中统一和社会分工的不同，承担者就只能与自己发生关系而无法实现商品的让渡，进行商品所有权让渡的商流过程也就不可能发生。现实生活中，供求双方在时空上集中统一的实现形式通常有两种：有形市场和无形市场。前者是指那些固定的、集中进行买卖的各种交易场所；后者则是指中间商及计算机网络等各种媒介性载体（如电子商务）。生活资料、生产资料交换的主要载体略有不同，二者分别以有形市场和无形市场为主。但不论采用哪种形式，市场或其他交易载体对交换（流通）的承载则是商流得以存在和运行的基本物质前提。

案例阅读3-1

第二节 流通中的物流

一、物流的功能与要素

物流业是融合运输业、仓储业、货代业和信息业等的复合型服务产业，是国民经济的重要组成部分，涉及领域广，吸纳就业人数多，促进生产、拉动消费的作用大，在促进产业结构调整、转变经济发展方式和增强国民经济竞争力等方面发挥着重要作用。

（一）物流的功能

物流是物质资料从供应者到需求者的物理性（实体性）流动，是创造时间和空间价值的经济活动。物流的功能，一是通过商品运输实现商品的空间效用，也就是借助各种运输工具实现商品在空间上的移位，克服商品生产地点和消费地点在地理上的分离。在商品社会，人们生产出来的商品不是用于自我消费，而是用于交换，通过交换获得货币收入，再用货币收入在市场上购回所需要的生产资料或生活资料，但许多商品的生产地点与消费地点往往不一致，而克服这种差异的方式就是进行商品运输。二是通过商品储存实现商品的时间效用，也就是借助各种场所和设备来储存或保管商品，以满足商品供求的需要，降低商品在生产时间和消费时间上的背离。

在市场竞争日益激烈的现代社会，物流的上述功能具有越来越重要的现实意义，物流成为企业降低成本、增加销售，赢得竞争优势的关键因素。

（二）物流的要素

物流的要素包括包装、运输、储存、装卸与搬运、流通加工、配送、信息处理七个方面。

1. 包装

包装是在流通过程中为保护产品、方便储运、促进销售，按一定技术方法采用的容器、材料及辅助物等的总体名称，以及为达到上述目的而进行的操作。包装分为工业包装和销售包装。

2. 运输

运输是借助各种运输手段，实现商品在空间位置上的转移。运输是物流各环节中最主要的部分，是物流的关键，也有人把运输称作物流的代名词。

3. 储存

储存是利用一定的仓库设施和设备，收储和保管商品的活动。

4. 装卸与搬运

装卸与搬运是商品运输和储存活动中的基本内容，具体包括装货、卸货、移动、分类、堆码等活动。

5. 流通加工

流通加工是指商品在流通过程中，根据用户的要求，改变或部分改变商品的形态或包装形式的一种生产性辅助加工活动，是生产过程在流通过程的延续。对流通过程中的商品进行必要的加工，包括编码、拆拼、重新包装、切割、喷漆、热处理、分拣、商检等，其目的是使商品的生产加工过程尽可能地满足用户对商品的使用要求，更有效地满足用户需求。

6. 配送

配送是按照客户的要求，运用现代技术和手段，安全、准确、及时进行货物配置并送交客户的活动的总称。

7. 信息处理

信息处理是对与商品数量、质量、作业管理有关的物流信息，以及与订单、发货和货款支付相关的商流、资金流信息的收集、整理和传递活动。

二、物流的运行过程

物流的运行过程是指商品货物通过装卸、搬运、运输、储存等物流活动创造货物的时间效用和地点效用的实物流通。按活动范围，物流的运行过程可分为微观物流过程和宏观物流过程。

（一）微观物流过程

微观物流过程是指在一个企业或一个经济实体内部的物流过程，如工厂或车间内部的物流过程，码头、港口、车站、仓库的物流过程。微观物流又称企业物流，不同类型企业的物流过程会有所不同，按照企业从采购（如原材料、零部件、用于转卖的商品）到生产，再到销售（如产成品、待销商品）的顺序，一般可将企业物流过程分为：供应物流、生产物流、销售物流、回收物流、废弃物物流。

（二）宏观物流过程

宏观物流过程是指在国民经济范围内、社会再生产各过程之间、国民经济各部门之间，以及国与国之间的实物流通，也称社会物流。随着生产力的发展，生产专业化程度越来越高，使得商品货物在国民经济各部门、各企业之间的交换关系越来越复杂，社会物流的规模也越来越大。

按社会再生产过程中从初级产品到最终产品的生产链顺序，可将宏观物流分为：初级产品物流、中间产品物流、最终产品物流。

三、供应链物流管理

供应链物流管理思想是随着企业竞争环境的变化、竞争优势的转变，以及随之产生的企业管理模式的转变而出现的。21世纪初，竞争优势体现在如何以最快速度响应市场、满足不断变化的多样化需求上。供应链物流管理正是顺应了这种新的竞争环境的需要，将企业从资源约束中解放出来，由此创造出了新的竞争优势。

（一）供应链及其特征

供应链的内涵界定大致划分为三个阶段：早期的观点认为供应链是制造企业的一个内部过程；后来的供应链概念注意到了制造企业与其他企业的联系；现代供应链概念更加注重围绕核心企业的网链关系。参考国家标准《物流术语》（GB/T 18354—2021）对供应链的界定，可以将供应链管理定义为：从供应链整体目标出发，对供应链中采购、生产、销售各环节的商流、物流、信息流及资金流进行统一计划、组织、协调、控制的活动和过程。

供应链是由通过协同合作来共同制定战略定位和提高运作效率的一些相互关联的企业组成的。对供应链中的各个企业来说，供应链关系反映了企业的战略抉择。供应链策略是建立在相互依存、相互关联的管理理念基础上的渠道管理的合理安排，这就要求相关企业建立跨部门的管理流程，并使这个流程突破企业组织的界限，与上下游的贸易伙伴和客户连接起来。可见，供应链是围绕核心企业，通过对商流、物流、信息流及资金流的控制，从采购原材料开始，制成中间产品以及最终产品，最后由销售网络把产品送到消费者手中的，将供应商、制造商、分销商、零售商、最终用户连成一个整体的功能网链结构。供应链是一个范围更广的企业结构模式，包含了所有加盟的节点企业，从原材料供应开始，经过链中不同企业的制造、加工、组装、分销等过程直到送达最终用户的手中。供应链不仅是一条连接供应商与用户的物流链、信息链、资金链，还是一条增值链，物料在供应链上因加工、包装、运输等过程而增加其价值，给相关企业都带来收益。

（二）供应链环境下物流管理的特点

供应链环境下，由于信息的共享程度高，供应链上各节点企业都能及时掌握市场的需求信息和整个供应链的运行情况，每个环节的物流信息都是透明的，各环节之间能相互交流与共享，从而避免了需求信息出现失真的现象。

案例阅读 3-2

对物流网络规划能力的提升也反映了供应链管理环境下的物流特征，企业可以充分利用第三方物流的资源来降低库存压力和安全库存水平，通过物流系统实现准时交货。

信息跟踪能力的提高使供应链物流过程实现同步、更加透明化，也为实时控制物流过程提供了条件。在传统物流系统中，许多企业只能跟踪企业内部的物流过程，没有能力跟踪企业之外的物流过程，其主要原因是缺乏共享的信息系统和信息反馈机制。

作业流程的快速重组能力极大地提高了物流系统的敏捷性。通过消除不增加价值的过程和时间，使供应链的物流系统进一步降低成本，为实现供应链的敏捷性、精细化运作提供基础性保障。

合作性和协调性是供应链管理的重要特点，但如果没有物流系统的无缝衔接，就会使供应链的协调性大打折扣，从而降低获利水平。

灵活多样的物流服务也提高了客户的满意度。通过制造商和物流服务商的信息的实时交换，及时把客户关于运输、包装、装卸等方面的要求反映给相关企业及相应的部门，可提高供应链管理系统对客户个性化需求的响应能力。

总的来说，供应链环境下的物流管理特点可以简要概括为：信息共享、交货准时、过程同步、敏捷响应、互利合作、满意服务。

(三) 供应链物流战略

1. 物流自营与外包的决策

企业物流运作模式主要有自营物流和外包物流。在进行物流决策时，企业应根据自己的需要和资源条件，综合考虑物流对企业的重要性和企业自身物流管理水平，根据不同时期的不同侧重点，慎重选择物流模式。图3-1给出了企业选择物流外包还是自营模式的决策模型。

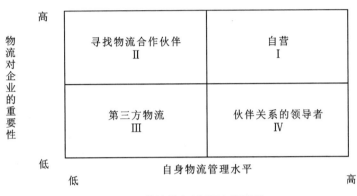

图3-1 物流外包/自营决策模型

如果物流在企业战略中起关键作用，但自身物流管理水平却较低，对这类企业（处于Ⅱ区间）来说，寻找物流合作伙伴组建物流联盟，企业将在物流设施、运输能力、专业管理技能上极大受益；对于物流在企业战略中不占关键地位，但其物流水平却很高的企业（处于Ⅳ区间）来说，寻找伙伴共享物流资源，成为伙伴关系中的领导者，通过增加物流业务获得规模效益，进而降低成本不失为好的选择；如果企业既有很高的客户服务需求标准，物流成本占总成本的比重极大，同时又有很强的物流管理能力，这类企业（处于Ⅰ区间）一般不会选择外包物流服务而会采用自营物流模式；对于那些物流在其战略中的地位并不是很重要、自身物流管理能力也比较欠缺的企业（处于Ⅲ区间）来说，采用第三方物流是最佳选择，因为这样能大幅降低物流成本，提高物流水平。

2. 一体化物流管理战略

一体化物流是20世纪末发展起来的最有影响的物流管理模式之一，是指不同职能部门之间或不同企业之间通过物流上的合作，达到提高物流效率、降低物流成本的效果。一体化物流或物流一体化包括三种形式：垂直一体化物流、水平一体化物流和物流网络。

1）垂直一体化物流

垂直一体化物流要求企业从原材料到用户的每个过程实现对物流的管理；要求企业利用其自身条件建立和发展与供应商及用户的合作关系，形成合力，赢得竞争优势。

2）水平一体化物流

水平一体化物流通过同一行业中多个企业在物流方面的合作而获得规模经济效益和物流效率。例如，不同企业可以用同样的装运方式进行不同类型产品的共同运输。当物流范围相近而某个时间物流量比较少时，几个企业同时分别进行物流操作显然不经济，于是一个企业在装运本企业产品的同时也会装运其他企业产品，以达成降低成本、提高效率的合作。

3）物流网络

物流网络是垂直一体化物流和水平一体化物流的综合体。当物流的每个环节实现一体化的同时又是其他一体化物流系统的组成部分，以物流为联系的企业就会形成一个网络关系，即物流网络。物流网络是一个开放的系统，企业可以根据业务繁忙程度自由加入或退出，一般情况下是在业务最忙的季节，企业最有可能利用这个系统。物流网络能发挥规模经济效益的条件是一体化、标准化和模块化。

3. 战略渠道设计

战略渠道设计是通过网络分析，优化并确定物流供应链的制造厂、分销中心、仓库等设施的位置和数量，使物流系统合理化，以合理降低运输和库存成本。战略渠道设计涉及网络设计，是一个复杂的系统工程，需要从供应链管理的战略高度和整体利益出发考虑问题。

思政园地 3-1

第三节　流通中的信息流

一、信息流的特征与功能

信息流是指处于运动状态的系列信息，通过一定的传播途径由信息源向信息接收者传递的信息集合。信息流是各种交易关系顺利进行和各种经济主体行为相互协调的必要媒介。国民经济管理、企业经营、个人经济行为都是在纵横交错的信息输出和输入中通过沟通、协调完成的。信息存在于人类社会的各个领域，我们研究的流通领域的信息，一般叫作流通经济信息。它是对流通经济活动及其特征的客观描述，是流通经济活动中各种经济现象发展变化及特征的反映，包括各种情报、消息、信号、指令、数据资料等。

（一）信息流的特征

1. 时效性

在经贸领域，市场行情瞬息万变，迅速发展和变化的信息表现出很强的时效性，信息生成速度快，传播迅速、时效性很强，及时、真实的信息可能给企业带来巨大的财富，而延误或失效的信息则可能对企业造成重大损失。

2. 依附性

处于运动状态的信息在传递过程中必须依附于一定的物质载体，如文字信息和静止的图像信息可通过纸张传递。信息流效用的发挥在很大程度上依赖于物质商品的质量和物质商品市场的发达程度。

3. 可加工性

人们可以按一定的目的对发出或已经接收的信息进行加工整理、分析归纳、去粗取精，或者将其精炼浓缩，或者将其放大、增值，或者转变传递形式，从而增加信息流的实用价值。

4. 共享性

与其他有形的物质商品不同，信息通过传递扩散后，人们可以共同分享信息资源。信息流的共享程度会影响该种信息的经济效用，共享程度很低甚至独占的信息资源可能给信息拥有者带来很高的经济利益（如某些专利技术，特别是某些未公开的专有技术），而共享程度较高的信息资源则可能普遍地提高信息拥有者群体的整体利益，但相对地可能会降低某些个体原有的竞争优势。

（二）信息流的功能

1. 决策

人们在经贸活动中的一切决策都需要以信息为基础，通过收集、分析、加工各种相关信息，实现对事物客观规律的认识，才能做出正确的决策。很多经营失败是错误决策导致的结果，而错误决策的产生则往往是错误的信息所致。

2. 协调

人们通过分析接收到的各种信息来调节自己的经济行为，而调节行为和调节结果又作为输出信息影响他人的调节行为，从而使信息起到协调各种经济主体行为的作用。

3. 增值

信息凝结了人们的智力劳动，知识形态的信息本身就是人类智慧的结晶，社会物质文化生活的丰富就是知识形态的信息应用于生产过程的结果，因此信息可以促进价值增值。再者，信息通过其决策功能和协调功能，促进社会组织与管理效率提高，促进生产要素的流动和优化组合，从而有助于提高生产效率，增加物质财富。

二、信息流的运行过程

信息流的运行过程是指信息的产生、传递、收集和加工及应用过程。

（一）信息的产生

产生信息的主体有政府（包括政府的附属机构、事业单位等）、企业和个人。通常政府是最大的信息输出者，政府作为一国经济的管理者和调控者，连续不断地产生大量的政策信息，其中包括经济信息、社会信息、政治信息、法律信息。

（二）信息的传递

信息的传递是信息通过一定的途径，从信息发出者到信息接收者的信息运动过程。信息传递的方式有多种，从信息传递媒介来看，有人工传递，如口授、交谈；有纸质媒介传递，如报刊、文件、图书等，还有视频和音频媒介传递等。从信息传递方向来看，有单向信息传递，如报刊、广播、电视；还有双向信息传递，如电话、会议交谈等。随着信息传递技术的迅速发展，卫星通信、计算机网络等先进通信手段大大扩大了信息传递的规模，提升了信息传递的效率。

（三）信息的收集和加工

信息的收集就是根据经济主体（政府、企业、个人）的行为目标，以适当的方式有意识地获取所需要的信息的过程。由于信息可通过多种物质载体（如内部文件、报刊、广播、电视等）传递，因而存在多种信息收集方式，并且不同的信息收集方式所需要的物质条件也不同。所收集的信息需要进行存储才能再现，信息存储的方式也是多种多样的，用计算机光盘可以存储图像、声音、文字信息，用纸张或胶片可以存储平面图像和文字信息等。

信息收集的选择性本身就包含信息的加工过程，信息加工包括对收集的信息进行编辑、分类、排序、浓缩、转化等信息处理的过程。用于信息加工的设备有复印机、速印机、计算机、图文扫描仪、打印机、照排机、录音机、摄像机、装订机等多种设备或工具。

（四）信息的应用

信息的应用就是将通过收集获得的信息投入使用的过程，也就是实现信息的价值和使用价值的过程。只有信息被投入使用，信息收集、传递和加工的目的才得以实现。信息的具体用途根据信息收集者的目的不同而千差万别。例如，政府根据收集到的人口普查数据制定人口规划；企业根据收集到的潜在客户信息制定市场营销策略等。信息的应用过程也就是信息被用来制定策略，协调各类经济主体之间的关系，获得价值增值的过程。

信息使用得正确与否，直接关系到流通活动的成败。流通企业的信息处理功能主要是将大量收集的信息转化成有助于企业交易、决策和战略控制的信息，以及向供应商反馈以引导生产和向用户提供咨询等信息，这种信息处理可以是简单的查询、排序，也可以是复杂的模型求解和预测分析，一般包括数据预处理、数据挖掘，以及指标评估等内容，信息处理能力的强弱直接影响流通企业经营效率的高低。

案例阅读3-3

三、信息流现代化管理

（一）信息流现代化趋势

在全球范围的信息化浪潮的冲击下，信息流在商品流通中的作用越来越大，信息流通产业已成为收益率最高的行业之一。信息流的发展趋势主要表现在以下方面。

1.在信息载体方面继续向多元化和高技术化方向发展

在新技术革命的带动下，传统信息载体与现代信息载体并存，同时新的信息载体又不断产生。例如传统的纸质信息载体在信息流通中仍然占有非常重要的地位，据《2021年国民经济和社会发展统计公报》发布的数据，2021年末全国出版各类报纸276亿份，各类期刊20亿册，图书110亿册（张），人均图书拥有量7.76册（张）。从政府部门到工商企业，各种文件、报告仍然大量以纸质印刷媒介的形式传递。通过计算机信息网络传递、以图文、视频终端显示的信息流通方式正在日益普及，并且这种高技术的信息流通方式和传统的纸质印刷媒介相互结合。此外，数字移动通信、电子邮件、电子图书，以及各种各样的信息卡、咨询卡纷纷出现。信息载体的多元化趋势是现代科学技术发展的结果，其产生和发展本身就是高技术的具体应用。

2.在信息流通效率方面向高速、大容量方向发展

人们为探索高效率、大规模的信息传递经历了漫长的过程。人类在17世纪中叶实现了以电报、电话为代表的，从有线电到无线电的突破，随后开始了从个人通信到大众传播媒介，即广播电视的发展，接着实现了从模拟通信到数字通信、从地面通信到卫星通信、从电通信到光通信的迅速发展。信息流通的每一次飞跃都大大提高了信息传递的速度和质量。

3.在信息价值方面向知识密集和高价值化方向发展

一方面，信息流以其本身的高技术含量体现出对物质资源和资金的替代性。以高度知识化、技术化为基础的信息资源使地球上有限的自然资源得以充分利用或节约使用，通过增加商品的技术含量而替代资源消耗，从而增加商品的价值和使用价值。信息高价值化趋势促使企业活动重心从物流和资金流转向信息流，并把信息作为最重要的资源。另一方面，信息流在改进社会组织以提高管理效率方面表现出越来越大的作用。广泛的信息需求已成为国民经济管理、企业决策，以及个人生活方面不可或缺的组成部分，人们的经济决策越来越依赖于对信息的取得和处理的结果。社会组织结构的优化和管理效率的提高，都需要以掌握真实、全面的信息为基础。

4.新一代信息技术促使信息流呈现高速、大容量、数据化和去中心化的趋势

首先，随着电子信息和宽带、互联网等基础设施的不断完善，信息的流动更加高速、大容量，互联互通进一步加强，海量的信息在移动终端传递、传播，信息的流动更加高速和透明。其次，海量信息逐渐实现"数据化"，多种多样的信息最终都转变为可量化形式被互联网技术低成本、全方位地记录、分析，并最终形成大数据，依托算法完成机器学习，实现人工智能。最后，区块链技术的兴起推动信息流去中心化的实现。互联网的发明实现了信息共享，减少了中间环节，并把一部分中介搬到了互联网上，但它并没有真正消灭中介。区块链技术就依托技术信任取代人工信任，实现了真正的去中心化。因此，随着区块链技术在商业领域的快速推广，信息流的去中心化将成为趋势。

（二）信息流管理

信息流的管理是指对信息产生、传递收集与加工应用过程的管理。按经济主体的不同，信息流管理可分为宏观信息管理和微观信息管理。

宏观信息管理也就是国民经济运行过程中的信息管理。宏观信息管理的主要内容包括以适当的方式获取经济总体发展状况方面的信息。微观信息管理主要是企业信息管理，包括内源信息管理和外源信息管理。

在现代化大生产的条件下，流通企业对各种信息的需求量急剧增长，与其他领域的信息相比，流通企业所涉及的信息主要反映企业经营活动所具有的基本特征，具体表现为信息量大、分布广、信息种类多、来源多样化、动态波动性强。随着消费需求的多样化，企业的生产、销售朝着多品种、小批量的方向发展，并且伴随着商品更新换代速度的加快、周转速度的提高，这不但要求流通企业具有对大量信息进行收集与加工处理的能力，还要求其具有快速、不断更新信息的能力。同时，为了使流通信息适应企业开放性、社会性的发展要求，也必须对大量的流通信息进行及时、有效的处理。只有对大量信息进行加工整理，收集与商品流通有关的那些信息，如价格、供求情况、市场环境等有用的信息，才能提高商品流通信息的适用性、可靠性，发挥信息在商品流通中的使用价值，提高整个流通系统的运行效率。

思政园地3-2

拓展课堂3-1

第四节　流通中的资金流

一、商品流通资金及其构成

商品流通资金，是指在市场经济活动中，流通企业在组织商品流通经营活动过程中所支付的一切物品和费用的货币表现，是一种运动着的价值。它包括在组织商品流通过程中各种形态的资金的总和，也就是商品流通企业拥有的全部财产的价值形态。

商品流通资金由其内部的运行状况、存在方式、表现形式的不同而呈现出多维的结构。我们可以按以下两种方式来划分商品流通资金的构成。

（一）按对商品流通职能任务的实现划分

商品流通企业为购进商品必须垫付一定数量的资金，或者说是直接投入在从事商品买卖上的商品经营资金；同时还要为实现商品流通任务，开展商品经营活动而预付流通费用，购置流通工具而垫付必要资金。因此，商品流通资金可以分为两部分：垫付的商品经营资金和预付流通费用及购置工具垫付的资金。它们之间在机能、周转方式和补偿形式等方面都有所区别。

前者是为购进商品而直接投资在商品的进口、出口上，并不断在企业内部和市场之间周转的费用，这部分资金只能在流通领域内起作用，通过交换完成形态变化的过程，为下一次的继续生产服务。后者并不直接用于商品买卖，预付流通费用、购置工具，是为了从劳动消耗的补充和物化劳动方面，为商品流通经营活动提供必要的条件。

（二）按在商品流通过程中所起的作用及形态划分

商品流通资金按其在商品流通过程中所起的作用及形态，可以分为固定资金、流动资金和专用资金。这三种资金，在很多方面都有明显的差别。在大多数情况下，我们谈商品流通资金时，都按这种方法分类。

1.固定资金

固定资金即固定资产的货币表现，即商品流通固定资金的物质内容是商品流通中所拥有的各类固定资产。

2.流动资金

流动资金是流动资产的货币表现。它是指除固定资金以外商品流通企业占用的全部资金。

3.专用资金

专用资金是指商品流通企业除了业务经营上用的流动资金以外，为满足其他一些适应企业经营管理的实际需要，从特定来源形成的并具有特定用途的专项商品流通资金。

二、商品流通资金的特征

资金是一种运动着的价值。商品流通过程中，经营资金必须处于不断运动中，这也叫商品流通资金的周转，在不间断地重复一次又一次的循环过程中，商品流通资金才能显示出它的功能，增加社会价值。运动中的商品流通资金，具有以下三方面特征。

（一）垫支性

不论是简单商品经济还是发达商品经济，资金的投入，通常都具有垫支性，商品流通企业为经营活动投入的资金更是如此。商品流通企业为购进商品而垫付的资金、为展开经营活动预付的流通费用和为购置流通工具而垫付的必要资金，均带有垫支的性质。

（二）周转性

要使商品流通企业顺利地运作和发展，流通资金必须合理而有效地运行，这就要求流通企业的经营管理者合理调整资金的周转节奏，让每一块钱都运动起来，发挥其流通的作用。

（三）增值性

商品流通资金在循环运动和周转过程中，会不断改变自身的价值形式，在这种变化发生的同时，商品流通资金与作为单纯的流通手段的货币相比，有明显的价值补偿和增值的特征。

三、商品流通资金的运动

（一）商品流通资金运动的含义

商品实体的运动，是商品从生产领域向消费领域的转移过程。商品的运动本身包含着物的运动，即商品使用价值的转移运动；也包含着经济关系的运动，即商品价值形态的变化，最终完成转化的整个过程。商品流通正是通过这样的运动形态变化来完成自身运动的全过程。商品流通资金的运动，同商品购销活动结合在一起，体现着商品流通的职能，实现生产与消费之间的联系。用来实现商品流通任务的资金运动，通常称为资金流，即在实体经济中，由商流和物流所引起的资金运动的全过程，包括资金的借贷、预付、支付、结算、偿还，等等。商品流通资金的运动，即商品流通资金的活动过程，是商品流通的资金流的具体表现形态。商品流通的货币投资循环过程，即参与商品买卖业务活动的货币，经过两个阶段"G—W""W—G'"形成的一个循环，也就是以商品流通为中介促成商品交换的过程中，投资的货币作为资金运动的"第一推动力"，依次表现为货币资金形态（G）、商品资金形态（W）和增值的货币资金形态（G'）的过程。

（二）商品流通资金流运动与物流运动的关系

商品流通物流主要是指使商品从生产领域向消费领域转移的经济过程或运动过程，它包括运输、保管、装卸、包装、流通、加工和信息处理等多项基本活动。通常情况下，商品流通的物流与资金流的运动方向是相反的，物流是从上游企业流向下游企业（这里不包括回收物流），而资金流是从最底端的消费领域向上游流动的。然而，我们不能理解为物流和资金流是严格同时进行的，因为在流通过程中，先交货后付款或者预收货款的情况非常普遍。虽然它们在流向和时间上都存在不一致，但两者还是有着非常紧密的联系。

商品流通的物流运动是资金流运动的基础。商品流通的物流运动依赖商品流通的资金流运动，商品流通资金的运动成为商品发生位移的必要条件。所以，我们必须把握好商品流通中资金流和物流的关系，才能使流通中的各要素各畅其"流"，并行不悖。

（三）商品流通资金运动的影响因素

商品流通资金的运行状况、资金供应是否充足、运用是否科学合理，都能够促进或制约商品经营活动的规模和范围，直接关系到商品流通是否通畅，影响企业组织流通的效率。商品流通资金的正常运行，不仅能发挥货币流通的功能，促进商品流通顺利发展，保证流通通畅，同时还能带来较理想的经济效益。因此，商品流通企业在货币形态与商品形态上占用的商品经营资金在运行过程中的数量、具体形态以及分配的比例，都是商品流通企业经营的关键问题。我们研究、考察商品流通资金的运行，就应分析影响这些问题的因素和条件，具体包含以下几个方面。

1.宏观环境因素

在市场经济条件下，每个行业、每个企业个体，都是在宏观环境的影响下生存和活动的。这种宏观环境因素在经济分析中常常被称作系统风险。宏观环境基本上是企业不可控制的，但是它的影响不容忽视，我们可以通过预测和分析，利用宏观环境有利的方面，避免其不利的方面，从而为企业创造更适宜发展的外部环境。宏观环境的影响可以分为政策和政治因素、经济发展状况、社会人文环境，以及技术因素四个方面。信息技术和网络技术的发展是促进流通资金运行的推动性力量，它们是流通产业实现现代化的重要条件。

2.行业环境因素

流通产业在国民经济行业分类中为第三产业，属于服务领域，它既以第一、第二产业为基础，又影响第一、第二产业。由于流通产业是一个宽泛的行业概念，行业环境也相对比较宏观。现有的竞争状况，进入和退出壁垒，本行业对上游供应商、生产企业和消费者的议价能力，都对流通资金的利用效率有直接或间接的联系。随着市场经济的不断完善，在整个国民经济的运行链条中，流通产业和流通资金在从价值创造到价值实现的过程中发挥的作用，流通的竞争力对一个国家、一个地区和一个企业胜负的决定性力量等，都是流通产业所处的行业环境因素的一部分。

3. 流通企业自身因素

影响商品流通资金运行的流通企业自身因素，包括企业经营管理的方方面面。资金的筹集、固定资金与流动资金如何合理分配、存货和应收项目的管理、经营所得的分配等问题，都是企业经营者必须考虑的。而企业的销售业绩、管理水平等因素也都会影响流通企业资金利用的效率。

（四）现代商品流通条件下的资金流特征和作用

在现代商品流通条件下，流通资金的运动仍然具有传统条件下所具有的特征，同时也具有了一些新特征。

1. 融合性

融合性是指在同一产业链的不同位置或是不同行业的流通企业之间，出现的流通资金与其他行业资金相互渗透、相互交叉、融为一体的现象。从20世纪70年代起，流通资金的融合性就开始在电信、出版等行业体现，到20世纪90年代，这种流通资金融合性的特征逐渐延伸到其他产业部门。这个融合过程有三种表现形式：流通资金与农业生产资金的融合、流通资金与工业制造资金的融合，以及流通资金与其他部门（如物流部门）资金的融合。当然，这三种形式并不是相互排斥的，有的流通企业同时表现出两种或三种融合现象。

2. 导向性

随着我国经济逐渐从生产主导型经济转向流通先导型经济，部分流通产业凭借着强大的信息技术和现代流通方式，造就了自己引领生产、调整结构、配置资源、促进消费、抵御风险的强大功能，从而确立了流通企业对制造商、供应商的相对支配地位。

3. 全球化

经济全球化是资本运动全球化的一种表象，因此，流通资金运动的全球化也成为现代商品流通的资金流运动的一大特征。商品流通资金运动的全球化，是指处于商品流通领域内的资金，将其自身运动从一国范围扩展到国际范围的过程。近年来，遍及全球的连锁经销网络和采购配送网络逐步形成，成为促进流通资金全球化的重要因素。在全球化的剧烈冲击下，我们不仅可以看到国际巨头在彼此争夺市场，而且可以切身体会到跨国公司对中国流通领域的强劲渗透力和扩展势头。有关资料显示，2021年1—5月，全国新设立外商投资企业18497家，同比增长48.6%。因此，在激烈的竞争市场中，我国的流通企业也应该抓住经济全球化这个机遇，充分利用国内国外的流通资金，争取在市场上占有一席之地。

4. 信息化

传统流通企业以产权关系为纽带，实行纵向一体化经营；而现代流通企业，基于其核心能力，实行横向一体化或虚拟一体化经营。这就要求流通企业基于现代信息技术，实现包括资金运作流程的网络化和虚拟化。

在如今的经济发展阶段，流通产业的地位发生了重大转变，流通资金的地位也渐渐提高，流通资金在国民经济运行中的地位越发凸显，主要包括如下几个方面。

1）调整结构，配置资源

流通资金对国民经济有着相当大的引导力量。由于流通产业和流通企业地位的上升，流通资金可以引导生产资金的流向，也就具有了调整产业结构、优化资源配置的作用。

2）刺激消费，扩大内需

在当前阶段，流通位于市场的最前沿，与消费的关系最密切，流通资金也就成为与消费市场联系最直接的资金，它对引导人们健康合理消费有着不可轻视的作用。现代流通的发展，使得流通可以对消费产生很大的拉动力量，通过对流通资金的运用，可以在很大程度上刺激人们的消费，从而达到扩大内需的效果，促进国民经济的增长。

3）规避风险，提高效率

现代流通条件下的流通资金，还可以通过对上游行业的资金流动产生影响，起到规避风险，让资金流动更安全、更合理、更有效率的作用。对生产企业来说，流通领域的资金流动可以看作是自身资金运用的指路牌，方便企业做好合理的预期，使资金投放的风险更小，运用的效率更高。同样，对于其他领域和行业的企业和组织而言，也可以利用流通资金的流动规避风险，提高资金利用效率。

四、流通资金流管理

（一）提高商品流通企业流动资金的利用效率

流动资金是流通企业在经营管理中最能直接掌控和灵活运用的资金，因而在日常运营中企业经营者容易对商品流通资金中的流动资金进行管理操作，而且流动资金是流通企业的命脉，企业是否能顺利运转，关键在于流动资金的运用，所以我们要从提高流动资金的利用效率着手，改善商品流通资金的运行。

商品流通中的流动资金是流动资产的货币表现。它是指除固定资金以外，商品流通企业占用的全部资金。其具体形态包括货币资金（如现金、银行存款等）、存货（如在途物资、包装物、库存商品、低值易耗品等），以及应收项目（如应收货款、应收票据等）等。它直接用于商品流通过程，直接参与商品流转的各个环节，在一次周转中全部用于投资和收回，并不断循环周转过程。

从流通企业外部来看，生产力布局的合理程度，生产的连续性、稳定性、商品自身的质量和品种，以及在市场上的受欢迎程度等，往往对流动资金的周转造成很大影响。此外，基础设施建设、运输的条件也对企业的流动资金周转带来一定的影响。从流通企业内部看，企业经营管理水平的高低是决定企业流动资金利用效率高低的最主要因素。要提高企业流动资金的利用效率，应该从四个方面采取措施：加快销售周转速度、有效利用物流技术、对供应链实现整合管理、合理使用资本运营手段。

（二）提高商品流通企业固定资金的利用效率

谈到流通资金的利用效率，人们往往更多注意到的是流动资金的利用效果，而对固定资金的利用效果重视不够。这一方面是由于流通企业的流动资金占比较大；另一方面是因为流动资金的伸缩性较大，容易控制。但是，固定资金的利用效率也是流通资金利用效率的重要方面，特别是在流通产业日益现代化、固定资金在流通资金中所占比重逐渐提高的情况下，固定资金的合理利用更应该得到足够的重视。

1.提高营业用固定资金的利用效率

一般来说，提高营业用固定资金的利用效率关系到企业的总体战略决策，比如企业的选址、仓库的搭建、设备引进，等等。通常，零售企业的销售终端可以根据商品的性质、自己的经营业态等，在市区的繁华地带选址，但是办公地点可以不设在中心商业区，储存仓库可以建得更远，甚至在郊区建立配送中心，以科学的物流管理来降低成本。另外，根据有发达市场经济的国家的经验，批发企业的设置一般不应设在交通拥挤、人口稠密的繁华地段，而应该以交通便利为地段选择的主要标准。其他关系到管理方面的开支，经营者也要仔细斟酌，以充分发挥企业固定资金的效用。

2.提高非营业用固定资金的利用效率

企业应酌情考虑自身实际情况，决定是否设立如食堂、医院等附属部门。对于现代流通企业来说，应从节约成本出发，尽量将资金运用在能发挥最大效用的地方，而其他辅助设施则视情况而定，但是，有效的福利设施将增加员工的满意度，使企业运作更有效率，因此提高非营业用固定资金的利用效率也是很有必要的。总之，如果企业管理者能从经济环境的各个方面综合考虑，在做出重大决策时慎重选择，那么固定资金的占用将变得更有效率。另外，流通企业还可以有效利用资本市场，使固定资产的来源和使用多样化，从而在更广泛的意义上提高流通企业固定资金的使用效率。

（三）提高商品流通企业专用资金的利用效率

从定义来看，流通专用资金是指商品流通企业除了业务经营上使用的流动资金以外，为满足其他的一些适应企业经营管理的实际需要，从特定来源形成的并具有特定用途的专项商品流通资金，比如更新改造资金、大修基金、职工福利基金、专项奖励基金、技术改造费和简易建筑费等。专用资金不论是企业利润留存的部分还是上级的专门拨款，都应该作为企业宝贵的资源认真对待。这部分资金，除了本身就是用于专项用途的资金之外，那些企业可以自由支配的资金的应用则比较灵活，它既可以用作企业的流动资金，也可以作为固定资金进行投资，这要视企业的实际需要而定。总之，流通企业要本着节约和高效的原则，让流通专用资金的运用产生更好的效果。

（四）让商品流通资金对国民经济运行发挥更积极的作用

流通问题是一个宏观经济问题，因此流通资金与国民经济有着很大的关系。随着我国经济的发展，流通产业的地位在不断提高，但是我国的流通费用在GDP中所占的比重却一直偏高。这种状况制约了商品流通资金对国民经济发挥的积极作用。因此，壮大我国流通产业、降低流通费用、提高流通效率、发挥流通资金调整和优化产业结构的主角功能的要求越来越迫切，其意义和影响十分深远。市场经济发展到今天，市场机制在商品流通资金运动中发挥了很大的作用，但是这些都是相对分散和自由的，要使流通资金的运用真正发挥对国民经济的引导作用，就不能光靠市场机制的作用，而要靠制定合理的宏观政策来调节，比如产业政策、税收政策、投资政策，等等。

在对外开放、参与世界经济一体化的过程中，流通资金表现出融合性、导向性、全球化和信息化的今天，我国将逐步在世界贸易组织的框架下就国内流通产业、制造业和产业结构做出独立自主的政策安排。同时，随着流通产业逐渐走上经济运行的先导地位，我们应该抛弃"重生产、轻流通"的旧观念，改变我国流通方式陈旧、结构不合理、传统业态比重偏大、信息技术水平偏低、诚信意识不强的局面，让流通产业真正成为支柱产业，让流通资金发挥更大的作用。

本章小结

商品的流通过程包括商流、物流、信息流和资金流四个方面。商品流通是商品内在矛盾运动的统一，商流的过程即是商品价值形态的转化过程，即商品价值的实现过程。具体的商流包括购、销等商品交易活动以及商品信息活动。

流通中的物流业是融合运输业、仓储业、货代业和信息业等的复合型服务产业，是国民经济的重要组成部分，涉及领域广，吸纳就业人数多，促进生产、拉动消费作用大，在促进产业结构调整、转变经济发展方式和增强国民经济竞争力等方面发挥着重要作用。

信息流是指处于运动状态的系列信息，通过一定的传播途径由信息源向信息接收者传递的信息集合。信息流是各种交易关系顺利进行和各种经济主体行为相互协调的必要媒介。国民经济管理、企业经营、个人经济行为都是在纵横交错的信息输出和输入中通过沟通、协调而完成的。

商品流通资金，是指在市场经济活动中，流通企业在组织商品流通经营活动过程中所支付的一切物品和费用的货币表现，它是一种运动着的价值。它包括在组织商品流通过程中各种形态的资金的总和，也就是商品流通企业拥有的全部财产的价值形态。

商流是物流、资金流和信息流的起点，也可以说是物流、资金流和信息流的前提，没有商流一般不可能发生物流、资金流和信息流。反过来，没有物流、资金流和信息流的匹配和支撑，商流也不可能达到目的。

第三章即测即评

第四章 流通的运行

思维导图

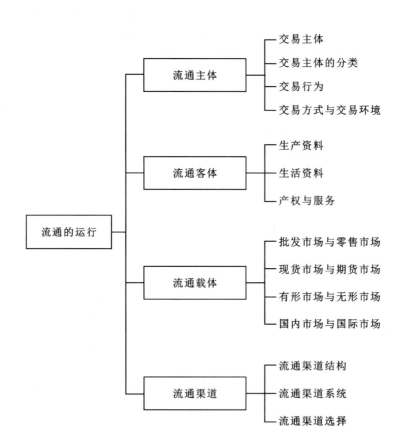

学习目标

◇ **知识目标**

(1) 了解交易主体及其交易行为；

(2) 掌握交易方式的分类与选择；

(3) 理解流通载体的多种市场形式；

(4) 掌握渠道结构与渠道系统的内涵；

(5) 掌握渠道选择的影响因素。

◇ **能力目标**

(1) 能够掌握各交易方式的特点；

(2) 能够厘清流通载体的分类；

(3) 能够掌握合理选择流通渠道的方法。

◇ **素养目标**

(1) 引导学生了解中国国情，培养学生爱国情怀；

(2) 让学生关注中国经济问题，培养学生辩证、系统的经济分析思维；

(3) 引导学生了解中国社会主义基本经济制度，学习中国文化，增强学生对中国特色社会主义的道路自信、理论自信、制度自信、文化自信。

情境导入4-1

延伸阅读4-1

第一节 流通主体

一、交易主体

(一) 交易的内涵

依据人们对交易概念的认识，我们把交易定义为：借助物品和服务的让渡而实现的权利让渡。该定义一方面强调了交易的本质是权利的让渡，另一方面指出了权利让渡与物品和服务让渡之间的关系，即权利让渡的实现方式。

交易主体是以独立形态参与交易过程的有关当事人或经济实体。交易过程是商品从生产领域向消费领域运行的动态过程，因此，交易主体既包括专门从事交易活动的代理商和经销商（二者可统称为"营销者"），也包括具有交易行为倾向的生产者和消费者。

（二）交易主体的性质

作为交易主体介入交易过程的有关当事人或实体，其对商品和劳务具有四种基本权利，即所有权、占有权、使用权、支配权。一个理想的交易主体，应当是这四种权利的统一体。然而现代市场经济在实践过程中，表现的基本形态却常常是这四种权利的分离。正是这种分离，才使市场在深度和广度上无限扩展，它体现为一系列的经济权利的相互让渡。经济权利的相互让渡关系包括所有权让渡关系、占有权让渡关系、使用权让渡关系、支配权让渡关系。每一种权利的让渡都伴随着价值的让渡及价值的相应补偿。权利让渡关系的明晰化和平等化，由此形成了交易主体赖以形成的基础。交易主体的自我组织、自我调节、自我约束，不过是交易主体之间权利让渡关系的经济体现。

从理论上来讲，交易主体是有一定的利益动机，按市场经济原则进行交易活动的有关当事人或组织。它不同于行政组织和人际关系组织。交易主体一般有强烈的利益动机，并按市场经济原则——自愿让渡、等价交换、平等竞争、自我约束来进行交易活动。

二、交易主体的分类

流通运行过程中的交易主体有多种类型，有的还具有多重身份。为了深入研究流通主体的交易行为及其特征，有必要对流通中的交易主体进行分类。

（一）按交易主体的组织结构不同分类

按交易主体的组织结构不同，交易主体可以分为企业、政府和消费者。消费者是市场发展的第一推动力，是交易过程中居主导地位的主体。从交易活动发生的角度看，消费者的需求始终是社会的主导需求，它的扩展或收缩直接决定着交易规模的扩大和缩小。企业作为交易过程的主体，与消费者是既对立又统一的关系，是满足消费者需求的主导力量，更是决定市场供给的重要力量。政府在交易过程中则发挥着多重作用。

（二）交易主体与交易客体的关系

交易主体包括生产者、消费者、营销者。生产者为谁生产、怎样生产、生产多少是商品供给的基本组成内容。交易客体主要指商品、劳务、技术、信息等。交易主体与交易客体相互联系、相互制约，共同决定着交易发展的规模和方向，二者缺一不可。它们共同决定着供给的发展深度和广度。

交易客体的需求量大小取决于交易主体货币支付能力的高低。交易客体的供给规模也取决于交易主体供给能力的大小。从较短时间来考察，市场的供给能力和需求能力都是交易主体作用的结果，而不是交易客体自发产生的后果。如果从长期来考察，交易客体对市场的制约则上升为主要方面。因为交易客体成为动态的市场因素，它的规模、类别直接决定着交易的发展方向和发展规模。一般而言，交易客体对交易主体的制约程度是随着该客体的短缺程度的上升而提高的。如果交易客体完全短缺，或者说呈零供给，那么交易主体就必须停止对该客体的需求。如果交易客体过剩，或者说供大于求，那么此时的交易客体约束即为负约束或无约束。

三、交易行为

交易行为是指交易主体在实现商品权利让渡的交易活动中的行为意志。分析交易行为，就是分析在交易活动中交易主体之间的相互关系，以及它们在社会经济运行中的地位、作用及各自的行为特征。不同交易主体，在交易中会呈现不同的行为特征。本部分就消费者、企业和政府不同主体的交易行为进行分析。

（一）消费者交易行为

消费者交易行为是在需求的基础上产生的，是在购买动机形成之后发生的购买行为。消费者心理是影响个人购买行为的内部因素。购买行为是在动机的支配下完成的，购买动机是在需求的基础上产生的。因此需求、动机、行为是消费者心理活动的三部曲。

消费者购买行为是指个人、家庭为满足自己的生活需要而购买商品的活动。购买活动需要一个复杂的决策过程：引起需要、寻找信息、评价行为、决定购买、购买后行为。消费者行为的影响因素包括个人因素与社会和文化因素。

（二）企业交易行为

市场结构按竞争程度可以分为四种类型：完全竞争市场，是指众多企业在市场中的竞争不受任何阻碍和干扰，企业只能被动接受市场价格而无法自主定价的市场结构；完全垄断市场，是指只有一家企业的市场结构，这也意味着一个市场只有一种产品，一个市场就是一个行业，由于是一家企业控制整个行业，因此该企业可以制定垄断价格，赚取超额垄断利润；垄断竞争市场，是指竞争中的企业，由于其产品存在一定差异性，因而可以进行自主定价，由此产生的这种既有垄断因素又有竞争因素的市场结构；寡头垄断市场，是指由少数几家大企业占据大部分市场份额，其在市场中发挥主导或控制作用的市场结构。不同的市场结构中，垄断和竞争的程度不同，使得企业的行为也受到相应的影响，进而影响企业的获利水平和市场绩效。

企业的交易行为既是主动行为，即企业都有追求利润最大化的内在动力，但同时又受到市场环境的约束，因而企业的交易行为又有被动性的一面。企业的交易活动能否顺利进行，能否实现商品所有权的让渡，主要受几个约束因素影响，包括消费者约束、生产者约束、劳动力供给约束、稀缺资源约束。

（三）政府交易行为

在社会主义市场经济体制下，政府的职能主要是统筹规划、掌握政策、信息引导、组织协调、提供服务和检查监督。一方面，政府作为交易主体参与市场，作为采购方，政府通过公共采购满足自身需求，作为供应商，政府又提供产品和服务；另一方面，政府作为监管者对市场进行管理和监督，通过管制、税收和补贴干预市场，通过财政预算对国民收入进行分配。政府的交易行为有以下几种。

（1）所有者行为。任何一个政府，无一例外地都要对交易主体征税和收费，其原因就是要保障公共需要，这种公共需要既包括安全的需要，也包括利益满足的需要（如道路、桥梁等公共设施）。

（2）管理者行为。政府依靠国家的各种法律、法规以及各种行政条例，对市场实施管理。这些管理主要包括对主体资格的审定和对交易主体行为的检查。

（3）组织者行为。政府不仅要对市场进行管理，还要积极组织市场的运行，使交易主体及时获得信息，开办各类市场，使各类商品合理流动，优化配置。

（4）调控者行为。政府主要通过财政政策、货币政策、产业政策、收入分配政策、外贸政策、价格政策等，对市场进行结构调整。

（5）买者和卖者行为。政府有时会作为一个消费者和投资者出入市场。政府要保持其有效运行，就需要大量人力、物力、财力。在市场经济中，政府就必须进入市场进行购买。政府也是维持市场秩序、发挥市场机制作用的有效工具。

四、交易方式与交易环境

（一）交易方式的概念与类型

交易本质上就是权利的让渡，是通过物品和服务的让渡来实现的。要定义交易方式，首先要界定方式的概念。方式，即反映事物发生、发展、变化和灭亡过程中每一阶段或总体存在的概念和范畴，它可以在事物的总体特征、构成要素和作用机制、结构与样式、形式与方法、内容与性质、关系与模式等方面，综合地、系统地再现事物整体的本来面目。可见，方式的概念主要包括特征、结构、机制、形式、内容及关系的总和等方面。

交易方式就是权利让渡过程中所体现出来的特征、结构、机制、形式、内容及关系的总和。按交易方式的内涵，可以根据不同的标准对交易方式进行分类：按交易过程中是否有中间商，分为直接交易方式和间接交易方式；按交易过程是否为自由交易，分为自由交易方式和强制交易方式；按交易规模大小，分为批发交易方式和零售交易方式；按委托人对代理人授权之大小，分为总代理、独家代理和一般代理；按委托人与被委托人关系性质不同，分为经销和包销；按商品交易的交割时间不同，分为现货交易方式和期货交易方式；等等。

（二）交易方式的作用

在市场经济条件下，商品交易方式从多方面制约和影响商品流通规模和流通产业的发展，其不仅成为流通企业竞争的手段，而且成为流通企业生存的条件。商品交易方式的经济作用主要体现在以下四个方面。

1. 商品交易方式决定商品经营主体的类型与构成

商品交易方式不仅影响着商品交易过程，而且决定着商品交易主体的组织行为。不同的商品交易方式要求商品经营主体有不同的组织形式、经营目标、经营对象、经营范围与经营规模等。例如，只有进行数量较大的批发交易，真正面向客户供其转卖、加工的，才是真正的批发商；只有进行真正的面向最终顾客和消费者的零售交易才是零售商。因此，进行批发、零售交易的商品经营主体无论是在具体运作上，还是在社会管理上都完全不同于进行期货交易的商品经营主体。

2. 商品交易方式推动商品流通规模的扩大

商品买卖的展开和拓展，买卖双方总是要借助一定的外部形式，即交易方式才能完成，因此，交易方式直接影响着交易过程和交易结果，如物物交换涉及双方对对方持有物需求的数量和品质的限制，这往往决定着其只能在一定范围内进行，难以大规模地推动商品流通，而批发、零售、代理等多种交易方式的灵活运用，就可以为大规模的商品流通创造有利条件。为此，扩大商品流通的规模必须灵活运用各种交易方式，以达到各种预期目的和效果。

3. 商品交易方式决定商品流通的速度

商品交易方式是完成商品流通的手段，不同的商品交易方式下的商品流通速度存在差异。一般情况下，交易双方需要以与交易对象和范围相称的交易方式进行交易，这有助于商品迅速地完成整个流通过程，如高档耐用消费品通过在大、中城市直接进行代理交易比通过批发层层交易要快得多。在实践中，为了加快商品流通速度，往往将多种交易方式配合起来使用，以加快商品迅速完成流通全过程。例如，批发与零售交易相结合，往往比单一的批发或零售要快很多；经销与代销相结合也比单一的经销或代销快。

4. 合理的商品交易方式可以促进商品的销售

商品生产企业和经营企业根据不同产品特点和买方的要求，通过选择合适的商品交易方式，不仅可以方便交易完成，而且可以使买方或消费者在交易中获得更多的让渡价值，从而吸引更多的中间商和消费者购买产品，扩大产品的销售，提高产品的市场占有率。

（三）交易方式选择的制约因素

影响交易方式选择的主要因素涉及企业自身状况、产品性质、消费者特点以及市场环境等方面。

1. 企业自身状况

企业实力雄厚，信誉很高，具备经营管理、销售业务的经验和能力，在选择中间商时就有了主动权，甚至有可能建立自己的销售系统。企业根据自身的状况实事求是地选择交易方式，就会产生很好的效益。另外，如果企业产品组合的深度和宽度大（即产品种类、规格多），就可以选择直接交易方式或直接销售给零售商。相反，如果产品种类单一、型号规格少，只能采用间接交易方式，通过批发商和零售商转卖给广大消费者。

2. 产品性质

产品性质，如产品的体积、重量、单位价值、附加服务、购买频率、易腐性等，都对交易方式的选择有着直接或间接的影响。

3. 消费者特点

消费者包括个人、企业、政府等，它们各自的需求特点、购买模式和习惯都不相同，但共同特点是分布广泛，要求就近购买和随时挑选。一些中小型企业，为减少流通费用，更愿意采用"批发商—零售商—消费者"的交易方式。另外，企业购买原材料时也希望和生产厂家直接交易，以减少交易费用。

4. 市场环境

从微观上看，企业要尽量避免与竞争对手采用同样的交易方式。同时，要调查研究市场上零售商、批发商的规模大小与竞争状况，结合本企业的生产情况，选择适应性强、交易费用低的交易方式。从宏观上看，经济形势的变化，政府有关流通的政策、法规等，都对交易方式的选择有影响。经济萧条阶段，市场需求不足，生产企业的策略只能是控制和降低产品的最终价格，因此必须选择流通环节少的交易方式。

（四）交易环境

交易活动总是要在一定的社会经济环境中进行的。交易本质上是一种权利的让渡，换言之，是一种人与人之间的相互关系，并且是经济活动中最为基本和普遍的人与人之间的关系形式。对于旨在协调经济活动中人们相互关系的经济体制来说，交易方式是制约交易活动的最直接的经济因素。交易活动不仅由经济因素决定，还受到各种非经济因素的制约。非经济因素包括政治因素、法律因素、文化因素、人口因素和科技因素等。经济因素既从根本上制约着交易，又通过非经济因素影响交易，而非经济因素既在一定程度上间接影响着交易，又在一定程度上直接影响交易。可见，交易环境的构成包括经济因素和非经济因素，交易环境主要包括政治法律环境、经济环境、社会文化环境以及科技环境。交易环境对交易活动的影响是多方面的，可以从产权关系、市场体系、交易技术及组织制度等方面着手规范交易主体行为，营造良好的营商环境。

第二节　流通客体

流通客体要解决的是什么可以进入流通领域进行交易，其从整体上看可以分成两大类：一是有形产品；二是无形产品。有形产品包括生产资料与生活资料；无形产品包括劳动力、服务、知识产权和信息等。

一、生产资料

（一）生产资料流通

广义的生产资料，是指用于生产性消费的物质资料。在我国经济理论与实践中，生产资料有其更为特殊的含义，它通常是指生产过程中所使用的各种物质资料，这种狭义的生产资料亦被广泛地称作"物资"。本章的生产资料是指狭义的生产资料，即工业品生产资料。

生产资料流通有双重含义：一方面，它是指以货币为媒介的生产资料商品的交换；另一方面，它是指生产资料实物在空间上的流动和在时间上的延续（体现为存储）。

（二）生产资料流通的特点

社会再生产分为生产资料生产和生活资料生产两大类，在社会经济的运行过程中，也就相应地形成了生产资料流通和生活资料流通两大领域。这两种流通虽然都属于社会再生产的交换领域，共同遵循商品流通的一般规律，但由于生产的两种商品的经济用途不同，决定了这两种商品的流通在社会再生产过程中的地位和作用不同，从而使其形成了各自的流通特点和规律。

（1）生产资料流通对生产具有更大的制约性。生产资料流通是连接生产和生产性消费的中介，与生产的联系更直接、更密切，对生产有更大的制约性。生产资料流通构成了再生产过程，直接影响着生产过程以及国民经济各部门的规模、运行速度、比例和结构，同时，各生产部门的发展在很大程度上取决于获得生产资料的数量和质量，因此，生产资料流通对生产具有更直接、更大的制约作用。

（2）生产资料流通主要表现为企业间的流通。生产资料流通的经济行为主要发生在生产企业和建设企业之间，成为企业实现生产补偿、满足生产所需的必要条件，也成为企业间交换行为的实现和交换关系具体体现的必要中介。

（3）生产资料流通主要实现生产的补偿基金和相当大部分的国民收入积累基金的补充。任何生产企业在生产过程中都要消耗一定数量的生产资料，为使再生产过程得以维持，就必须进行补偿。生产资料流通是实现社会再生产补偿基金的必要条件。

（4）生产资料的流通环节比生活资料的流通环节更少、内容更复杂。流通环节的多少，主要取决于生产和消费的规模、交通运输条件，以及商品本身的产销特点。生产资料的品种、规格和数量远比生活资料要多。生产资料流通数量和种类的增加，必然导致流通过程中的经济关系、流通形式，以及流通组织机构的复杂化。

（5）生产资料流通比生活资料流通的计划性更强。根据生产资料的自身特点，消费的集中性，交易的批量性、长期性，以及购买中的理性行为特征，要求生产资料流通组织工作应具有较强的严密性、科学性和计划性，以保证生产建设的正常进行。

（6）生产资料相对于生活资料而言，具有技术配套性、专用性、准确性及流通时间的定时性、定量性、时效性较强的特点，其标准化、系列化程度要求也较高；而生活资料消费则有较大的灵活性和主观随意性，有更大的替代性和变通性。因此，生产资料流通与生活资料流通相比，其配套性强，替代性差，技术条件要求高。

（7）生产资料受经济周期及政府调控的影响较大。生产资料的供给，既是社会简单再生产顺利进行的前提,又是扩大再生产得以实现的必要条件。尤其是一些投资品,如建筑材料、钢材及工业设备等,其主要部分是用于基础建设。这类生产资料的供求和流通,与投资波动及政府宏观经济政策变动的关系尤为密切。投资波动对生产资料供求关系的影响要远远大于对生活资料的影响。这种影响在经济发展较快、经济波动较剧烈之时体现得尤为明显。

二、生活资料

(一)生活资料的构成

生活资料按其与人们生活的相关程度及购买习惯可分为如下几个方面。

1.基本生活用品

基本生活用品包括粮食、副食、日用百货等。这类商品的需求弹性较小,即商品价格变化对商品需求量的影响较小,国家通常十分关注这类商品的价格变化,保护消费者的利益。消费者根据实际需要和一般消费习惯购买这类商品,商品的选择性小。这类商品的流通要求网点布局分散、就近,方便居民的购买。

2.选购品

选购品包括服装、家具、一般家用电器等。这类商品的需求弹性适中,选择性较强,其流通一般要求网点布局相对集中,方便选购。

3.高档消费品

包括小汽车、珠宝等。这类商品的需求弹性较大,即商品的价格变化对其需求量的影响很大,故其流通中广告费开支较大,价格战也较为激烈。消费者购买时要慎重选择。这类商品销售网点布局宜相对集中,其售后服务尤为重要。

(二)生活资料流通的特征

生活资料的流通过程是生活资料商品进入消费领域的价值实现过程,生活资料商品只有顺利地进入消费阶段,其生产过程才算完成,新的生产过程才可能开始。因此,生活资料的流通又决定着生产资料的价值实现及整个物质资料产品的社会再生产过程,生活资料流通的顺畅与否直接关系到全社会经济增长。可见,生活资料流通是保证社会经济增长的重要条件,也是实现区域利益、城乡利益平衡的条件。现代生活资料流通的发展水平实质上构成了流通服务的总体水平,既能为人民群众提供方便、快捷、愉悦的购物服务，同时也能为社会创造出新的就业机会。与生产资料流通相比，生活资料流通也由于其重要作用而形成了自身固有的特征。

1. 生活资料流通总体特征

与生产资料流通相比，生活资料流通有分散性、多层次性、市场广阔、交易频繁、受心理因素影响大等特点。

2. 日常消费品流通的特点

日常消费品包括糖、烟、酒、食盐、百货及文化用品、纺织品及服装、五金交电、化工、劳保用品、医药、民用石油、煤炭等。日常消费品品种繁多、规格多样、档次不一。稳定、集中的生产与分散、可替代性强的消费等，决定了日常消费品这一流通要素的特殊运动方式和规律。其特点主要有：多向性、相关性、可替代性、差异性。

3. 农副产品流通的特点

农副产品包括粮食、蔬菜、烟叶、茶叶、园艺植物、药用植物、油料植物、纤维植物、糖料植物、林业产品、水产品、畜牧产品等。进入商品市场的农副产品流通具有的特点是：季节性、分散性、不平衡性。

三、产权与服务

（一）产权流通

产权流通作为现代市场经济体系中的高级综合性交易模式，其伴随着社会的现代化进程而日益繁荣，已逐步成为推动社会经济大流通不可或缺的关键一环。

企业产权是有关企业财产的一组权利，包括所有权、占有权、支配权、使用权、收益权、处置权等，它是社会的一定物质资料占有、支配、流通和分配关系的法律表现。企业产权流通是以企业产权作为商品、按等价交换原则进行的企业产权的有偿转让。我国现阶段企业产权流通可以分为三种情况：第一，所有权和经营权同时全部让渡，如企业兼并，被兼并企业的法人地位就不复存在，成为兼并后企业的一部分；第二，企业所有权不变，法人地位不变，企业经营权在一定期限内让渡，如企业承包、企业租赁；第三，企业所有权部分让渡，即以股份制形式承担企业产权结构，让渡企业部分股权。

知识产权作为商品进入流通领域在市场上交易，这在全球范围内是一个新的领域。知识产权包括专利权、商标权、著作权等。

(二) 流通服务

服务产品同样可以作为交易客体进入市场。服务产品作为交易客体，与一般产品有所不同：其一，服务产品的直接性，服务提供者一般要与消费者直接见面，服务生产与消费同时进行；其二，服务产品的复杂性，服务的对象是人，而不是自然物质；其三，服务产品的工艺性，服务是一种手艺的展现，通过这种服务满足不同层次、不同爱好者的需求；其四，服务产品的技术性，即服务有特定的技术要求；其五，服务产品的普遍性，即人人都需要提供各种服务产品，不分男女老幼。

按照服务功能的不同，通常可以将服务业划分为两个部分：为消费者提供服务的消费性服务业和为生产者提供服务的生产性服务业。流通产业属于第三产业，即服务业的范畴。而从流通产业自身的特性及其在经济发展中的作用来看，它更多归属于生产性服务业。具体而言，流通服务的内容包括运输、物流、金融、信息、零售。

第三节 流通载体

一、批发市场与零售市场

(一) 批发市场

批发市场是指专门经营大宗批发业务的交易场所。在批发流通过程中，交易市场是制造商与批发商、批发商与批发商、批发商与零售商之间非常重要的流通中介和交易地点，交易市场的数量、种类、分布及其业务分工决定了批发流通的格局。现代批发市场是在古老的集市的基础上发展、演变而来的。集市是交易活动的集中场所，其在性质上与现代批发市场或交易场馆无异。而集市又以零售为主要交易活动，因而与零售企业又有较深的历史渊源。

批发的主要特征表现为交易批量大、交易更加理性、商圈更大、交易关系稳定、交易过程中服务项目的专业化倾向日益明显。

批发市场既不同于集市和商品交易所，也不同于单体批发商或批发企业，它是一个独特的批发组织，因而也具有独特的功能，具体包括媒介功能、服务功能、管理功能、经济辐射功能。随着批发市场的不断发展，其功能也在不断拓展，呈现出创新发展趋势。

（二）零售市场

零售市场以城市零售商圈为主要内容，在商业投资和经营过程中，由于不同零售企业具有类似的区位选择意向和有规律的网点分布，进而形成若干分布于不同区位的零售企业群。零售业是指以向消费者销售商品为主，并提供相关服务的行业。零售业态是指零售企业为满足不同的消费需求进行相应的要素组合而形成的不同经营形态。由于消费需求的多样化特征以及消费者多以群体的形式出现在市场上，零售企业必须选择有针对性的、切实有效的经营方式，即进行科学、合理的业态选择。

二、现货市场与期货市场

（一）现货市场

现货市场是整个市场运行的基础。现货市场可称为"现期交易"或"现货买卖"的市场。一般零售交易都属于现货市场，批发现货交易也属现货市场。现货市场有助于及时调节供求关系，推动经济发展；有助于价格发挥其反馈机制的作用；也有利于竞争机制发挥作用。现货市场的特征主要表现为：现货交易的及时性决定了市场商流和物流的并存；现货交易的实体性决定了市场交易活动的高频率；买卖的同步性决定了交易双方的单一买卖关系。

现货交易的优点是：避免人为作假导致的高风险，省去了不少谈判、订立合同、资金结算、运货、销售中的麻烦，交易成本大大降低，资金的利用率大大提高。

（二）期货市场

期货市场是指进行期货交易的市场。

1. 商品的期货交易

商品的期货交易是指商品交易成立时，约定未来一定日期交货的一种买卖交易。它一般分为近期交货和远期交货两种。

2. 期货合约买卖

期货合约买卖即进行标准化期货合约的买卖，期货合约买卖多在期货交易所内进行。

与现货交易相比，期货交易较显著的特点是：期货交易的是标准化的期货合约；交易的结果不是转移实际货物，而是支付或取得签订合同之日与履行合同之日的价格差额；期货合约是由交易所制定的标准化期货合约，只能按照交易所规定的商品标准和种类进行交易；期货市场具有义务性和规范性的特征；期货市场具有价格发现和规避风险的功能。

三、有形市场与无形市场

（一）有形市场

有形市场是指具有固定的市场客体经营场所，有相应的市场经营设施、市场技术设备、市场经营管理组织等条件的市场。

按照有形市场经营场所的固定性期限，可以将其分为稳定性市场和临时性市场；从市场经营组织数量看，有形市场又可分为单一市场经营组织和多个市场经营组织两种形式。有形市场的基本功能有提供交易场所和代理商品交易。

（二）无形市场

无形市场指网络市场，即通过互联网进行商品经营活动的一种形式，我们常见的网上书城、网上花店、网上订票等网络商店，以及部分网上拍卖店，均属于此种模式。

从网络市场交易的主体看，网络市场可以分为企业对消费者（B2C）、企业对企业（B2B）、国际性交易三种类型。具体说来，网上交易业务有六种类型：企业间从事购销、人事管理、存货管理、处理与顾客的关系等；有形商品销售，先在网上做成交易，然后送货上门，如书籍、花卉、汽车、服装等；通过数字通信在网上销售数字化的商品和服务，使顾客直接得到视听享受等，目前主要包括音乐、电影、游戏等产品；银行、股票、保险等金融业务；广告业务；交通、通信、卫生服务、教育等业务。

四、国内市场与国际市场

（一）国内市场

国内市场是指商品交换以全国范围为活动空间的市场。国内市场有两层含义：一是指国外（国际）市场的对称，即指一国疆域之内的市场；二是指国内统一市场，专指在商品经济广泛发展的基础上所形成的把国内各地区的经济融合为一体的市场。在这种市场下，商品自由流通，市场要素统一运动，市场机制统一调节，反映出市场主体支配交易客体空间活动的广泛性。

国内市场具有以下功能：整体性、协同性、竞争性。总之，国内市场的形成不仅是市场经济高度发展的结果，而且也推动了市场经济的发展。我国国内市场的健康发展有利于整个国民经济的运行和改革开放的进一步深化。

（二）国际市场

国际市场实质上是指世界范围内的交换过程、流通领域，以及所反映的交换关系的总和。从时间上看，国际市场是一个历史的概念，有其萌芽、形成和发展的过程；从空间上看，国际市场是一个地理的概念，它总是相对于某一个具体范围内的市场而言，即探讨在一定范围内的商品交换、劳务交换和资源配置的特征。各国、各地区设立的世界性的、洲际性的商品交易所、证券交易所、拍卖市场、固定的展销会、定期的商品交易会，以及不同国家企业间的商品交易，都是国际市场的具体形式。可见国际市场交换关系之复杂。

分析国际市场，首先要明确国际市场的分类，确定其基本格局，从而把握各类市场的不同特征，并制定针对不同市场分布的差别化的经营战略。按照不同的标准，国际市场可以进行不同的分类：按地理性划分，国际市场可以分为欧洲市场、北美市场、南美市场、中东市场、东亚市场、南亚市场、东南亚市场以及西非市场等；按经济性划分，国际市场以人均国民生产总值为衡量标准，大于4000美元的为工业化国家市场，小于700美元的为低收入国家市场，介于二者之间的为中等收入国家市场；按阶段性划分，国际市场可以分为发达国家市场、新兴工业化国家市场、其他发展中国家市场等；按集团性划分，国际市场可分为欧盟市场、北美自由贸易区市场、亚太经合组织市场等。

（三）全国统一大市场与"双循环"新发展格局

在构建"双循环"新发展格局下，加快完善国内统一大市场有利于拉动消费，更好地发挥消费对经济发展的带动作用，而流通体系是国内大循环的基础骨架。在推动社会总需求和总供给动态平衡的过程中，流通体系作为连接生产和消费的重要桥梁与纽带，对打破市场分割、完善国内统一市场具有重要影响。流通体系发展至今，已经逐步具有基础设施属性和空间网络性两大现代特征。其中，基础设施属性主要是指流通体系通过基础设施建设来吸引投资、扩大内需；空间网络性则是指在经济循环发展中，流通体系是要素和产品实现空间位移的重要载体与渠道。流通体系的空间网络性，有助于产品和要素等打破区域交流阻碍，改善空间联系，以更便捷、更快速的方式实现产业和要素在更大空间范围内的流通，从而构成国内统一市场形成的基础。而基础设施属性主要作用于提振内需方面。提振内需是促进国内大循环的战略基点，流通体系作为连接生产和消费的重要桥梁，既有助于供给方在市场中获取有效需求，又能够支撑供求活动的实现，从而对供给侧结构性改革起着直接的推动作用。

另外，在构建"双循环"新发展格局下，国际市场也是重要一环。新发展格局中的国内国际双循环强调的是要依托我国大市场优势，促进国际合作，坚持实施更大范围、更宽领域、更深层次的对外开放，而流通体系是国内国际双循环必须借助的市场接口。

流通体系连接国内市场与国际市场，是经济全球化的基础和支撑。流通体系的社会化、国际化、信息化的现代属性可以使其跨越国界，高效衔接生产到消费的各个环节，实现商品和资源有效集散、高效配置、价值增值，加深我国与国际市场的密切联系，通过外部资源形成全球统一的产业链条。

第四节　流　通　渠　道

流通中的商品交付是一个主要的问题，只有通过分配、发送工作，顾客才能得到所需的商品和服务。生产者可以为他们的商品和服务创造自己独特的生产条件并选择合适的制造方式，但大规模商品交付需要为消费者创造时间、地点的便利，能够提供现成的商品。因此，流通渠道就成为交换形式、时间、地点和现成的商品四者互相结合的载体。

一、流通渠道结构

（一）流通渠道及其作用

商品流通渠道是指商品从生产领域转移到消费领域所经过的通道，是商品从生产领域向消费领域转移的运动路径，即产品所有权转移过程中所经过的各个环节连接起来形成的通道。流通渠道的起点是生产者，终点是消费者或用户，中间环节包括各种批发商、零售商、商业服务机构（交易所、经纪人等）。中间商是社会分工和商品经济发展的产物，它存在的必要性在于协调生产和消费之间在数量、品种、时间、地点等方面的矛盾，加快商品流通的速度并实现良好的经济效益。

流通渠道具有双重性。由于商品具有价值和使用价值的两重性，因而决定了流通过程是价值运动和使用价值运动的统一。在这种价值和使用价值双重运动的客观要求下，流通渠道也具有了双重性，即它既包括使用价值运动的渠道，也包括价值量运动的渠道。

（二）流通渠道的层级结构

流通渠道的层级结构是指一个渠道系统中包括的中间机构的层次数量，也就是通常所说的渠道长度。每个中间机构只要在推动产品及其所有权向最终买主转移的过程中承担若干工作，那么就形成了一个渠道级。中间机构的级数被用来表示渠道的长度。生产商和最终消费者都担负了某些工作，它们也是渠道的组成部分。

1. 零级渠道

零级渠道是指产品从制造商流向最终消费者的过程中不经过任何中间环节（中间商中转）的流通渠道。这种直接渠道一般多用于工业产品的流通，主要是由工业产品单价高、购买批量大、用户数量少、技术性要求高、安装使用复杂等特性决定的。当然不排除某些消费品也会采取直接销售（直销）的形式，也就是零级渠道。实践中，工业产品流通渠道以直销为主，并在主要销售地点设立网点，分销渠道通常以具有服务功能的短渠道为主，如一级渠道、二级渠道。

2. 一级渠道

一级渠道是指一个渠道系统中只包含一级中间机构或一层中转环节。对消费品市场而言，这个中间机构就是指零售商；对工业产品而言，这个中间机构则是指销售代理商或经销商。实践中工业产品分销也可以利用代理商建立销售点或者利用批发商进行销售。

3. 二级渠道

二级渠道是指一个渠道系统中包含两级中间机构，如批发商和零售商或代理商。

4. 三级渠道

三级渠道是指一个渠道系统中包含三级中间机构，如在批发商和零售商或代理商之间还有一级中间商。

渠道系统包含的层级越多，渠道的长度就越大，对渠道的控制就越困难，对于商品流通的效率和费用的影响就越大。因此，渠道的层级结构要依据商品的特性进行合理的选择，进而实现综合性的渠道优势。

在不同行业中，扁平化渠道依照层级数量不同，一般可分为三种形式：直接渠道、有一层中间商的扁平化渠道、有两层中间商的扁平化渠道。

电子商务的发展也带来了渠道结构的改变。电子商务在生产企业之间、生产企业与流通企业之间、流通企业之间（供应商与零售商）构建连接，形成"生产企业—流通企业—消费者"的产业链条，实现了整个产业乃至全球供应链网络的增值。互联网的发展推动了传统流通渠道的重构，流通环节减少，流通渠道缩短，渠道效率得以显著提高。传统流通渠道结构主要有两种——直接流通渠道和间接流通渠道。商品流通渠道由单一实体渠道发展为多渠道（multi-channel），并进一步演变为全渠道（omni-channel）。渠道关系也逐渐由冲突、对立，走向融合、协同。当前，全渠道融合已经成为商业实践中的主流趋势。

二、流通渠道系统

要达到良好的渠道控制,必须把渠道作为一个系统来管理。在这个系统中,渠道成员互为战略伙伴、共存共荣。渠道系统可大致归为三种:垂直渠道系统、水平渠道系统和混合渠道系统。

(一)垂直渠道系统

垂直渠道系统是由制造商、批发商和零售商按照纵向一体化的原则组成的一个统一联合体。在这个系统中,渠道成员之所以愿意合作并建立相互依赖关系,是因为他们认为在垂直渠道中能获得最大利益。垂直渠道系统可以由制造商支配,也可以由批发商或者零售商支配。渠道领导者在渠道中具有相对较高的权力,其规模最大,承担的风险也最大。垂直渠道系统有利于控制渠道行动,消除渠道成员为追求各自利益而造成的冲突。他们能够通过其规模、谈判实力和重复服务的减少而获得效益。按成员间所有权关系及控制程度的不同,垂直渠道系统又可分为三种形式:公司式系统、管理式系统、合同式系统。

(二)水平渠道系统

水平渠道系统是指营销渠道内同一层次的若干企业采取横向联合的方式,合资或合作开辟新的市场机会,组成新的渠道系统。这种联合方式的出现,主要是因为企业期望更大的协同效应,或是单个企业无力单独集聚并担负起经营所必须具备的巨额资金、先进技术、生产设备及市场营销设施,或是风险太大不愿单独冒险等。公司间的联合行动可以是暂时性的,也可以是永久性的,甚至还可以创立一个专门的公司。学者阿德勒将该形式的渠道系统称为共生营销。

(三)混合渠道系统

混合渠道系统也即多渠道系统,是指一个公司建立两条或更多渠道以到达一个或更多顾客细分市场的做法。通过增加更多渠道,公司可以得到一些好处:首先,可以扩大市场覆盖面,不断增加渠道是为了获得更大的顾客细分市场;其次,可以降低渠道成本,如增加能降低现有渠道成本的新渠道;最后,可以为顾客提供定制化销售服务,即增加销售特征更符合顾客要求的渠道。但需要明确的一点是,获得新渠道需要代价。一般来说,引进新渠道可能会产生渠道冲突等问题。当两个或更多的公司渠道为同一客户竞争时,渠道冲突便产生了,因此必须引起足够的重视。

三、流通渠道选择

(一) 影响流通渠道选择的一般因素

在流通过程中如何选择与商品相适应的流通渠道,取决于多种因素。总体来看,影响流通渠道选择的一般因素主要包括以下几个方面。

1. 商品的自然属性和经济属性

自然属性是指商品的物理、化学性能,它决定着商品的自然生命周期;经济属性是指商品的经济寿命周期,即商品在市场上产生、发展、兴旺直到被淘汰的过程。依据自然属性的要求,必须尽快地把商品从生产领域转移到消费领域。与此同时,由于商品经济寿命周期的不同阶段关系到潜在消费数量的大小,直接影响销售量的增长,因而还必须依据经济属性的要求,对处于不同经济寿命周期的商品选择不同的流通渠道。

2. 商品消费需求的多样性

任何一条商品流通渠道,其起点都是生产者,终点都是消费者,因此消费需求的任何变化,都会引起流通渠道的变化。消费水平的提高,消费需求的增长,会促进生产的发展,使进入流通领域的商品数量增加,从而要求商品流通渠道相应扩展。同时,消费水平的提高还会带动消费结构的变化,进而也要求具备相应的商品流通结构。因此,为适应商品流通的客观要求,更好地满足消费者的需求,就必须不断地调整流通渠道的规模和结构。

3. 生产力的发展水平

生产力的发展水平对于商品流通渠道的结构和布局有着重要的影响,主要表现在两个方面:一是生产力的布局,决定着商品运动的方向,进而决定着流通渠道的网络分布状况;二是社会生产力的发展水平制约着流通生产力的发展水平,进而影响着流通渠道状况的变化和发展。

(二) 影响流通渠道选择的具体因素

1. 产品方面的因素

(1) 产品的单位价格。一般来说,单价越低,分销渠道越长;相反,产品单价越高,分销渠道越短。

（2）产品的体积与重量。体积过大或过重的产品，如建筑机械、大型设备等，应选择较短的分销渠道，最好是采用直接式分销渠道；体积小或重量轻的产品，一般数量较多，有必要设置中介环节。

（3）产品的式样和款式。式样和款式多变、时尚程度较高的产品，如时装和玩具等，应尽可能缩短分销渠道，减少环节，以免产品过时而积压。

（4）产品的易腐性和易毁性。如果产品的有效期短或容易腐坏，如牛奶、蔬菜等，应采取较短的流通渠道，在最短时间内将产品送到消费者手中。

（5）产品的技术与服务的要求。对于技术较强，又需要提高售前、售后服务的产品，如耐用消费品和多数工业品，应尽量采取直接式销售，即使需要中间商介入，也要尽量减少有关环节。

（6）产品的标准性与专业性。通用的、标准的产品，因具有明确统一的规格和质量，可用间接式销售；而专用产品，如专用设备，一般用直接式销售。

（7）产品的季节性。季节性强的产品，应充分发挥中间商的作用，以便更好地推销产品。

（8）新产品。企业为了尽快打开新产品的销路，通常采用强有力的手段去占领市场。为此，企业往往不惜花费大量资金组成推销队伍直接向消费者出售产品，另外，也要充分利用原有的分销渠道，做到双管齐下。

2.市场方面的因素

（1）用户数量（现实用户和潜在用户）的多少，是决定市场大小的主要因素之一。一般来说，产品市场范围越大，就越需中间商提供服务；相反，产品市场范围小，则可由厂家直接向用户供应。零星产品的销售不宜由企业直接与消费者打交道。

（2）市场的地区性。工业品消费一般比较集中，适合直接销售。消费品的销售则要视情况而定，对于一些高档消费品，如高级服装、高级家具等，一般集中在城市的少数地段，可由少数商店出售；一般的消费品市场分散，可采取传统的分销路线，即经批发商销售给广大零售商后，再由零售商转卖给消费者。

（3）消费者的购买习惯。不同的消费者群体有不同的购物偏好和购买路径，企业需根据目标消费者的购买习惯，选择合适的销售渠道以更有效地满足其需求。

（4）市场竞争情况。在高度竞争的市场中，企业可能需要采用多元化的渠道策略来扩大市场份额，包括线上线下结合、直销与分销并存等，以应对竞争对手的挑战，提升市场竞争力。

3.企业自身的因素

（1）企业模式与信誉。如果企业财力资源雄厚，声誉良好，可以自己组织推销队伍，也可以采取间接式销售；如企业产品声誉尚未建立，资金缺乏，则只能依赖中间商提供服务。

（2）企业的管理能力。有的企业虽然在生产方面表现了较强的能力，但缺乏市场营销的知识和技巧，因而有必要选择有能力的中间商提供服务。

（3）控制渠道的愿望。如企业采取间接式销售，则要与中间商协调配合，适当兼顾中间商的经济利益。如处理不当，必然激发渠道各环节之间或同一环节各成员之间的矛盾，影响企业对市场情况的了解与控制。如果企业有较强的控制渠道的欲望，又有较强的销售能力，则可以将产品直接出售给消费者或用户，或者选择较短的分销渠道。

（4）企业可能提供的服务。中间商一般都希望企业能承担更多的广告、展览、培训服务或经常派服务修理人员驻店，为产品销售创造条件。如企业能提供这些服务，亦能增强中间商经销或代销产品的兴趣；反之，企业只好自行销售。

4.国家政策方面的因素

国家政策方面的因素包括相关政策和法律法规体系，均会影响企业对流通渠道的选择。企业在选择流通渠道的模式时，要综合考虑上述各项因素，避免一些不必要的失误。

文档　　视频

思政园地4-1

本章小结

交易是借助物品和服务的让渡而实现的权利让渡。交易主体是以独立形态参与交易过程的有关当事人或经济实体。在流通运行过程中，交易主体有多种类型。交易客体主要指商品、劳务、技术、信息等。交易主体与交易客体相互联系、相互制约，共同决定着交易发展的规模和方向。

交易的产生，即交易行为的出现，是交易主体在实现商品权利让渡的交易活动中产生的行为意志。不同的交易方式从多方面制约且影响着商品流通规模和流通产业的发展。在流通行业，流通客体要解决的是什么可以进入流通领域进行交易，它可以分为有形产品和无形产品。流通载体是流通客体发生交易的场所，同样具有多种市场形式。

在流通过程中，商品流通渠道发挥关键作用，商品流通渠道即产品所有权转移过程中所经过的各个环节连接起来形成的通道。它具有多层级结构，要达到良好的渠道控制，就必须把渠道作为一个系统来管理。渠道系统可大致归为三种：

第四章即测即评

垂直渠道系统、水平渠道系统和混合渠道系统。在商品流通的实际操作过程中，要充分考虑商品的自然属性和经济属性、商品消费需求的多样性、生产力的发展水平等多种因素，选择最合适的流通渠道才是商品流通、交易实现、效益获取的关键。

第五章　现代流通产业

思维导图

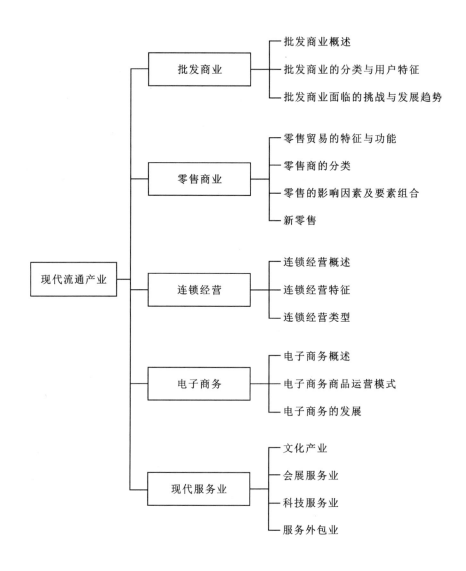

学习目标

◇ **知识目标**

(1) 了解现代流通各产业的概念；

(2) 掌握现代流通各产业的分类；

(3) 明确现代流通各产业的特征和功能；

(4) 了解我国流通各产业的发展过程及趋势。

◇ **能力目标**

(1) 能够理清各产业的分类标准；

(2) 能够分析各产业的影响因素；

(3) 能够把握各产业的发展方向。

◇ **素养目标**

(1) 引导学生了解中国国情，培养学生爱国情怀；

(2) 让学生关注中国经济问题，培养学生辩证、系统的经济分析思维；

(3) 鼓励学生与时俱进、锐意创新。

流通中国5-1

第一节 批发商业

一、批发商业概述

(一) 批发商业的有关定义

根据我国批发商业发展的特点，可以将批发商定义为：不以向大量的最终家庭消费者直接销售产品为主要目的的商业组织。相反，它们主要是向其他商业组织销售产品，如零售商、贸易商、承包商、工业用户、机构用户和商业用户。批发是一种购销行为，具有两个特点：一是购进，即直接向生产者或供应商批量购进产品，这种购进的目的是转卖，并非自己消费；二是销售，即将产品批量转卖给其他商业组织。

（二）批发商业的功能

1. 集散商品

集散商品是批发的首要功能。商品从生产领域向消费领域转移的过程，本身就是从分散到集中、再从集中到分散的过程。生产部门一般是批量生产，但品种单一，而零售部门往往经营品种多，但数量较少。因此批发商先把分散在各地的生产企业的产品集中起来，然后经过编配，再分别批发给各个零售商。这样既满足了生产部门单一品种大批量生产、大批量销售商品的需要，又满足了零售部门多品种、小批量购进，勤进快销的需要。通过批发把生产商与零售商有机结合起来，从而疏通了商品流通渠道，缩短了商品流通过程。

2. 加工、整理商品

进入流通领域的产品并不都具备马上进入消费市场的外在或内在条件。批发商在进行批发前，往往需要对从生产部门采购进来的商品进行挑选、分级、分装、改装、编配等活动，从而将品种齐全、数量适当的系列化商品及时地提供给零售部门，以提高流通效率。

3. 调节功能

商品生产与消费在时间和空间上存在不一致性，需要以批发环节为枢纽，根据消费的具体需求，通过商品的吞吐来调节供求矛盾。批发商根据市场规模，考虑到购买力、市场特点、销售状况、货源因素等条件，需要对商品的储存作统筹安排，从而有利于支持生产，支持零售商勤进快销，以加快商品流转。

4. 融通资金功能

批发商进行批发时，以预购形式从生产部门购进商品，从而为生产部门提供再生产所需资金；也可以以赊销的方式向零售部门销售商品，从而使零售商不至于因资金短缺而不能正常进货。

5. 承担风险功能

批发商因集中了多品种、大批量的商品，从而承担了商品损耗、变质、过时滞销、货款拖欠、丢失、退换等经营风险和商业风险。

二、批发商业的分类与用户特征

（一）批发有关的分类

根据不同的分类标准，批发可分为不同的类型。

1. 根据销售区域划分

根据销售区域的不同，批发可以分为地方性批发、区域性批发和全国性批发三类。

（1）地方性批发。地方性批发是指在一个较小的交易区域内进行批发贸易。一般来说，地方性批发易于与最终消费者接触，能够及时、准确地了解地方市场的需求状况，有利于为最终消费者提供适销对路的产品。但地方性批发一般规模不大，不利于大量采购和充分备货。

（2）区域性批发。区域性批发是介于地方性批发和全国性批发之间的批发贸易。区域性批发的经营范围比地方性批发大，比全国性批发小。区域性批发既可以经营大众化商品，也可以经营专门性的商品。采用这种批发模式的好处在于：既可以通过大量采购降低成本，又可以尽可能多地接触最终消费者，为最终消费者提供适销对路的商品。

（3）全国性批发。全国性批发是指在全国范围内进行批发贸易。一般来说，全国性批发往往只经营大众化商品，很少经营特殊商品。全国性批发往往在全国设有若干分支机构或经营网点，即具有全国性的销售网络。

与地方性批发和区域性批发相比，全国性批发的有利之处在于可以通过大批量采购来降低成本，从而获得规模效益；其不足之处在于，如果管理者不注重对各地市场信息的收集，不注重对消费者最终需求的了解，就很难为消费者提供适销对路的商品。

2. 根据批发企业交易业务模式划分

从企业角度看，根据批发企业的交易业务模式，批发企业可分为专业批发企业、制造商主导的批发企业、批发代理商或经纪商。

（1）专业批发企业。不依附于任何生产企业，拥有对经营商品的所有权，专门从生产者那里批购商品，再分别销售给下级分销机构或者零售企业。

（2）制造商主导的批发企业。这种类型的企业可以是企业自己建立的批发机构，专门批发本公司生产的商品。也可以是专业批发企业，其主要经营某一制造商的某一个或某些品牌，与制造商联系紧密，制造商对其具有较强的控制和管理能力。

（3）批发代理商或经纪商。此类型企业无经营商品的所有权，主要职能是与买卖双方沟通，促成买卖双方进行交易，实现商品的所有权从卖方向买方的转移，并获得买卖双方为其提供的佣金。

目前也有一些企业虽然也拥有某一个或某些商品的代理权，但其经营实质还是先购买生产商的商品，再通过分销渠道将商品销售出去。这种企业从经营的实质来说非常接近制造商主导的批发企业，但我们不把它们作为制造商主导的批发企业或者批发代理商。

三种类型批发企业的比较

3.根据商品流通环节划分

根据商品流通环节的不同，批发分为一道批发、二道批发和多道批发三类。

（1）一道批发。又叫头道批发，是指直接从生产企业采购商品后进行的批发贸易。头道批发的流通环节相对较少，易于形成价格优势。

（2）二道批发。二道批发是指从一道批发企业采购商品后的批发贸易。

（3）多道批发。多道批发是指从二道批发或二道以上批发企业采购商品后进行的批发贸易。

一般来说，多道批发由于流通环节较多，流通费用会相应增加，最终导致商品价格上涨，因此一般不宜采用此类模式。

（二）批发商业的用户特征

与零售相比，批发商的批发活动具有以下几个特点。

1.批量交易与批量作价

批发一般要达到一定的交易规模才进行，通常有最低交易量的规定，即批发起点。一般来讲，批发的价格往往与交易量成反比。即批发量越大，批发成交价越低；批发量越小，批发成交价相对越高。

2.交易对象为除最终消费者之外的各类用户

由于批发的对象是各类用户，尤其是商业用户（或再销售用户）和产业用户，它们购买商品的目的不是供自己最终消费，而是进一步转卖或加工所用。因此，通过批发活动，商品还没有最终进入消费领域。

3.批发的商圈范围比较广

首先，批发的主体来源较广。它有商业用户、产业用户、业务用户三类采购者；而零售交易只有最终消费者这一类购买者。其次，批发机构的数量比较少，但服务覆盖面积大，不像零售交易那样随处设立服务网点。最后，中小批发商多集中在地方性的中小城市,并以此为交易范围。大批发商多集中在全国性的大城市,并以全国为交易范围。零售交易因直接为最终消费者服务,其交易范围要比批发小得多。

4. 批发的双方购销关系较稳定

批发的双方购销关系较稳定,这是因为批发的对象主要是专门的经营者和使用者,比较固定,变化较小;而零售交易的对象是消费者,而消费者的购买行为随机性很大。因此,在批发交易中购销双方的关系很容易稳定下来。

5. 批发正朝着专业化方向发展

纵观世界各国批发商业的现状及发展趋势,批发的专业化方向日益明显。究其原因,主要在于随着社会商品的种类日益繁多,采购者的选择余地越来越大,为了适应和满足客户的需求,批发商必须备有充足的货源。所谓"充足的货源"主要是指产品线的长度要长,深度要深,即所经营的产品品种多,花色、型号、款式等比较齐全,利于采购者任意挑选。

三、批发商业面临的挑战与发展趋势

(一) 批发商业面临的挑战

在互联网时代的批发商业需要依靠现代化的信息平台,为商品的整个批发过程提供技术支持。但是我国大多数批发企业都没有建立批发信息平台和信息处理系统,批发方式严重落后。同时,我国批发企业缺乏现代化批发技术方面的人才,分析和运用数据的能力较差,不具备开发批发信息平台和信息处理系统的技术实力,无法快速准确地处理商品信息。中国批发商业难以跟上互联网技术的发展,使得中国批发企业在以下方面面临挑战。

(1) 批发企业交易的成本较高。互联网技术的发展使得交易主体之间可以直接在线沟通和交易,不受空间、时间的限制,而批发企业由于信息化水平低下,难以实现在线交易,其交易成本上高于电子商务的交易成本。

(2) 批发系统在信息化水平较低的情况下,批发的每一个环节运行速度较慢,造成资金不能及时回流,进而增加运营成本,降低经营效益。简言之,由于批发企业大多未采取先进的信息化运营方式,从而产生了不必要的运营成本,影响了批发企业的收益。

(3) 市场与批发企业信息不对称,市场上的需求信息纷繁复杂且变化迅速,如果没有先进、及时的信息系统支持,批发企业就很难快速准确地获知并处理需求信息,导致批发企业经济效益降低,造成市场与批发企业的信息不对称。

（二）批发商业的发展阶段与趋势

我国批发商业（或批发业）的发展可以大致划分为三大阶段。

第一阶段是批发业垄断时期，大致是改革开放前的计划经济时期。那时我国的商品流通是在国有单一封闭的系统内完成的，商品严格实行"一、二、三级批发流通体系""三固定"（固定购销区划、固定供应对象、固定倒扣作价率）等流通体制，国营批发业在商品市场中居统治地位，控制着国内绝大多数生产资料和主要商品的价格及市场。这个时期的批发体系对于保证物质紧缺年代的人民生活和生产的正常运行起到了很大的作用。

第二阶段是无批发阶段，从改革开放开始，至20世纪末。改革开放后，由于计划经济时期的流通体系被打破，实行了"三多一少"的新流通体制（即允许多种经济形式、多种经营方式、多种流通渠道并存，减少流通环节），批发垄断时期的批发体系解体了。但是，这一阶段还未建立起与市场经济体系相适应的批发体系。加之各种流通条件的变化，如生产者生产规模的扩大、纵向一体化的发展、生产区域集中性的提高，零售的连锁化经营、业态的丰富，信息技术和电子商务的快速发展等，也使批发业陷入了功能弱化的境地，因此，批发业进入了一种无序低迷的状态。

第三阶段是重塑阶段。21世纪人类步入了信息经济和知识经济时代，新技术在流通领域的渗透与应用将加快流通产业的信息化进程，同时带来流通形态的变革。互联网技术的普遍应用给中国批发业带来了资金流、物流、信息流领域，以及相关衍生领域的多角度融合。

在信息流领域，中国批发业最早将互联网技术应用于产品信息发布、企业信息搜寻。通过信息系统和信息发布平台，生产商、批发商、零售商都能更及时、方便地根据网络信息调整自己的商业对策，更迅速、准确地抓住商机。物流领域互联网技术的应用大大提高了生产商与批发商，批发商与零售商之间的物流效率，提高了货物周转率，降低了库存管理成本，使零库存管理成为现实。互联网技术的应用对批发企业高效及时的库存管理起到了重要作用，同时互联网还整合了中小零售商、个体经营者的零散订单，大大降低了批发商的信息成本和物流成本。互联网技术在物流领域的深入应用，更进一步促进了物联网的发展。在资金流领域，支付安全性、支付结算便捷性等是制约中国批发业发展电子商务的关键因素。支付宝、微信支付的出现使得在线支付结算变为可能，同时便利性和安全性也在不断提升。电子合同、电子签章等技术也在不断成熟。电子商务对传统批发业来说是一场革命，通过电子商务，可以建立网上虚拟批发市场，实现零售商网上采购与在线结算，通过物流系统实现快速配送。电子商务的兴起给中国批发业提供了一种崭新的思路和模式。凡是适宜进行大批量批发的商品，通过电子商务，都可以有效延伸交易半径，扩大交易商圈，加速交易过程，降低交易成本。信息流、物流、资金流协同发展，线上市场与线下实体市场的联动和相互促进将是传统批发市场的发展趋势。

第二节 零售商业

一、零售贸易的特征与功能

(一) 零售贸易的特征

零售商业或零售业是指将商品或劳务直接出售给最终消费者的行业。在贸易运行过程中，零售直接面对最终消费者。通过零售经营，商品离开贸易领域进入消费领域，真正被消费者消费，从而完成社会再生产。从这个意义上讲，零售是贸易过程的终点，处于生产与消费之间中介地位的终端。与批发贸易相比，零售贸易的主要特征有以下几点。

(1) 零售贸易交易对象是为直接消费而购买商品的最终消费者，包括个人消费者和集团消费者。消费者从零售商处购买商品不是为了用于转卖或生产，而是为了自己消费。交易活动在营业人员与消费者之间单独、分散进行。

(2) 零售贸易的标的物不仅有商品，还有劳务。零售活动除了出售商品之外，还包括为顾客提供的各种服务，如送货、安装、维修等。随着市场竞争加剧，零售提供的售前、售中与售后服务已经成为零售商重要的竞争手段。

(3) 零售贸易的交易量零星分散，交易次数频繁，每次成交额较小。这是零售商应有的特征。零售为少量销售的意思，因为零售贸易本身就是零星的买卖，交易的对象是多而分散的消费者，这就决定了零售贸易的每笔交易量不会太大，而较少的交易量不能保证持续消费，因此零售贸易的频率特别高。由于零售贸易平均每笔交易量小，交易次数频繁，因此零售商必须严格控制库存量。

(4) 零售贸易受消费者购买行为的影响比较大。零售贸易的对象是最终消费者，而消费者的购买行为有多种类型，大多数消费者在购买商品时表现为无计划的冲动型消费或情绪型消费。面对这种随机性购买行为明显的消费，零售商欲达到扩大销售的目的，就要特别注意激发消费者的购买欲望和需求兴趣。为此，零售商可以在备货、商品陈列、广告促销等方面下功夫，把生意做活、做大。

(5) 零售贸易大多在店内进行，网点规模大小不一，分布较广。由于消费者具有广泛性、分散性、多样性、复杂性，为了满足广大消费者的需求，一个地区内仅靠少数几个零售点是根本不够的。零售网点无论是从规模还是布局上都必须以满足消费者需求为出发点，适应消费者购物、观光、游览、休闲等多种需求。

(6) 零售贸易的经营品种丰富多彩、富有特色。由于消费者在购买商品时往往会挑选，"货比三家"，以买到称心如意、物美价廉的商品。因此，零售贸易一定要有自己的经营特色，以吸引顾客，同时备货要充足，品种要丰富，花色、规格应齐全。

（二）零售贸易的功能

零售处于贸易运行的终点，体现了贸易运行的目标。零售贸易的特点，决定了它有以下功能。

（1）实现商品最终销售，满足消费者需求的功能。产品在生产者手中或批发者手中只有一种理论上的使用价值，而不具备可能被消费的现实的使用价值。产品只有进入消费领域，才能具有现实的使用价值。在多数情况下，这需要通过零售贸易来实现。零售贸易直接面向消费者，通过商品销售，把商品送到消费者手中，实现商品的价值和使用价值，不仅满足了社会生产和生活的各种具体需要，而且为生产过程的重新运行提供了价值补偿和物质条件，把生产者创造的剩余价值转化为现实价值。

（2）服务消费，促进销售的功能。消费者对商品和服务的需求是广泛的、多样的、复杂的，要满足这些需求，零售贸易不仅要提供丰富的商品供消费者选择，还需要围绕商品销售提供各种服务，如信息服务、信用服务、售货服务和售后服务等，并以此为手段，扩大商品销售。在发达的市场经济条件下，零售的服务功能更为重要。

（3）反馈信息，促进生产的功能。零售贸易直接面向消费者，能够及时、真实地反映消费者的意见及市场上商品供求和价格变化等情况，及时向生产者和批发者提供市场信息，协助批发者调整经营结构，促进生产者生产更多、更好的适销对路的商品，满足消费者的需要。

（4）刺激消费，指导消费的功能。零售贸易中的商品陈列、广告宣传、现场操作、销售促进等，能唤起潜在的消费需求，培养人们新的爱好和需求，引导消费者的消费倾向、方式，为扩大再生产开拓更为广阔的市场，为消费水平的不断提高创造新的物质条件。

二、零售商的分类

零售商的形式繁多，划分的标准也不一致，本书按照不同标准将零售商划分为以下几种类型。

（一）按经营模式分类

1.独立商店

独立商店通常是由业主自己经营的独立零售商店。零售商店一般属于小型商店，投资少、开办简单、选址灵活，但竞争压力也很大。虽然每年都有成千上万家小型独立商店开办，但是同时也有为数不少的独立商店关门，不过独立商店仍然是零售业的一个重要的组成部分。独立商店具有一定的经营优势，如在选址和经营方面具有灵活性；投资少，经营费用低；经营专业化，可在某一领域获得较高的经营利润；容易与顾客建立亲密的关系。但独立商店也存在经营劣势，如规模小、议价能力有限、难以降低成本；商圈较小、难以扩大经营规模；过分依赖业主的个人经验，经营的连续性难以保证。

2. 连锁商店

所谓连锁商店，是指在一个中心总店的指挥和控制下，由若干采取同一经营政策、同一商号的商店组成的零售店群体。连锁商店因总店与分店关系的不同而分为正规连锁、自由连锁和特许连锁三种形式。

连锁商店的三种形式

3. 出租部门

出租部门是百货公司或专业店等将其店内的某部门或专柜出租给店外人经营，由承租者负责部门或专柜的全部经营业务。零售商店采用出租部门，其目的在于将经营范围拓宽到零售商店自身不具备的、需要高度专业化技能或知识的产品或服务项目。因此，出租部门经营的往往是与商店主要产品线相关的产品。最常见的出租部门有店内美容院、摄影室、珠宝手表部门、眼镜部门和化妆品部门等。目前，国内许多百货商店中的专柜也租给了不同品牌的服装商作为其专卖店，由此形成了大量店中店的现象。

4. 垂直零售商店

垂直零售商店是由生产厂商自行投资建立及管理的零售店，也就是厂商的直营零售店。厂商直接经营零售主要有三个目的：一是为商品寻求出路；二是通过零售直接获得消费者对商品需求的信息；三是进行实验和宣传商品。垂直零售商店的优点在于厂商将自己生产的产品直接销售给最终消费者，而无中间环节，可降低成本；直接与消费者接触，能够及时获得市场信息；具有较大的议价能力；可以控制生产至零售的全过程，增加业主的成就感；此外，还可以缩短订货和交货的时间。

5. 消费合作社

消费合作社是以消费者所有制为特征的零售商店，由消费者自行投资、经营管理和分配利益。消费合作社创建的目的是减少中间商环节、维护自己利益，而不是营利。消费合作社的社员由缴纳一定入社费和定额股金的消费者组成。消费合作社以低价或正常价格向社员提供商品和劳务，但不是社员的消费者也可以在消费合作社购买商品。消费合作社的优点是自产自销，中间环节少，价格低廉，因而能吸引一些消费者。其缺点是经营者不是专业人员，所以往往计划不周，管理失效；工资低，以至于难以雇用到熟练的经营者，竞争力较低。

（二）按有无店铺分类

有店铺零售商能够提供可供顾客选购商品的场所，是传统的入店购物方式。无店铺零售商不提供可供顾客选购商品的场所，顾客无须进店就可以完成购物。两种零售商的主要销售方式有以下四种。

1. 自动售货机

自动售货机是使用投币式自动化机器售货的销售方式，顾客只需投入相应数量的硬币，就可以取出商品。自动售货机一般多出现在车站、机场、剧院、医院和学校等人流量比较大的公共场所。自动售货机以其灵活便捷、清洁卫生、24小时服务的特征满足不同消费群体对饮料、烟酒等日常生活用品的即时消费需求。

自动售货机能够实现24小时服务，比较灵活且方便，但其商品适用范围较窄，只限于单位价格低、体积小、重量轻和包装标准化的商品，顾客无法在购买之前接触商品，不符合顾客的购买习惯，而且商品也比较容易损坏或被偷窃。

2. 邮购商店

邮购商店是指通过商品目录或电视广告等资料，供顾客以电话或邮件形式订购，待顾客收到订单后再寄送物品的商店。邮购商店经营方式的特征是：定期、免费（或收费很少）向顾客寄送商品目录，同时在办事处备有商品目录；借助报纸、杂志、广播和电视等媒体刊登广告，宣传产品，顾客可以以电话或邮件形式订购。

3. 登门推销

登门推销是由销售人员亲自上门，挨家挨户地推销商品的销售方式。适合登门推销的商品主要是化妆品、服装、家用器皿和食品等。登门推销由于没有店铺，可以省去一般零售店费用。登门推销可以方便顾客购买，同时也可以针对顾客的各种问题给予恰当的解释，经过当面演示，成功率较高。但是登门推销对推销人员的要求较高，需要对推销人员进行培训；推销人员的佣金较高，不利于消费者对商品的质量与价格进行比较。

4.网络商店

网络商店是通过互联网进行商品经营活动的一种商品形式。零售商在互联网上开设虚拟商店，建立网上营销网站，消费者可以通过网址访问网站，浏览商店的商品目录等各种信息，找到合适的商品后，消费者可以利用邮件等方式向零售商订货，通过电子转账系统，采用线上交易方式付款，零售商通过邮寄或快递将商品送达消费者手中。我们常见的网上书城、网上花店、网上订票等网络商店，以及部分网上拍卖店，均属于网络商店模式。

（三）按经营范围分类

1.专业商店

专业商店是以经营某一大类商品为主，并且具备了拥有丰富专业知识的销售人员和适当的售后服务，满足了消费者对某大类商品的选择需求的零售店，如体育用品商店、照相器材商店等。

2.百货商店

百货商店是指在一个大型建筑物内，根据不同商品部门设立销售区，开展进货、管理和运营，满足顾客对商品多样化选择需求的零售店，如北京王府井百货商店、上海市第一百货商店等。

3.超级市场

超级市场是指采取自选销售的方式，以销售食品和生活用品为主，满足顾客每日生活需求的零售企业。

4.便利店

便利店是指以经营加工食品和居民日常生活离不开的、选择性不大的消费品为主，在时间和地点上都给消费者提供最大便利的小型商店或合伙经营商店。

5.仓储店

仓储店是一种以大批量、低成本、低售价和薄利多销的方式经营的连锁式零售企业，如沃尔玛开设的山姆会员店等。

三、零售的影响因素及要素组合

(一) 零售的影响因素

环境是制约零售商行动的一个主要因素，环境分析是战略选择的关键要素，这些要素主要包括政治法律、宏观经济、科学技术、消费者需求、行业竞争状况及地区经济环境等。

1. 政治法律要素

政治法律要素主要包括国家的政治制度、政府经济政策、政治局势和法律、法规等因素。通常，一国政府要通过政治和法律手段对社会经济的运行进行规范和干预，其中自然包含了对零售商的规范和干预。政府对零售商的规范和干预大致可分为两个层次：一是通过有关反垄断或反不正当竞争的法律法规等一般经济政策对零售业进行规范和干预；二是通过对大型零售店的经营行为进行规制的专门的法律法规或政策对零售业进行规范和干预。

2. 宏观经济要素

宏观经济要素主要包括经济增长、就业水平、产业结构和国民收入及其分配等因素。一个国家或地区的经济总量和增长速度显然会对该国家、地区内的零售业发展产生多方面的影响。当前世界大多数国家，特别是发达国家的经济增长都处在低速增长阶段。低速增长的一个直接后果就是就业及收入的低增长甚至负增长，这影响了社会居民的消费能力和消费意愿，使零售业的经营面临困难。就业和收入的低增长或负增长对零售业来说可能是把双刃剑，一方面，由于就业机会减少，收入水平降低，影响了人们的消费意愿和消费能力，进而不利于零售业的经营；另一方面，由于社会就业压力增大，因此政府更希望通过扶持零售业的发展来吸纳更多的就业，政府的这种扶持显然是有利于零售业发展的。同时，经济增长速度放缓虽然从总体上不利于零售业提高经营效益，但其在客观上也促进了零售业态的发展和创新，即那些"低价"和"大众化"的零售业态会得到发展的机会，从这个意义上说，低经济增长的宏观环境可能促进零售业经营能力的提高以及零售业业态组合的动态优化。

产业结构作为宏观经济要素的重要组成部分也会对零售业的发展产生多方面影响。世界各国产业结构的变化特征主要表现在三个方面：第一，总体来看，以第一产业为主的产业结构向以第二产业为主发展，进而向以第三产业为主导演化；第二，从不同产业的产品结构来看，逐渐由附加值低和技术含量低的产品向附加值高和技术含量高的产品演化；第三，从产业的组织和结构来看，行业集中度渐次提高，大型垄断组织对生产和流通的支配地位日益明显。产业结构的演化推动了产品结构的演化,不但使零售业的业种结构发生变化,也使零售业的业态结构发生变化。

国民收入及其分配对零售业的影响主要体现在国民收入的增长及收入分配空间分布的变化上。第一,如果一段时期内国民收入水平有较大、较稳定的提高,则明显有利于零售业的发展。第二,当国民收入水平有显著变化的时候,居民的很多消费特征也会发生改变,进而对零售业的经营方式提出新的要求,最终影响零售业的规模和结构。第三,国民收入增长在地区间分布是否平衡也影响着零售业的经营形态、空间分布和竞争战略。在国民收入水平高、增长快的地区,零售业更可能获得持续稳定的客流和高毛利率,因此零售企业倾向于向这样的地区集聚,因而也造成了这些地区零售业竞争日益激烈的局面;相反,在国民收入水平低、增长极慢的地区,零售业要想生存和发展就必须降低经营成本并保持相对低的毛利率,同时通过加快货品周转率,以"薄利多销"的策略来维持经营。

3. 科学技术要素

一般技术要素和专门技术要素是影响零售业的两个主要科学技术要素。一般技术要素是指整个社会科技发展的综合水平,它对各行业均产生影响,自然也会对零售业产生影响,不过一般技术要素对零售业的影响通常是间接的。例如,以新材料、新能源的开发为基础的新技术进步改变了整个社会的产业结构和产品结构,这些改变最终也会影响零售业的经营行为,表现为零售业规模和业态结构的改变。专门技术要素是指零售行业专用性的技术要素,对零售业产生直接影响。比如,专门用于零售店对种类繁多的货品进行编码管理的信息系统的开发技术、移动冷柜技术等。不管是一般技术要素还是专门技术要素,都并非单指新设备、新工艺等硬技术,而是还包括新理论、新方法等软技术在内的技术。

此外,基础设施作为技术成果载体也是科学技术要素中重要的一面。一定的技术条件决定了特定的基础设施建设水平,而这些基础设施的建设、维护水平又影响着零售业开展经营活动的方式和效率。比如,在高速公路网络不甚发达的国家或地区,零售企业要想保证商品的新鲜度,就不得不就近采购生鲜食品;在银行业发达、电子支付手段完备的国家或地区,如果零售企业不积极地与银行取得密切合作,那么其难免会在竞争中处于不利地位。因此,考察零售业的科学技术要素时也应考察社会基础设施状况。

4. 消费者需求要素

决定消费者需求变化的因素包括收入水平、人口结构、生活方式与价值观念等。较高的收入水平可以促进消费支出增长,从而推动零售总额的增加。我国人口结构呈现出新的变化趋势:老龄人口、单身人口、城市人口在总人口中的比重逐渐增大,零售业须适应人口结构的变化趋势。人们的生活方式及价值观念的变化同样会对零售业产生直接影响，例如新冠疫情后，经济增长速度的减缓促使消费者不得不精打细算，他们的消费日渐趋于理性。与此同时，人们的消费越来越个性化，模仿与趋同的做法已逐渐被人们排斥。此外，消费者闲暇时间的增加以及人们追求享乐的人生态度等，这些改变都将对零售业产生直接影响。

5. 行业竞争状况要素

零售业的竞争包括水平竞争和垂直竞争两个方面。水平竞争是指零售商与零售商之间的竞争，包括不同业种之间的竞争和不同业态之间的竞争。体育用品商店与一般服装商店之间的水平竞争关系就属于业种之间的竞争，而传统百货商店与购物中心之间的水平竞争关系则属于业态之间的竞争。垂直竞争是指零售商与批发商之间、零售商与制造商之间，零售商与非商业性销售组织之间的竞争。一方面，零售业之外的主体所实施的零售行为显然直接对零售业的经营造成冲击，例如厂家直销、批发兼零售、消费合作社的出现等。另一方面，零售商与批发商、制造商同处于一个垂直的渠道链条上，作为渠道成员，零售商、批发商、制造商之间不可避免地存在一种垂直竞争关系，其通过在交易条件上的博弈来对渠道的总收益进行分配。

6. 地区经济环境要素

地区经济环境是指零售商所处地区的经济环境，主要包括两个方面。一是地区经济发展的综合水平；二是地区商业基础设施状况。地区商业基础设施包括已有的和在建的各种零售商业网点，如商业街、商业区和便利店等；还包括与零售业有关的公共基础设施，如公路、铁路和码头，以及地区性物流中心、配送中心和批发市场等；也包括与零售业有关的公共软环境，如地区金融机构的分布和业务开展状况、地区商业往来机构及政府机构的总体信息化水平等。

（二）零售的要素组成

零售的要素是指零售商在进行经营活动过程中为了实现经营目标而需要进行设计和管理的各种营销要素。零售的要素一般包括商品、价格、广告与促销、店址、店铺设计与商品陈列、销售过程、顾客服务等。零售商为了满足顾客需求、实现自身经营目标，需要根据具体的环境条件对多种零售要素进行特定的组合和搭配，这种特定的组合和搭配即零售营销组合。

四、新零售

（一）新零售的定义

新零售（new retailing），即企业以互联网为依托，通过运用大数据、人工智能等先进技术手段，对商品的生产、流通与销售过程进行升级改造，进而重塑业态结构与生态圈，并对线上服务、线下体验，以及现代物流进行深度融合的零售新模式。2016年11月11日，国务院办公厅印发《关于推动实体零售创新转型的意见》（国办发〔2016〕78号）（以下简称《意见》），明确了推动中国实体零售创新转型的指导思想和基本原则。同时，在调整商业结构、创新发展方式、促进跨界融合、优化发展环境、强化政策支持等方面做出具体部署。《意见》在促进线上线下融合的问题上强调："建立适应融合发展的标准规范、竞争规则，引导实体零售企业逐步提高信息化水平，将线下物流、服务、体验等优势与线上商流、资金流、信息流融合，拓展智能化、网络化的全渠道布局。"

（二）新零售的特征

1. 生态性

新零售的商业生态构建将涵盖网页、实体店面、支付终端、数据体系、物流平台、营销路径等诸多方面，并嵌入购物、娱乐、阅读、学习等多元化功能，从而推动企业线上服务、线下体验、金融支持、物流支撑等四大功能的全面提升，使消费者对购物过程便利性与舒适性的需求能够得到更好的满足，并由此增加用户黏性。当然，以自然生态系统思想为指导构建的商业系统必然是由主体企业与共生企业群，以及消费者所共同组成的系统，该系统表现为一种联系紧密、动态平衡、互为依赖的状态。

2. 无界化

企业通过对线上与线下平台、有形与无形资源进行高效整合，以"全渠道"方式清除各零售渠道间的种种壁垒，模糊经营过程中各个主体的既有界限，打破过去传统经营模式下所存在的时空边界、产品边界等现实阻隔，促成人员、资金、信息、技术、商品等合理、顺畅地流动，进而实现整个商业生态链的互联与共享。依托企业的"无界化"零售体系，消费者的购物入口将变得非常分散、灵活、可变与多元，人们可以在任意时间、地点，以任意可能的方式，随心、尽兴地通过诸如实体店铺、网上商城、电视营销中心、自媒体平台，甚至智能家居平台等一系列丰富多样的渠道，与企业或者其他消费者进行全方位的咨询互动、交流讨论、产品体验、情境模拟、购买商品和服务。

3. 智慧型

新零售商业模式得以存在和发展的重要基础,正是源于人们对购物过程中个性化、即时化、便利化、互动化、精准化、碎片化等要求的逐渐提高,要想满足上述需求则需要在一定程度上依赖"智慧型"的购物方式。可以肯定的是,在产品升级、渠道融合、客户至上的"新零售"时代,人们经历的购物过程以及所处的购物场景必定会具有典型的"智慧型"特征。未来,智能试装、隔空感应、拍照搜索、语音购物、VR逛店、无人物流、自助结算、虚拟助理等或将为消费活动带来前所未有的创新模式。

4. 体验式

随着中国城镇居民人均可支配收入的不断增长和物质产品的极大丰富,消费者主权得以充分彰显,人们的消费观念将逐渐从价格消费向价值消费转变,购物体验的好坏逐渐成为决定消费者是否买单的关键性因素。现实生活中,人们对某个品牌的认知和理解往往更多地来源于线下的真实体验或感

文档　　视频

案例阅读 5-1

受,而"体验式"的经营方式就是通过利用线下实体店面,将产品嵌入所创设的各种真实生活场景之中,赋予消费者全面深入了解商品和服务的直接机会,从而触发消费者视觉、听觉、味觉等方面的综合反馈,在增进人们参与感与获得感的同时,也使线下平台的价值得以进一步发掘。

第三节　连 锁 经 营

一、连锁经营概述

连锁经营是指经营同类商品或服务的若干个企业以一定的形式组成的一个联合体,通过对若干零售企业实行集中采购、分散销售、规范化经营,从而实现规模经济效益的一种现代流通方式。其组织结构通常如图 5-1 所示。在集团总部下设物流中心和多个连锁店,有些大型连锁经营集团除设有物流中心和直营门店外,还设有网上商城,也可并行开设若干加盟店。其业务活动主要包含商品的采购、物流配送、营运和财务等方面。

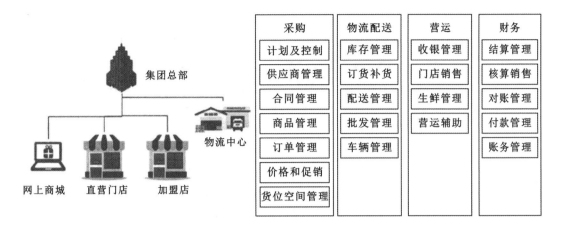

图 5-1 连锁经营组织结构和业务活动

连锁经营自 19 世纪中后期在美国出现以来，已成为国际上普遍采用的一种企业组织形式，被广泛应用于零售业和服务业等众多行业，并且出现了国际化连锁经营的趋势。连锁经营具有以下三大优势：第一，规模经营导致企业平均成本降低，使企业拥有规模经济效益。连锁经营实行集中采购、分散销售模式。大批量进货使企业可以得到生产商较大的折扣，降低了原材料的进货成本；仓储、配送中心的统一送货，节省了零售店的库存面积，减少了资金占用，从而降低了销售成本；连锁企业分工细致，专业化程度高，劳动效率高，因此连锁经营可节省人力成本；由于店铺众多，所以连锁企业的广告宣传、促销手段效果明显，因此连锁经营也节省了这方面的费用。第二，通过连锁经营形成规划系统布局完整的市场网络，追求规模经济效益，可以使企业既具有经营战略、网点布局的优势，又形成了目标一致、联合对外的竞争优势。第三，连锁企业的规模化经营具有显著的社会效应。纵观全球品牌影响力、经营状况等名列前茅的零售企业，可以发现它们均为大型连锁公司，如美国的沃尔玛、英国的马狮、荷兰的阿霍德德尔海兹、法国的家乐福等。这些企业社会知名度高，容易受到社会公众的关注与支持，形成品牌效应。另外，各国政府对发展连锁店都给予了一定的优惠政策，有助于企业快速形成规模，通过资源共享获得经济效益。

二、连锁经营特征

连锁经营是在专业化分工的基础上，实现流通的系统化和规模化，让经营方式变得更加灵活、便利，从而实现规模经济效益。连锁经营的基本特征集中表现在以下三个方面。

1. 组织形式的联合化和标准化

组织形式的联合化和标准化是连锁经营的前提条件。连锁经营的组织形式是由一个连锁经营总部和众多的分店所构成的一种企业联合体,被纳入连锁经营体系的加盟店,如同一条锁链上的各个环节,相互连接在一起,所以称为"连锁店"。传统的零售业也存在着一定程度的联合,但主要是合作,如工商联营、引厂进店等。而连锁经营则是具有整体性、稳定性的全方位联合,使用同一个店名,具有统一的店貌,而且提供标准化的服务和商品,企业的形象一旦确立就极易给大众留下深刻印象。

2. 经营方式的一体化和专业化

经营方式的一体化和专业化是连锁经营的核心。连锁经营把流通体系中相互独立的各种零售业职能有机地组合在一个统一的经营体系中,实现了采购、配送、批发、零售的一体化,从而形成产销一体化或批零一体化的流通格局,提高了流通领域的组织化程度。同时,由于连锁企业拥有大量的分店,具有大批量销售的市场优势,可以引导供应商真正做到根据市场需求和商业经营者的要求组织生产,从而形成以大零售业为先导、以大工业为基础的现代经营格局,实现一体化经营与专业化分工的有机结合。

3. 管理方式的规范化和现代化

管理方式的规范化和现代化是连锁经营的基本保证。一体化经营和专业化分工的有效性主要取决于连锁企业的管理水平,由于购销职能的分离,必然要求连锁总部强化各项管理职能。为此,连锁总部必须有一套规范的做法,建立专业化职能管理部门、规范化管理制度和调控体系,并配备相应的专业人才。同时,为了使庞大而又分散的连锁经营体系内部的各类机能步调一致地有效运转,还需要运用现代化的管理手段,通过实施网络管理,将整个企业组成一个整体。

三、连锁经营类型

连锁经营的类型在不同国家有不同的划分方式。日本通常将连锁经营分为三种类型:一是直营连锁,是大资本通过独资、控股或吞并、兼并等途径,发展壮大自身实力和规模的一种连锁经营模式;二是特许连锁,即以经营权的转让为核心的一种连锁经营模式;三是自由连锁,是保留单个资本所有权的一种连锁经营模式。

1. 直营连锁模式

连锁企业总部通过独资、控股或吞并、兼并等途径开设门店,所有门店在总部的统一领导下经营,总部对各门店实施人、财、物及商流、物流、信息流等方面的统一管理。直营连锁具有资产一体化的特征,即每一家连锁分店的所有权都属于同一主体,归一个公司、一个联合体或单一个人所有。直营连锁实行总部统一核算,各连锁店只是一个分设的销售机构,销售利润全部由总部支配。直营连锁总部与其下属分店之间属于企业内部的专业化分工关系,所以其经营管理权高度集中。各连锁店不仅店名、店貌等完全统一,经营管理的决策权,如人事权、进货权、投资权等也都高度集中在总部,总部为每个连锁店提供全方位的服务,以保证公司的整体优势。

2.特许连锁模式

特许连锁又称合同连锁或加盟连锁,是指主导企业把自己开发的产品、服务和营业系统,包括商标、商号、企业象征的使用情况,经营技术,营业场合或区域等,以营业合同的形式,授予加盟店在规定区域内的经销权和营业权,加盟店则交纳一定的营业权使用费,承担规定的义务。采用特许连锁经营模式对总公司、特许店及整个社会都具有明显的优势。对总公司来说,能以较少的投资达到迅速发展公司业务的目的,实际上具有一种融资的功能。同时通过经营权的转让也能为总公司积累大量的资本,使公司的无形资产变为有形的资产,从而增强公司的竞争力和发展能力。对于投资者来说,尤其是那些具有一定资本的、希望从事商业活动但没有经营技术和经验的企业与个人,通过购买特许权,他们可以获得很好的发展机会。一旦加盟,他们既可以利用总公司的技术、品牌和信誉开展经营,又享有总公司提供的全方位服务。所以,这种模式经营风险较小,利润较稳定。

3.自由连锁模式

自由连锁的原意是指自发性连锁或任意性连锁,实际上它是一种横向发展的合约系统,店铺在保留单个资本所有权的基础上实行联合,组成一个具有采购和配送功能的商业机构。自由连锁既可以由某一批发企业发起,组成批零一体化

案例阅读5-2　连锁经营

的合约关系,也可以由众多的零售企业联合组成一个具有采购和配送功能的商业机构,为众多零售企业服务。自由连锁模式的功能比较单一,主要通过合约来维持连锁经营,也是国际上普遍采用的一种企业经营模式,被广泛应用于零售业和服务业等众多行业,并且出现了国际化连锁经营的趋势。

第四节　电　子　商　务

一、电子商务概述

电子商务通常是指在全球各地广泛的商业贸易活动中,通过互联网或互联网内部网

进行的各种商贸活动，以实现消费者的网上购物、商户之间的网上交易和在线电子支付，以及各种商务活动、交易活动、金融活动和相关综合服务活动的一种新型的商业运营模式。理解电子商务的实质要把握以下几点。

第一，电子商务是科学技术发展和社会化大生产的产物。科学技术的发展推动了社会生产力的发展，使得社会分工越来越细，生产过程日益社会化，消费结构和消费方式也相应地发生变化。在商品经济条件下，随着社会分工和生产社会化的发展，生产和消费之间的矛盾随之加剧，对信息流通的依赖越来越大，商品流通方式也随之变化。现代信息技术的发展为解决或缓解这种生产和消费之间的矛盾创造了条件。电子商务作为一种新型的商品流通方式，正是在这种条件下产生的。

第二，现代信息技术是电子商务的物质技术基础。没有现代信息技术就没有电子商务，这是电子商务区别于其他商品流通方式的根本特征。现代信息技术的发展使商品流通过程中的信息流发生变化，进而使商流、物流、资金流发生变化，使商品从生产领域转向消费领域所经过的路线和通道减少，甚至为零，即零级渠道，将生产者和消费者直接联系起来。但是，这种方式改变的是商品流通的途径和渠道，改变的是资金流动的方式和渠道，改变的是商品与商品交换的媒介形式，并没有改变商品流通的本质，它仍然是以货币为媒介的商品与商品之间的交换，商品流通公式仍然是"W—G—W"。

第三，电子商务所体现的关系仍然是商品生产者之间的交换关系。在电子商务的大环境下，商品的价格仍然由在生产过程中创造的价值量决定，在交换中受商品的供求关系影响。

二、电子商务商品运营模式

按交易对象划分，电子商务主要可以分为B2B、B2C、C2C、G2B、G2C、O2O六种模式。

1. 企业之间的电子商务模式（B2B）

B2B（business to business）模式是企业之间通过互联网或专用网方式进行电子商务活动，企业一般有相对稳定的商务伙伴。B2B是企业现实中的产、供、销关系在网络上的直接反映，是企业原有商务关系的延续和传统商务活动的发展，交易双方相互信任，各自履行商务合同，安全有保障。同时，B2B交易金额一般比较大，是点对点的商品运输，有相对固定的运输路线，降低了配送的难度。如果有一方是生产和销售消费品的企业，B2B还可延伸到B2C的模式，将B2C的人脉吸纳到B2B的模式中来。目前，在全球电子商务中，B2B的发展速度远快于B2C的发展速度。在销售额的占比中，B2B模式下获得的销售额占80%以上。因此，B2B模式是全球电子商务的几种模式中最值得关注、最具有发展潜力的模式。

2. 企业与个人之间的电子商务模式（B2C）

B2C（business to customer）模式是一种企业对消费者的商务活动，是消费者通过网络在网上购物的一种模式。这种电子商务模式节省了客户和企业的时间，提高了交易效率，节省了不必要的开支。但是，由于B2C要求使用由点到面的配送方式，加上每宗交易的金额都较低，因此商品的运送规模往往难以保证，配送费用也比较大。同时，由于运输路线的不确定性，也使得配送的难度增加。

3. 消费者间的电子商务模式（C2C）

C2C（customer to customer）模式，是消费者之间通过互联网或专用网方式进行的商品买卖活动。C2C更像是一个庞大的网上集市或网上拍卖市场，参加者将自己用过的或暂时用不上的东西通过网络进行交换或买卖，既没有固定的商品，也没有固定的价格。由于有相当多的用户参与，因此在C2C模式下往往可以用很少的钱买到很好的东西。C2C营运商在网上搭建一个平台，为买卖双方架起一座桥梁，并从每笔成功的交易中提成。由于二手商品的特殊性，C2C营运商一般不提供物流配送，而是由买卖双方在网上谈条件，如达成合作后直接线下见面交易或邮寄，而采用怎样的支付方式要靠交易双方自己解决。因此，一宗C2C交易成功与否，在很大程度上取决于买卖双方的诚信，而这种诚信往往会随物理距离的延长而弱化。

4. 政府对企业之间的电子商务模式（G2B）

G2B（government to business）模式，是政府机构与企业之间进行的电子商务活动，例如，政府将采购的细节在互联网上公布，通过网上竞价方式进行招标，企业也要通过电子的方式进行投标。G2B方式实际上与B2B方式类似，但G2B方式所涉及的面更广，信用度更高。

5. 政府对公众的电子商务模式（G2C）

G2C（government to citizen）模式是政府对公众的电子商务活动，即政府向纳税人提供的各种服务。例如，通过网络发放社会福利基金、规范个人报税等。这类电子商务活动目前还没有真正形成。但是，在个别发达国家已具备雏形，例如，在澳大利亚，政府的税务机构通过指定私营税务所或财务会计事务所以电子方式来为个人报税，这已经具备政府对公众的电子商务模式的雏形。随着商业机构面向消费者，以及商业机构面向政府的电子商务模式的发展，各国政府将会为公众提供更为完善的电子服务。

6.离线商务模式（O2O）

O2O（online to offline）模式是指线上营销、线上购买带动线下经营和线下消费的模式。O2O通过打折、提供信息、服务预订等方式，把线下商店的消息推送给互联网用户，从而将他们转换为自己的线下客户。O2O模式特别适合必须到店消费的商品和服务，如餐饮、健身、电影、演出、美容美发、摄影等。O2O模式以线上支付订单费用，线下到实体店体验消费的形式，锁定消费终端，打通消费通路，最大化地实现信息和实物之间、线上和线下之间、实体店与实体店之间的无缝衔接。O2O模式将创建一个全新的、共赢的商业模式。

三、电子商务的发展

（一）电子商务高质量发展的内涵

2021年，商务部、中央网信办和国家发展改革委联合发布《"十四五"电子商务发展规划》（以下简称《规划》），开篇就明确提出："电子商务是通过互联网等信息网络销售商品或者提供服务的经营活动，是数字经济和实体经济的重要组成部分，是催生数字产业化、拉动产业数字化、推进治理数字化的重要引擎，是提升人民生活品质的重要方式，是推动国民经济和社会发展的重要力量。"电子商务一直处于实体经济数字化转型的最前沿，通过销售和采购的数字化形成实体经济全链条数字化的强大驱动力。因此，实体经济的数字化离不开电子商务的拉动作用。在数字经济与实体经济融合发展的过程中，电子商务也会是数字经济中发展空间最大、创新最活跃的重要组成部分。

电子商务高质量发展的内涵就是创新、协调、绿色、开放、共享的新发展理念在电子商务领域的集中体现。《规划》在基本原则部分提出，要"坚持守正创新，规范发展"，强调规范就是要针对电子商务领域在发展过程中暴露出的突出问题进行集中整治，让电子商务能够以更健康的姿态进入新发展阶段，同时仍然强调要保持电子商务的创新活力，以更深层次、更大范围、更新技术的创新来形成电子商务发展新空间。要"坚持融合共生，协调发展"，强调融合与协调就是要进一步明确电子商务产业在"十四五"时期的发展重点，聚焦在助力实体经济的数字化转型发展方面，把发展方向和重点回归到更高质量地服务实体经济、助力共同富裕方面。要"坚持普惠共享，绿色发展"，强调普惠共享，就是要利用好电子商务领域中小微企业聚集、就业创业集中、连通城市乡村、服务国内国际等的特点，通过营造良性发展的产业链环境，打造更加公平的产业链分配机制，助力"共同富裕"目标的实现。强调绿色发展，就是要在电子商务自身绿色化的基础上，通过电子商务的广泛渗透作用带动全社会的绿色发展。要"坚持合作共赢，开放发展"，强调开放发展就是要准确把握我国电子商务产业国际化发展趋势，通过政府主动作为，在国际电子商务规则、环境等方面为我国电子商务产业国际化发展提供基础支撑,让我国电子商务"走出去"的步伐更加稳健,把电子商务产业的国际比较优势发挥得更加充分;同时通过主动扩大开放,打造更加便利化的电子商务通道,吸引更多全球优质商品与服务资源,助力国内消费升级。

(二)电子商务发展路径

1.强化技术应用创新

技术创新一直是电子商务领域模式、业态创新的基础支撑,随着国家新型基础设施建设的深入推进,5G、物联网、人工智能、区块链等新一代信息技术的加速普及为电子商务带来更多的创新场景应用机会。把强化技术创新应用作为电子商务高质量发展的第一项任务,加大对电子商务企业等相关主体开展技术创新应用的支持、引导力度,在我国已经成为全球最大网络零售市场的基础上,力争在电子商务底层技术的创新与应用方面也做到全球领先,进一步强化我国电子商务产业的竞争优势。

2.鼓励业态模式创新

业态模式创新既是电子商务发展的必然结果,也为电子商务产业发展带来重要的增量空间。直播电商、内容电商、社交电商等电子商务新业态发展迅速,展现出我国电子商务产业巨大的发展活力和广阔的发展空间,这些新业态已经成为我国引领全球电子商务应用的重要方向。在业态模式创新方面加强支持和引导,也是促进我国电子商务产业实现高质量发展的重要保障。

3.深化协同创新

电子商务实现高质量发展的重要前提就是要打造良性的竞争环境,改变原有的封闭生态。依靠抢市场、抢用户、抢流量的粗放发展模式是不可持续的,要引导电子商务企业尤其是平台企业,在更大范围、更深层次实现互联互通,打造企业各具特色的核心能力。在此基础上,要发挥国内、国际电子商务统一大市场的协同作用,推广电子商务普惠服务,加大相对落后地区电子商务基础设施建设的投入,让东部发达地区和中西部地区、贫困地区实现平衡发展,拓宽电子商务发展的增量空间。

4.全面加快绿色低碳发展

我国已提出碳达峰和碳中和发展目标,绿色发展将成为"十四五"时期重要的社会发展主题,电子商务产业首先要实现自身的绿色化,通过推进绿色包装、电子单证、节能设备的使用,发展循环经济,把电子

流通中国5-2

商务领域率先打造成为绿色产业。在此基础上，要以绿色电子商务带动和促进全社会消费、流通、生产的绿色化发展。

第五节 现代服务业

一、文化产业

（一）文化产业概述

我国原文化部发布的《关于支持和促进文化产业发展的若干意见》中，将文化产业界定为从事文化产品生产和提供文化服务的经营性行业。文化产业突出的内容与特征有三个：一是营利性，即各种从事文化产品经营的企业、机构、个人等为了满足广大人民群众对各类文化产品的消费需求，投资、策划、制作、生产、经营各类文化产品，并通过经营和销售的方式回收投资，获得一定的利润。二是娱乐性，即只要是符合我国有关法律法规和在道德规范的允许范围之内的文化产品，都可以生产与经营，如纯娱乐性的影视、舞蹈、相声、魔术、杂技等。三是产业关联性和产业集聚性，即从事文化产品经营的企业、机构等形成了横向之间和纵向之间的各种关联性或者集聚性、产业性体系。

文化产业的产生与发展是一种富裕标志。随着我国经济发展水平、广大人民群众收入水平和生活水平的不断提高，全社会对涉及文化方面的享受性、娱乐性的需求也越来越多、越来越丰富，这在客观上形成了促进文化产业产生与发展的外部环境，各种从事文化产品经营的机构、企业等为了满足这些需求，提供经营性和营利性的各类文化消费项目，广大人民群众也乐于用钱来购买这类文化服务，从而不断促进文化产业的发展。

文化产业范围与内容

二、会展服务业

（一）会展服务业的概念

会展服务业（或称会展业）是会议业、展览业和节事活动的总称，属于新兴服务行业，是专门从事有关会展业务的策划、组织、举办、运营、管理，并通过经营会展而取得一定利润的各类企业所构成的行业。会展业的发展与繁荣与该国或地区的综合经济实力和经济总体规模息息相关，经济发展水平越高的国家或地区，对会展业的发展需求也就越大，会展业也就越发达；同时，发达的会展业对国家和地区的经济发展也具有良好的促进作用。欧洲是世界会展业的发源地，欧洲会展业整体实力最强、规模最大、知名会展企业和会展品牌最多，其中，德国是世界头号会展强国。美国、加拿大、澳大利亚、巴西、阿根廷、墨西哥、新加坡、日本、阿联酋等，都是当今会展业发展较好的国家。

（二）会展服务业的作用

1. 会展业具有较强的互利共赢效应

会展业不仅能带来场租费、管理费等直接收入，还能直接或间接带动相关多个行业的发展。另外，会展业的发展还能间接地带动零售业、餐饮业、住宿业、交通运输业、通信业、广告业，甚至旅游业和印刷业等行业的发展。

2. 会展业具有较好的汇聚资源效果

通过举办会展，能够汇聚大量的信息流、技术流、商品流和人才流，这意味着相关行业在产品、技术、生产、营销等方面能够得到更为直接而有效的交流，对优化配置资源、增强综合竞争力具有十分积极的作用。

3. 会展能够创造和增加就业机会

近年来我国会展活动逐渐增多，不仅直接刺激了会展业有关岗位的产生和相关就业人员数量的增加，而且促进了与会展业有关的服务和配套行业的发展，同样带动了这些行业就业岗位的增加。

4. 带动产业发展、调整产业结构

某个国家或者地区所举办的专业性会展，能够反映该国或者该地区某个行业或者产业的发展水平和趋势。专业性会展对带动国家或者地区相关产业的发展以及产业结构的调整具有十分积极的作用。

（三）会展服务业的特点

会展业具有以下几个方面的特点。

（1）直观性强。会展上展出的相关产品的样式、特点、质地、操作性、重量等都可以在现场直接观察和体验到。通过讲解员面对面的讲解，可以使观众更加深入地了解参展产品的信息。

（2）信息集中程度高。在会展上，特别是专业会展上，全世界、全国或者同行业的

同类企业、同类产品都会集中在会展上，产品的质量信息、销售价格、技术创新信息、前沿发展趋势等能够同时显示出来。

（3）降低交易成本。在市场经济体制环境下，信息常常处于不对称的状态，为了进行各种经济联系和产品交易，企业必须抽出一定的人力、物力和财力。通过会展，所有同行或者相关的企业、产品、服务等都在会展上集中展示出来，由此大大节约了交易成本，提高了交易效率。美国展览业研究中心（CEIR）的研究结果显示，通过展览实现的产业销售成本只有传统促销成本的一半。

（四）会展的分类

按会展业种类的不同，可以分为展览会、博览会、洽谈会、交易会、展示会、展销会、订货会、采购会等；按会展业范围的不同，可分为国际会展、全国性会展、区域性会展和地区性会展；根据会展专业性的不同，可分为综合性会展和专业性会展；根据会展举办方式的不同，大致可分为政府主导下举办的会展和由企业策划、组织、举办的会展；根据举办主体，可以分为以下两种："自办模式"，即办会展的企业不仅拥有自己的专业展览场馆，而且是自己策划、组织和举办的各类会展；"他办模式"，即会展企业自己没有专业展览场馆，每次举办会展时都要租赁展览场馆和相应的专业设备。

（五）会展的基础设施

会展的基础设施包括：举办会展的专用展馆或者场所；支持会展正常运行的供水、供电、互联网、通信、影视等方面的专业技术设备、设施；与会展服务相关的道路、停车场、住宿、餐饮等配套设施。随着我国会展经济的不断发展，许多会展的规模和影响力也越来越大，对相关经济的促进作用也越来越明显。在这种发展趋势下，我国不仅对展览场馆本身的面积、规模、设备水平的要求越来越高，而且对交通、通信、住宿、餐饮等方面配套的基础设施和配套体系的要求也越来越高。会展基础设施的建设与发展关系着我国会展经济能否健康发展。

三、科技服务业

（一）科技服务业的概念

科技服务业是指运用现代科技知识、现代技术和研究方法，以及经验、信息等要素向社会提供智力服务的新兴产业。科技服务业具有人才智力密集、科技含量高、产业附加值大、对产业及经济发展的辐射和带动作用强等特点。我国科技服务业仍处于起步阶段，服务功能还远不能

科技服务业的范围与内容

满足科技、经济发展需要。企业发展对科技成果的需求得不到满足，研究机构的成果转化率不高，技术水平脱节阻碍了创新驱动发展。所以，促进科技服务业发展，对培育战略性新兴产业，加快转变经济发展方式，提高自主创新能力和建设创新型国家有着重要意义。

（二）我国科技服务业的发展

虽然近年来我国科技服务业发展势头良好，服务内容不断丰富，服务模式不断创新，新型科技服务组织和服务业态不断涌现，服务质量和服务能力稳步提升。但是从总体来看，我国科技服务业仍然处在初期发展阶段，存在的问题与不足主要有：科技服务业的市场主体发育不健全、服务机构专业化水平不高、高端服务业态发展滞后、缺乏知名品牌的高端服务企业、科技服务业的发展环境不完善、科技服务业的复合型人才缺乏等。

加快科技服务业发展，要深入贯彻落实党中央、国务院的决策部署，充分发挥市场在资源配置中的决定性作用，以支撑创新驱动发展战略实施为目标，以满足科技创新需求和提升产业创新能力为导向，深化科技体制改革，加快政府职能转变，完善政策环境，培育和壮大科技服务市场主体，创新科技服务模式，延展科技创新服务链，促进科技服务业专业化、网络化、规模化、国际化发展，为建设创新型国家、振兴中国经济提供重要保障。我国应基本形成覆盖科技创新全链条的科技服务体系，服务科技创新能力大幅增强，科技服务市场化水平和国际竞争力明显提升，培育一批拥有知名品牌的科技服务机构和龙头企业，涌现一批新型科技服务业态，形成一批科技服务产业集群，让科技服务业成为促进科技与经济结合的关键环节和经济提质增效升级的重要引擎。

科技服务业发展的重点任务

四、服务外包业

（一）服务外包业的概念

由于社会上许多企业存在服务外包业务的购买需求，催生并促进了大量专门从事各类服务外包业务的企业，这些企业构成了一个专门的行业或产业，即服务外包业（service outsourcing industry）。服务外包业的发展进一步促进了社会分工向精细化、专业化方向发展。

（二）服务外包的意义与特点

1. 服务外包的意义

生产和服务环节的国内和国际分工细化与专业化催生了服务外包的需求。具体来讲，企业的服务外包具有如下意义：第一，服务外包可以提升企业自身的核心竞争能力。企业的核心竞争力不是表现在一般性技术方面，而是表现在核心技术方面，因此，企业把一般技术的生产和服务外包出去，集中精力开发核心技术，能够最大限度地增强企业的市场竞争力。第二，服务外包可以充分利用外部资源。我国经济发展越来越呈现出开放化、全球化的趋势，企业完全可以利用开放的市场环境，通过服务外包的形式，充分利用国内外最好的知识、技术、研发、服务等优势，大大提升企业自身的经营与管理质量。第三，服务外包可以降低企业运行成本，提高企业运行效率。企业成本最小化、利润最大化是增强企业核心竞争力的关键。由于人力、物力、财力等因素的制约，任何一个企业都不可能将企业内部的每个环节、每个项目、每个业务都做到最好，企业将自身的非核心业务或者做不好的业务外包出去，将企业的资源、技术、人力运用在企业自身的核心业务上，是企业优化资源配置、提高运行效率、降低运行成本的最佳途径。有研究表明，通过服务外包，可以明显地节省企业的运营成本。

2. 服务外包的特点

服务外包业是现代高端服务业的重要组成部分，具有信息技术承载度高、附加值大、资源消耗低、环境污染少、吸纳高学历者就业能力强、国际化水平高等特点。当前，以服务外包、服务贸易，以及高端制造业和技术研发环节转移为主要特征的新一轮世界产业结构调整正在兴起，为我国发展面向国际市场的现代服务业带来了新的机遇。牢牢把握这一机遇，大力承接国际（离岸）服务外包业务，有利于转变我国的对外贸易增长方式，扩大知识密集型服务产品出口；有利于优化外商投资结构，提高外资利用质量和水平。

（三）服务外包的主要种类与业务

在我国现代繁荣的市场经济环境中，企业、单位、机构等在办理业务和经营管理过程中会遇到许多复杂的信息处理问题、复杂数据的收集与管理问题、复杂的生产工艺或加工问题等。因此，对相关技术外包业务的需求也越来越多，这些需求促进了专门承担各种服务外包业务的企业或者机构的兴起和发展。以下是一些常见的服务外包企业的种类和所提供的服务的主要内容。

1. 提供企业经营管理信息技术服务的外包企业与业务

（1）为企业提供经营管理信息技术服务的外包企业与业务。例如，为商品流通企业的大量购销业务数据和信息、各类仓储物流业务数据和信息、海关进出口相关业务数据和信息、银行业务数据和信息等，提供信息处理技术服务的外包企业与业务。

（2）为企业提供各类办公平台系统技术服务的外包企业与业务。例如，为税务管理部门、保险经营企业等使用的信息管理平台系统提供技术服务的外包企业与业务；为政府机构使用的政务信息平台系统提供技术服务的外包企业与业务；等等。

（3）为企业或者单位内部管理系统提供技术服务的外包企业与业务。例如，为企业或者单位内部的财务管理、业务管理、人事管理、后勤服务管理系统提供技术服务的外包企业与业务。

（4）专门为仓储物流运输管理部门提供物联网系统的研发与建设的外包企业与业务，包括对各类物流流通信息的收集、联通、归纳、分析等。

2. 提供与互联网销售业务有关的信息管理技术的外包企业与业务

（1）为网上销售平台系统技术研发提供服务的外包企业与业务。例如，为淘宝、京东等网上购销平台的研发与构建提供技术服务的外包企业与业务。

（2）为移动客户端App（手机客户端应用软件）开发提供技术服务的外包企业与业务。例如，为我国美团、唯品会等经营企业提供移动客户端信息系统技术研发服务等的外包企业与业务。

3. 提供物流运输业务的外包企业

一些大型企业、大型工程等，为了将有限的人力、物力和资金用到主要业务方面，以提高企业的运行效率、降低经营成本，便将企业非主要业务，如各类物流运输业务等，外包给专业的物流运输公司。专业仓储物流运输公司为有需求的各类企业提供这类外包业务。目前，专门提供仓储物流服务的专业公司，其业务的服务范围不仅涉及国内的外包业务，甚至涉及国际性的外包业务。

4. 为企业生产环节提供外包服务的企业与业务

某些掌握知名品牌生产经营核心知识产权的企业为了将自己的资源专注在新产品的开发、设计和销售上，便将其中的"具体的生产环节"外包给专业生产企业。例如，一些具备生产与加工能力的专业服装鞋帽生产企业，为一些掌握知识产权的知名服装鞋帽品牌提供生产与加工服装鞋帽的具体生产环节的外包服务；一些具备加工大型的、精密的、复杂的工业零部件能力的工业企业，为知名飞机制造企业、汽车制造企业、机械设备制造企业等提供这些企业所需各类零部件生产与加工的外包服务；等等。

5. 提供与社会或经济运行有关的信息技术的外包企业与业务

（1）为各类网站系统的研发与建设提供服务的外包企业与业务。例如，为各类门户系统、各类票务系统、各类科技信息研究成果查询网站系统等，提供研发与建设服务的外包企业与业务。

（2）提供大数据分析系统研发服务的外包企业与业务。随着我国社会主义建设事业的蓬勃发展，我国对社会运行各个方面的掌握与管理的要求也越来越严格。其中，对各相关领域"大数据"的采集、整理、归纳、计算与分析，就是重要的工作。例如，随着我国城市化水平的不断提高，对城镇人口流动的大数据分析、对我国工农生产与广大城乡居民消费需求的状态与变化相关的大数据的分析、对我国道路交通有关情况的大数据分析等等。面对这些客观需求，有关专业研发部门为政府、行业等提供大数据的采集、归纳、计算、分析、存储与查询技术系统的研发与建设服务的外包业务。

拓展课堂 5-1

本章小结

批发商业包含一切将货物或服务销售给为了转卖或者商业用途而进行购买的人的活动，具有集散商品、加工整理商品、调节供求、融通资金、承担风险等功能。批发商业可依据销售区域、批发企业交易业务模式、商品流通环节等方法进行划分，具有独特的经营原则。当前批发商业受互联网技术影响，面临诸多挑战，须从资金流、物流、信息流领域，以及相关衍生领域进行多角度融合发展。

零售贸易是指将商品或劳务直接出售给最终消费者的交易活动。具有满足消费者需求、促进销售、促进生产、指导消费等诸多功能，可按经营模式、有无店铺、经营范围等进行分类。零售贸易受到政治法律、宏观经济、科学技术、消费者需求、行业竞争状况、地区经济环境等多方因素影响。在零售经营过程中须对商品、价格、广告与促销、店址、店铺设计与商品陈列、销售过程、顾客服务等要素进行管理。新零售是依托互联网并运用大数据、人工智能等先进技术，将线下物流、服务、体验等优势与线上商流、资金流、信息流融合，拓展智能化、网络化的全渠道布局的销售方式。

连锁经营是指经营同类商品或服务的若干个企业以一定的形式组成一个联合体，通过对若干零售企业实行集中采购、分散销售、规范化经营，从而实现规模经济效益的一种现代流通方式。具有组织形式的联合化和标准化、经营方式的一体化和专业化、管理方式的规范化和现代化的特征。可划分为直营连锁、特许连锁、自由连锁等模式。

电子商务通常是指在全球各地广泛的商业贸易活动中，通过互联网或互联网内部网而进行的各种商贸活动，以实现消费者的网上购物、商户之间的网上交易和在线电子支付，以及各种商务活动、交易活动、金融活动和相关综合服务活动的一种新型商业运营模式。按交易对象划分，电子商务主要可以分为B2B、B2C、C2C、G2B、G2C、O2O六种模式。电子商务高质量发展要求具备创新、协调、绿色、开放、共享的新发展理念。

现代服务业包括文化产业、会展服务业、科技服务业、服务外包业。

第六章　流通的体系

思维导图

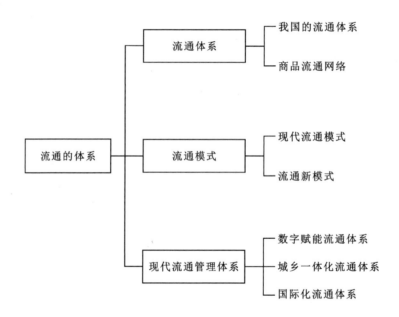

学习目标

◇ **知识目标**

(1) 深入理解流通体系与流通模式的内涵；
(2) 阐述商品流通网络的构成、形态与体系；
(3) 熟悉现代流通模式；
(4) 深入分析数字化为流通体系创新赋能的内在逻辑与机制。

◇ **能力目标**

(1) 能够理解我国流通体系的运行；
(2) 能够掌握现代流通体系中所运用的数字技术；
(3) 能够把握现代流通体系的发展方向。

◇ **素养目标**

(1) 培养学生国际视野，激发学生民族自豪感，增强学生对中国特色社会主义的道路自信、理论自信、制度自信、文化自信；
(2) 引导学生了解并分析中国经济现状，培养学生多角度、辩证地分析问题的能力；
(3) 培养学生勇于探究的精神，积极寻求解决问题的方法。

流通中国6-1

第一节 流通体系

一、我国的流通体系

（一）流通体系的内涵

一般来说，商品需要经过流通过程才能从生产环节到达消费环节，商品流通的整体组织构架、流通渠道和流通环节，构成了保障消费实现的流通体系。流通体系由流通商品、流通活动，以及整合商品和服务及相关流通信息的流通协调机构组成。流通体系结构包括关联产业的横向结构和处于不同环节、发挥不同功能的纵向结构，涉及流通基础设施体系、商品市场体系、流通产业业态体系、流通组织体系，以及流通管理体系等诸多要素。因此,流通体系既涉及宏观总体和中观产业层面,也涉及微观企业层面;既包括硬实力建设,也包括软实力建设;既有"点—线—面"的空间布局,也有虚拟的网络结构。它是流通过程中所采用的交易方式、组织形式(业态)、业务模式、流通渠道、运行机制,以及相关政策规制的总和。

流通体系的形成与生产方式、消费升级,以及流通技术的发展密不可分,随着社会经济的不断发展,流通中商品的质和量以及交易方式都发生了深刻变化,流通活动的完成形式会发生改变,流通承担的性质和功能也随之发生进一步的变化,进而使商品交易、服务活动的承担者和相关组织、调整机构自身发生改变,整个流通体系的内涵与外延的改变也就成了必然。因此,流通体系与经济发展形态有着密切的关系,不同的经济形态下,流通体系的内涵会表现出不同的特质,流通过程也会呈现出不同的运行轨迹。

流通体系的基本性质体现为流通体系的复合市场性和流通体系发展的多重性。复合市场性是指流通体系具有复合单纯市场的基本性质。如果将买方和卖方交易一个商品的特定地理范围称作单纯市场,那么流通就是通过多个单纯市场的复合而形成的流通体系来实现的。流通体系的复合市场性表现在三个方面:其一,商品流通要通过流通渠道来实现,在流通渠道的生产、批发、零售等各个环节会形成单纯市场,作为一个整体的流通渠道,就是这些单纯市场垂直、环环相扣而形成的多环节市场;其二,商品流通的批发和零售环节中,中间商活跃于多个商品市场,各种商品市场可以通过中间商的备货活动,形成单纯市场的复合体;其三,越是接近消费者的市场,其空间范围就越狭窄,特别是零售市场,其在地理空间上由许多区域的零售市场以链状形式连接而成,这也是复合市场的一种形式。综上所述,流通体系也可以理解为单纯市场的复合体,整个流通体系就是由上述三个方面的复合性市场所构成。流通体系发展的多重性则反映了各个市场之间经济发展的不平衡性。多重性发展,是指流通体系在一部分残留传统形式的基础上,又叠加了新的发展部分,如生计型的小零售商与现代连锁店并存,中小型流通企业与大型流通企业并存,不同发展水平的区域市场相互交融,传统实体市场与虚拟网络市场的不断深化融合。如果从某一时点来考察流通体系,就会发现过去的落后发展模式与现今的先进发展模式并存。因此,多重性的发展,实质上就是复合市场的动态表现。

(二)我国的流通体系

2012年颁布的《国务院关于深化流通体制改革加快流通产业发展的意见》(国发〔2012〕39号)(以下简称《意见》)提出,2020年我国流通产业发展的总体目标是:基本建立起统一开放、竞争有序、安全高效、城乡一体的现代流通体系,流通产业现代化水平大幅提升,对国民经济社会发展的贡献进一步增强。《意见》进一步提出了加快

我国的流通体系

流通产业发展的首要任务，即"加强现代流通体系建设。依托交通枢纽、生产基地、中心城市和大型商品集散地，构建全国骨干流通网络，建设一批辐射带动能力强的商贸中心、专业市场以及全国性和区域性配送中心。推动大宗商品交易市场向现货转型，增加期货市场交易品种。优化城市流通网络布局，有序推进贸易中心城市和商业街建设，支持特色商业适度集聚，鼓励便利店、中小综合超市等发展，构建便利消费、便民生活服务体系。鼓励大型流通企业向农村延伸经营网络，增加农村商业网点，拓展网点功能，积极培育和发展农村经纪人，提升农民专业合作社物流配送能力和营销服务水平。支持流通企业建立城乡一体化的营销网络，畅通农产品进城和工业品下乡的双向流通渠道。大力发展第三方物流，促进企业内部物流社会化；加强城际配送、城市配送、农村配送的有效衔接，推广公路不停车收费系统，规范货物装卸场站建设和作业标准。加快建设完整先进的废旧商品回收体系，健全旧货流通网络，促进循环消费"。

随着数字经济的深入推进、流通技术进步的加速驱动，在加快构建以国内大循环为主体、国内国际双循环相互促进的新发展格局下，现代流通体系的内涵进一步深化和拓展。现代流通体系是涵盖全要素、全过程、全生命周期、全产业链和全球化的多维融合的流通体系：其一，全要素流通，即有形要素禀赋与无形要素禀赋进入流通过程，更多无形要素进行流通，如数据流、服务贸易流、商标与知识产权等知识流，以及人力资本的流动，极大地提升了流通体系的边际效应；其二，全过程流通，现代流通涵盖了生产、分配、交换（流通）、消费的全过程，生产过程和流通过程相互嵌入、延伸、融合，制造业服务化和服务业制造化的两业联动与融合趋势不断凸显；其三，全生命周期流通，基于循环经济的现代流通是全生命周期的流通，原本以最终消费为终点的商品，会随着废旧商品再循环和再利用变成新的原材料进入下一个流通过程，从而形成循环经济框架下的流通过程；其四，全产业链流通，利用数字化信息技术，借助在线平台对接消费者需求，进而调整商品采购，同时为生产端提供反馈，提出产品生产建议及方案，现代流通服务可以沿产业链实现生产、流通、消费的跨环节、跨区域、跨市场的全方位融合，建立起以消费者需求为中心的个性化、敏捷的全渠道供应链服务模式；其五，全球化流通，现代流通已经成为全球化生产体系中嵌入式的供应链和服务链，随着全球化布局中制造业产业链层级的延伸，其关联程度也在不断加深，推动了全面开放的流通体系的形成与发展。

2022年1月，国家发展改革委印发《"十四五"现代流通体系建设规划》（以下简称《规划》），《规划》提出：要以习近平新时代中国特色社会主义思想为指导，统筹推进现代流通体系硬件和软件建设，培育壮大现代流通企业，提升现代流通治理水平，全面形成现代流通发展新优势，提高流通效率，降低流通成本，为构建以国内大循环为主体、国内国际双循环相互促进的新发展格局提供有力支撑；各省、自治区、直辖市人民政府要把现代流通体系建设作为本地区"十四五"时期经济和社会发展的重要任务，加强组织领导，明确责任分工，完善工作机制，编制建设方案，细化落实措施，确保将《规划》明确的重要目标任务落实到位；各有关部门要按照职责分工，依据《规划》细化提出支持现代流通体系建设的具体政策举措，加强沟通协调，强化舆论引导，为现代流通体系建设营造良好环境。

《规划》提出了现代流通体系建设的主要目标：到2025年，现代流通体系加快建设，商品和资源要素流动更加顺畅，商贸、物流设施更加完善，国内外流通网络和服务体系更加健全，流通业态模式更加丰富多元，流通市场主体更具活力，交通承载能力和金融信用支撑能力明显增强，应急保障能力和绿色发展水平显著提升，流通成本持续下降、效率明显提高，对畅通国民经济循环的基础性、先导性、战略性作用显著提升。展望2035年，现代流通体系全面建成，形成覆盖全球、安全可靠、高效畅通的流通网络，流通运行效率和质量达到世界先进水平，参与国际合作和竞争新优势显著增强，对现代化经济体系形成高效支撑，为满足人民美好生活需要提供坚实保障。

《规划》提出了现代流通体系发展方向：一是提高流通现代化水平。把握新一轮科技革命和产业变革历史机遇，加快流通体系现代化建设步伐，提升流通数字化、组织化、绿色化、国际化发展水平。强化流通各环节各领域数字赋能，拓展流通领域数字化应用深度广度，加快流通设施智能化建设和升级改造，促进流通业态模式创新发展。强化流通对商品和资源要素配置的组织作用，推动流通企业和平台资源整合，促进产业链供应链高效运行、供求精准适配。贯彻绿色发展理念，坚持走绿色低碳发展新路，加大绿色技术装备推广应用，加快流通设施节能改造，降低流通全过程资源消耗和污染排放。立足高水平对外开放，加强流通领域国际合作，深度融入全球产业链供应链，提升全球资源要素配置能力，助力我国产业迈向全球价值链中高端。二是构建内畅外联现代流通网络。服务商品和资源要素跨区域、大规模流通，优化商贸、物流、交通等设施空间布局，构建东西互济、南北协作、内外联通的现代流通骨干网络。依托全国优势资源地、产业和消费集聚地，布局建设一批流通要素集中、流通设施完善、新技术新业态新模式应用场景丰富的现代流通战略支点城市。服务区域重大战略、区域协调发展战略、主体功能区战略实施，打造若干设施高效联通、产销深度衔接、分工密切协作的骨干流通走廊，串接现代流通战略支点城市，进一步发挥现代流通体系的市场链接和产业组织作用。三是发展有序高效现代流通市场。着眼商品和资源低成本、高效率自由流动，健全统一的市场规则和制度体系，构建类型丰富、统一开放、公平有序、配套完善的高水平现代流通市场。推进商贸市场、物流市场和交通运输市场融合联动、有机协同，充分释放各类市场活力。深化金融供给侧结构性改革，完善流通领域信用治理，强化流通领域金融有效供给和信用支撑保障。四是培育优质创新现代流通企业。支持流通企业做大做强做优，增强创新创造力和核心竞争力，更好发挥在现代流通体系建设中的主体地位。支持现代流通企业网络化发展，对内优化升级商贸和物流网络，对外整合利用全球资源，构筑成本低、效率高、韧性强的全球流通运营渠道，培育国际合作和竞争新优势。推动现代流通企业一体化发展，促进商贸物流融合，深度嵌入工农业生产各环节，打造跨界融合发展新业态。鼓励现代流通企业生态化发展，引导大中小企业基于流通供应链、数据链、价值链开展深度对接，构建资源共享、协同发展的流通新生态。

二、商品流通网络

（一）商品流通网络构成

商品由生产领域向消费领域转移的过程中，一般要经过错综复杂、纵横交错的商品流通网络。从整体上看，商品流通网络主要包括四个层次的组合，且四个层次在纵向和横向上的"点""线""面"关系结构，构成了一个覆盖全社会的商品流通网络。

1. 商品流通主体及其组织结构

商品流通主体是商品流通网络的节点，它包括承担商品流通职能的经营者和为商品流通服务的经营者两部分，决定着流通网络的能力及表现形式。他们在经营过程中按照经济职能进行分工，形成推动商品流通的业务关系结构，这种特定的业务关系结构在一定的制度约束下，就形成了商品流通主体特定的组织形式和结构。流通主体及其结合方式，即流通主体的组织形式，是连接商品流通网络节点的线路，对商品流通网络的整体功能有着很大的影响。

2. 商品流通客体及其组织结构

商品流通网络中运行的商品构成了商品流通客体。随着社会生产的不断发展，商品流通客体及其组织结构也在不断发展。商品流通客体及其组织结构是商品流通网络结构的重要影响因素，不同的商品流通客体，其生产、流通、消费的特性也各不相同，在商品流通网络的运行中，商品流通客体会影响商品流通渠道、主体之间的利益关系等各个方面。

3. 商流、物流、资金流和信息流结构

随着流通领域社会分工的深度发展，商品的流通活动可以抽象地概括为商流、物流、资金流和信息流四种活动。这四种活动在现实的经济活动中纵横交错并结合在一起，统一于商品形态的转化过程中。因此，商品流通网络的实质内容就是商流、物流、资金流和信息流自身的纵向运动及其相互联系。

4.流通企业经营网点及其布局

企业直接为商品需求者提供服务的场所就是流通企业的经营网点，流通企业的经营网点是某一个流通环节的终点（也称为终端），不同流通企业的经营网点在分工协作中形成整个社会的服务网络体系。流通企业经营网点在空间的分布情况就构成了经营网点的空间布局，经营网点布局的合理性决定了商品流通网络与商品需求者的结合程度。因此，从一定意义上来看，商品流通网络的基础就是流通企业的经营网点及其布局。

（二）商品流通网络形态

商品流通网络是由无数流通主体和流通客体交叉结合而形成的极为复杂的商业网点的组合体。其基本形态表现在以下几个方面。

（1）以中心城市为枢纽，形成大小不一、向外辐射的网络系统，维持地区之间、城乡之间的经济联系。有城必有市，有市才有城。任何一个城市都是功能大小不一的商业中心，以自己应有的凝聚力、辐射力和媒介力，对周围产生影响，构成整体商品流通网络的一个节点，进而沟通纵横、联络四方，促进该地区的发展。

（2）构成一种多层次互相交叉的立体网络机构。商品流通网络可分为全国性的商品流通网络和地区性的商品流通网络，地区性的商品流通网络又可以分为不同级别、不同范围的地方性流通网络。任何一个城市既是全国性流通网络的一个节点，又是区域间的网络枢纽，同时也是该地区的商业中心。

（3）不同地区的商品流通网络有较大的差异。由于经济发展的不平衡，地理条件不同，城市的性质、规模、类型和功能的不同，商品的流通规模和流通企业的规模也不相同，由此形成了各具特色的商品流通网络结构，其一般有以下四种类型。

一是多中心平行型结构。在一个地区性的商品流通网络中，以多个城市为中心，形成了一个比较突出的流通中心，但其他城市同样发挥着流通中心的作用。如长江三角洲地区，上海是中心，但南京、无锡、常州、苏州、杭州、宁波、温州等城市，同样发挥流通中心的作用。

二是同心圆外推型结构。这是指以一个较大的城市为中心，均匀地向四周辐射和对流，从而形成若干个同心圆的结构。其商品流通的范围、品种、数量、密度、频率等从中心城市向外辐射且逐渐减弱，由此又形成不同的流通圈。越是接近中心城市的地区，流通的商品就越多，频率也就越高，其稳定性就越好、强度越大，反之则相反。例如，辽宁省以沈阳为地区的中心，辐射邻近的本溪、抚顺、辽阳、鞍山、铁岭等城市或地区，沈阳与周围城市之间的商品流通关系就属于此种情形。

三是远程集散型结构。大中城市作为商品流通网络中心，起着商品集散地作用。集散越远，则范围越大。呈现出这种情况的一般是交通枢纽城市或国内商业中心城市。

四是远程对流型结构。一些大中城市作为商品流通网络中心，除了同毗邻地区或城市形成网络结构外，还能同较远的城市地区形成对流，构成了非常密切、经常性和相对稳定的交换关系或经济体系。

（三）商品流通网络体系

商品流通网络体系是指商品流通过程中渠道、环节、网点所形成的网络结构和分布状态。流通网络是商品和服务借以运行的载体，也是众多商业主体的存在形式。商品流通网络体系既关系到商品的运行方向、流转速度和流通效益，也关系到商业与生产、消费联络的形式和途径。商品流通网络是商业机构的基础，没有商品流通网络，就不可能完成商品从生产领域向消费领域的转移。也就是说，商品流通网络是指在发达的商品经济和社会化大生产条件下，流通客体在流通主体的驱动下，借助各种不同载体，按照一定的路线所完成的纵横交错的运动系统。流通客体是所有投入流通的商品和设备，流通主体是从事流通的组织结构和当事人。商品流通是由人，即生产者、经营者和消费者出于某种经济目的而驱动或推动的。因此，流通的组织结构和当事人是流通网络形成的主体因素。作为流通网络，流通主体必须达到一定的数量且分布在不同的区域，而流通客体的空间运动必须相互联系、相互交织，形成不可分离的网状系统。那种单一的、独立的、一次性的、彼此隔绝的流通，是不可能形成流通网络的。可见，流通网络取决于流通中主客体的数量、流通路线、运载工具，以及流通运动是否交织成网状结构。总之，商品流通网络可以看作商品流通过程中数以万计的流通当事人通过各种组织结构、流通环节和流通渠道聚集而形成的网络，也可以看作以商品流通渠道、环节、网点等为基础而形成的网状流通运动的总和。

商品流通网络体系的形成是有其客观依据的：首先，商品流通网络体系是商品经济发展的必然产物。在商品经济条件下，随着社会生产力的不断发展，社会分工越来越细，产品的种类越来越多，数量越来越庞大，形成了以社会分工为基础的各种专业化生产和经营部门，经济生活十分复杂。一个消费者的需求可以从许多地方、许多生产者那里得到满足。但这种满足必须经过一定的渠道、环节和网点才能实现。其次，经济活动的多样化和复杂化，使得生产、生活的各个环节的相互依赖性加强，各个部门、行业、企业的存在和发展，都要以对方的存在为条件，从而构成一个整体。而商品流通网络正是以纵横交错的形态，维系它们之间的联系。再次，现代经济已经突破区域与国界的限制，在世界范围内开展协作，这就要求商品流通网络向国际延伸，以构成国内市场与国际市场的沟通、结合与统一。最后，随着商品范围的扩大，特别是社会主义市场经济体系的建立，不仅劳动产品商品化了，而且服务、信息、技术等一切生产要素都要商品化，这就使得无形商品流通也会逐渐网络化、渠道化和系统化。

第二节 流通模式

一、现代流通模式

现代流通模式，是指应用现代经营管理思想和管理理念，采用现代信息与数字化技术手段，对传统流通模式进行重大改革与创新，实现业务流程高效优化，盈利模式创新重构，运行率显著提升，使流通内在机制与整体运行架构发生质的改观的流通模式。现代流通模式是一个动态的概念，原有的流通模式会随时间推移和技术水平等客观条件的变化而变为传统流通模式，新的流通模式则随新技术的应用而不断出现，加入现代流通模式行列之中。连锁经营、物流中心、超级市场、电子商务等都曾是现代流通模式的主要形式。近年来，随着数字经济的快速发展，数字化流通模式正日益受到关注。

连锁经营是流通组织形式上的一次重大创新，是现代流通产业最具活力的经营模式，被称为"现代流通革命"的标志之一。它突破了原来单个企业规模扩张受地域限制的影响，极大地拓展了企业的市场空间，并较好地协调了企业内部各组成部分之间的关系，通过总部与分店之间的分工，降低了连锁企业的管理成本，特别是经过统一采购、统一配送，大大降低了连锁企业的物流成本，提高了流通的效率，形成了整个连锁企业的竞争优势。美国的沃尔玛、法国的家乐福等都是实现规模化、网络化、连锁化经营的零售企业的典范。

物流中心是在流通革命的进程中出现的一种新型流通组织，是一种重要的现代流通模式。物流中心既不同于原来的批发企业，也不同于原来的仓储和运输企业，它是将所有的物流功能集于一身，为企业提供专业化、集约化的物流服务的专门机构，发达畅通的物流配送体系对促进经济循环、提高流通效率、实现流通现代化具有重要作用。因此，物流业被称作21世纪新的经济增长点。

二、流通新模式

在网络经济时代下，生产方式由大规模生产向个性化生产转变，信息的易获得性使得生产者和消费者的成本大幅降低，生产者和消费者之间的关系随之变革，满足消费者多样化需求成为需要解决的核心问题，企业盈利所需的核心资源中加入了新的内容，催生了多样的新兴流通模式。

（一）自媒体时代与粉丝经济

自媒体是指普通大众通过网络等途径向外发布他们本身的事实和新闻的传播方式。

自媒体主要存在六种商业模式，即广告软文推广模式、会员制模式、衍生服务收费模式、版权付费+应用分成模式、赞赏模式、平台型商业模式。自媒体商业模式的共同特征是：持续输出优质内容、受众群体稳定、垂直领域影响力强、渠道价值突出、用户互动性良好。自媒体的运营面临两大重点：一是内容的可持续性。持续生产出受欢迎的优质内容是所有自媒体面临的关键问题，内容的持续性是吸引观众、用户以及投资者的基础。二是流量的变现度。自媒体以优质内容吸引粉丝后，如果没有行之有效的方法实现盈利，则粉丝与流量只是数字，无法实现自媒体的持续性运营。

吸引流量并变现需要培育忠诚的消费者群体，即粉丝群体。粉丝是娱乐、体育、时尚等行业中最优质最重要的目标消费者。例如，粉丝的多少决定着收视率、点击率的大小，进而决定广告赞助费的多少，影响赢利能力。在大数据背景下，粉丝还具有巨大的衍生商业价值，通过大数据抓取粉丝信息，深入挖掘和分析，为这些潜在消费者推送应有尽有的全方位消费信息，从而演变出无尽可能的新业务体系和商业模式，网络红人随之出现，也促进了主播直播产业的发展。

网红营销与主播直播产业

自媒体时代与粉丝经济

（二）农村电商

广义的农村电商是一种商品交易行为，通过互联网平台为农村提供农村产品流通渠道、资源，将农产品销往城区、工业品销往农村。和传统的电子商务相比，农村电商的核心是基于农产品销往城区的交易，是利用现代网络、通信技术，通过线下的物流配送，将农产品从卖方手中迅速送达买方手中。农村电商立足农村，以农产品或其加工品为交易对象，通过网络对农产品进行包装、上架、销售，卖家无须承担实际店铺及场地租赁、建设的费用，大幅降低了农产品的销售成本，与消费者直接对接，减少中间环节，不受时空限制，农产品的销售效率随之提高，使得农产品供求问题得到解决。农村电商改变了居民的消费方式，提升了农村居民生活水平。

2004年1月，我国正式启动"村村通电话"工程，发展农村通信。2011年初，我国全面实现"村村通电话，乡乡能上网"，农村通信设施得到全面改善，农村信息化水平整体提升，农村电商悄然兴起，引发农民网购热潮。2015年，财政部、商务部等部门共同推进"电子商务进农村综合示范"项目，加快了我国农村电商的发展步伐，农村电商进入新的发展阶段。农村电商提升了农产品的流通效率和农村市场的活跃度，推动了农业的供给侧结构性改革，为农村经济的飞速发展提供动力。

农村电商对工业品下乡、农产品上行、产业集群、物流配送体系、政策设施等方面资源进行整合优化，形成了以下几种较为成熟的农村电商模式：一是"综合服务商+网商+传统产业+政府扶持"模式。以服务平台为驱动的农村电商模式，多方联合，带动村域、县域电子商务生态发展，从而促进地方传统产业，尤其是农业的发展。二是"原产地直销+政府背书+基地+统一品牌"模式。以农产品原产地直销的模式为主，推出了统一品牌,由政府背书,整合当地农产品资源,统一质量标准、包装,在政府、电商企业、农户和消费者之间建立互利共赢的价值纽带,促进村域、县域经济发展。三是"专业市场+传统产业+电商"模式。依托当地传统产业,打造出商品价格低、行业竞争力强的产业链,由政府负责整合资源,管理营造良好的电商生态,通过树立一批典型,带动辐射效应,实现效益叠加。四是"集散地+电商"模式。此模式依托村镇有利的区位和交通优势,建设当地发达的仓储和物流配送体系,进行更大规模的电商战略规划,其关键是确保建立并维持稳定的供应体系。

案例阅读6-1

(三)互联网社群与虚拟社区

互联网社群由兴趣相同或价值观相似的人聚合而成,社群的融合源自人的多样化选择,社群经济的兴起为自媒体行业发展带来全新的发展机遇。虚拟社区又称为在线社区或电子社区,作为社区在虚拟世界的对应物,虚拟社区为有着相同爱好、经历或专业相近、业务相关的网络用户提供了一个聚会的场所,方便他们相互交流和分享经验,有较高的用户黏性。虚拟社区供人们围绕特定兴趣或需求进行集中交流,通过在线网络的方式来创造社会和商业价值。

虚拟社区具有超时空性、匿名性和符号性、群体流动性、灌水和虚拟性等属性。虚拟社区的属性特征包括以下几个方面:其一,超时空性是指通过网络,人们之间的交流不受地域与时间的限制,且虚拟社区中的沟通成本大大降低。其二,虚拟社区中的人际互动具有匿名性和符号性。网民自取ID(身份识别号)标识自己,传统的性别、年龄、相貌等在虚拟社区里可以随意更改。其三,虚拟社区中人际关系松散、群体流动性高,社区活力靠"流量"和点击率。第四,灌水。虚拟社区内,人们依据基本准则发布信息,俗称"灌水"。第五,虚拟社区区别于传统社区的最大特点就是它的虚拟性,它是虚拟性和社会性的结合。同一虚拟社区的人通过网络彼此交流、沟通、分享信息与知识,形成了个人社区关系网络,最终形成了共同的社区意识和社区文化。

虚拟社区的商业模式,主要是通过顾客购买运营虚拟社区的企业所提供的虚拟产品而实现盈利。虚拟产品可以是一些道具,也可以是一些虚拟社区的资产,这些虚拟产品满足了虚拟社区成员在网络上的个性化需求,以及在交友和沟通过程中的某些需要。虚拟社区的收入模式以广告为主,虚拟社区聚集着庞大的企业目标顾客,广告收入直接受社区点击量的制约,流量越大,广告收入就越高。除此之外,虚拟社区进行会员分级并收取不同的入会费,提供不同的内容服务,并对网民发布和提供交易信息收取费用,或者向交易者收取佣金。工业社会的逻辑是扩大规模,而互联网社会的逻辑是提升影响力。互联网社群经济的关键不在于有多少人,而在于影响力度的大小。依托虚拟社区的社群经济正在成为未来商业社会的发展趋势。

（四）社区团购

社区团购起源于网络团购的特殊团购模式，是以真实社区为中心，以互联网为信息传递、交流的渠道，以QQ、微信等社交软件为依托，分享社区居民日常所需商品的团购信息并进行集中购买的商业活动。社区团购聚集了具有类似需求的消费者，通过强大的购买力降低物流成本，提高议价能力，是一种将线上社交软件和线下真实社区相互融合的新型网络购物方式。

社区团购的运营模式以城市的小区或小区组团为单位。首先，在社区居民中招募团长，团长负责组建社区团购微信群并拉动社区居民入群，以此形成具有强大购买能力的消费群体；其次，团长每天定时通过各类App、微信群、小程序等进行开团预售，汇总同一个社区居民的订单信息；再次，通过物流集体配送将所需要的货物发送至自提点；最后，由社区居民自行领取或者团长送货上门。社区团购模式的核心是团长。团长连接上游社区团购企业和下游社区居民，支撑、维护社区团购微信群的运营，其信息发布的及时性、处理问题的合理性、运营微信群的积极性、团购产品的高性价比，以及良好的售后评价等都是社区团购成功的决定性因素。采取这样的方式能够帮助社区团购企业将供给与实际需求相匹配，增强客户黏性，进一步扩大客户群的规模。

拓展课堂6-1

第三节　现代流通管理体系

一、数字赋能流通体系

以互联网、大数据、云计算为代表的数字技术正掀起第四次工业革命，驱动社会经济进行全方面、多维度、深层次的变革。数字技术极大地提高了生产、分配、交换（流通）、消费各环节的效率，重构了商业运营逻辑，催生出新兴产业，全方位推动传统产业转型升级。新一轮产业革命正加快全球产业结构变革的进程。就流通产业而言，数字信息技术的应用改变了行业内、行业间、买卖双方的运行关系，网络化与数字化推动了流通模式、流通主体、流通组织与流通通道的创新、重构，加快了流通领域产业、服务和信息的集成化，进一步提高全要素生产率，放大数字技术对经济发展的倍增效应。

（一）数据资源

数据资源是现代流通管理体系构建的关键。第一，数据要素成为流通产业发展的战略资源。近年来，互联网普及率的攀升构建了信息基础、产生了海量数据，促使数字经济持续发展，数据作为新兴基础性生产要素，与其他要素协同生产、创造价值。随着数字技术与流通产业融合的加剧，流通产业决策模式正由传统的"人-信息"向"人-数据"乃至"数据-数据"转变，数据成为流通产业生产力提升与价值增值的战略性资源。第二，数据支撑流通产业全流程、科学、高效化的决策。数据作为承载信息交互的载体，其高度抽象的特征确保了信息在流通产业内部及产业间的完整、准确、快速、高效传递，为流通产业提供了高效精准的决策支持。一方面，数据为管理者提供科学有效的经营决策依据。首先，大数据技术将积累的生产经验、知识转化为数据，实时传送到管理层进行分析，以制定生产决策，再将结论与反馈信息转化为数据传回生产端，精准、高效地执行生产决策；其次，通过对数据的实时监测，实现对流通组织的全面监督，及时发现、改善流通过程中的低效冗余环节和运营异常节点，优化流通决策；最后，将顾客浏览偏好、消费偏好、售后反馈等信息转化为数据进行模型分析，大幅提升研究结果与现实成果的匹配度，为流通产品（服务）的有效创新提供决策支持，形成流通产业"生产决策—优化决策—创新决策"的高效决策体系。另一方面，数据穿透为消费者提供高效合理的购买决策依据。构建大数据中心、搭建数字平台，实现流通产业全链路、各主体间的数字化连接，数据信息管理由中心化向网络化发展，各环节的消费者能实时获取海量数据，借此更好地获取商品服务的使用价值；与此同时，数据的应用打破了传统供应商（卖方）的信息优势，供求双方的市场地位趋于平衡，产品服务的使用价值与消费者动态需求的契合度大大提高，由此形成了数据驱动下流通过程"生产决策—消费决策—生产决策"的良性循环。

（二）"云+网+端"基础设施

新基础设施是以云计算、物联网、5G为代表，以技术创新、理念创新、融合创新为支撑的基础设施体系，基于最新数字化技术形成的新信息基础设施为流通产业数字化发展提供了基础保障，可最大限度地助力数据优势转化为经济价值。数据为流通提供了决策支持，但数据本身不具有价值，数据加工、分析形成的数据资本才是价值链的重要组成部分。以数字化流通为基础，通过云计算平台分析与处理海量数据，据此构建时空信息云平台以感知流通中人、物、环境状态的动态变化，实现"基础设施—数据—平台—决策运营"的管控服务一体化与系统化，进而建立物流、资金流、商流等综合应用的智慧物流体系。

（三）协同融合分工形态

流通体系分工经历了长期演变，在此进程中，企业取得技术创新的能力、流通专业性对知识积累速度的影响，以及企业对交易机制与配送流程的更新、掌握都深刻影响着流通的专业化分工，进而影响流通产业的规模经济效益。数字技术的应用实现了产品所有权与使用权的分离，数据流通比信息传递具有更广泛的沟通协调能力，深化了产品拥有者和使用者的分工，强化了流通产业线上、线下的协同融合，降低了流通中产品服务的交易成本。使互联网技术实现协同一体化分工，构建新型流通产业体系分工，有利于流通产业利益相关者之间各类资源的整合共享，实现数据高效利用与优势互补。

在数字信息技术与设施支撑下，当前流通产业主要存在两种分工形态：一种是以核心企业为中心，参与企业协同，提供商品与服务的分工形态。为避免资源分散以及薄弱领域"木桶效应"带来规模不经济，流通产业重构分工形态、聚焦主营业务，对核心企业与参与企业进行业务分离。核心企业制定流通规则、设定流通标准、统筹协调管控工作；参与企业围绕流通需求提供辅助服务。两类企业柔性化联通实现了资源的高效整合与产品的改进创新。另一种是所有参与者地位平等，网络化、共享化、集群化与平台化的分工形态。在此分工形态中，各类供应商与消费者协同进行流通产业价值创造，各类资源、信息以数字化形式传递，大幅降低了信息不对称带来的资源浪费与低效利用。流通供应商间"分散—连接"的特征使社会"闲、散、专"资源得以开发利用，消费者的高度参与降低了生产和流通过程中的不确定性风险，有助于减少无效投资、供给不足与产能过剩引发的资源配置不当。

（四）互联互通

数据要素和数字化技术的应用突破了流通企业的地域限制，促使企业间建立数字化连接、形成虚拟化集聚，冲破了传统流通组织的边界；与此同时，产业分工的深化扩大了流通组织的规模，提高了流通组织的专业性。传统的流通组织无法满足流通产业数字化发展的需要，随着技术创新，流通组织形态正发生质量、效率，以及动力的变革。当前我国流通组织主体"小、散、多"，呈现出大型流通企业垄断发展、中小型企业进行恶性价格竞争的两极分化局面。

案例阅读6-2

在个性化、体验化消费和大规模定制生产的发展模式下，互联网与流通产业不断融合，流通企业联通上下游企业，开拓市场、提高流通附加值，各流通组织间合作方式向开放化、去中间化的平台化方向转变。平台型组织削减了不同流通渠道、不同流通环节间沟通和交易的成本，促使流通渠道中各主体依托网络实现高效实时联动，以及流通资源的协同共享和价值共创，各流通主体由单一线性竞争关系逐渐朝着多元网状共赢关系转换，以更高效率地应对复杂多变的社会经济环境。为实现流通产业绿色、安全、高质量、高效率发展，流通产业组织体制改革的另一重点是新旧动能转换，即改变原有高耗能、高污染、低产能的流通产业发展方式，形成以知识、数据为新生产要素，以云计算、互联网等信息基础设施为支撑，以新技术、新业态、新模式为结构，形成具有新动能的流通组织。通过知识、经验、信息的数据具象化增强知识溢出，促进流通组织劳动效率的提升；通过人工智能、数据分析与区块链技术的智能穿透，实现对流通组织运营的创新与管控，推动运营成本和授信成本的降低，提高流通组织的运行水平。

二、城乡一体化流通体系

近年来,城乡居民和农民收入水平的提高,对流通产业的发展提出了更高的要求:必须加快消除制约城乡协调发展的体制性障碍,统筹城乡综合配套改革,促进公共资源在城乡之间均衡配置以及生产要素在城乡之间的自由流动;要求流通产业把连锁经营、电子商务、物流配送等现代流通方式延伸到农村,完善农村服务网络,健全农村市场体系,构建适应现代农业发展要求的、城乡商品双向流通的一体化流通体系。

城乡一体化流通的实现,不仅可以引导市场,促进消费,促进区域内商品交易市场的数量增加和规模扩大;而且可以促进就业,增加城乡居民尤其是农村居民的经济收入,带动相关产业发展,调整和优化城乡产业结构,形成对区域经济发展的"增长极"作用。城乡一体化流通体系的建设必须借助合理有效的流通模式和体系,实现城乡商品的双向流通,平衡城市和农村商品流通方式与服务的差距,利用城市流通体系的发展逐渐带动农村流通体系的提升。因此,城乡一体化流通体系的构建将带来积极的效果。

1. 促进农业产业化经营

城乡一体化流通体系将在"工业品下乡,农产品进城"方面发挥重要作用,尤其在农产品进城方面发挥更大作用。城乡一体化流通体系内的流通主体,特别是加工企业或农民专业合作社等可以根据自身经营状况和当地农村生产的实际情况,将当地丰富的农副产品纳入流通渠道进行销售,或者对农副产品进行加工后,再将其纳入流通渠道进行销售。这样,城乡一体化流通体系的建立,不仅为农副产品、土特产打开了销路,促进了当地相关企业的发展,而且还能构建更长的产业链,推动农业产业化,促进农村经济的发展。同时,连锁超市与当地企业、合作组织、供销社,以及农户之间发生的实质性交易行为,还能产生信息溢出、技术溢出效应。

2. 增加农民收入

一方面,城乡一体化流通体系的建立不仅为农村搭建流通渠道,加快农产品的流通,扩大农村的农产品的销售,而且还能在农产品的深加工方面提供市场信息和加工技术等,为延长农业产业链、增加农产品的附加值发挥作用。农产品销量的增加和农业产业链的延长会引起农产品销售收入的增加,从而带动农民收入的提高。另一方面,农产品产业链的延长,有助于增加农村就业岗位。当地农民经过培训后可以到加工厂就业,或者到零售企业、农村的零售网点工作,从而增加收入。城乡一体化流通体系的建立,特别是以集中采购、低成本、规模化的管理优势为特征的农村连锁店的开设,以及对农产品的加工、销售,大大提高了流通的效率。

3.增加企业收益

鼓励大型流通企业向农村延伸经营网络，增加农村商业网点，拓展网点功能，积极培育和发展农村经纪人，提升农民专业合作社物流配送能力和营销服务水平。由于工业品销售链条的加长、销售网络的拓宽，以及农村农产品的产业化经营，农村商品流通系统内的各个流通主体的利益都将有所增加。随着城乡一体化流通体系的构建，农村市场购销活动日趋活跃，成为众多零售企业争夺的焦点。相关部门在采取措施加大对中小型流通企业的扶持力度的同时，应鼓励消费者到连锁经营超市购买放心商品。随着连锁经营超市的收益增加，整个连锁企业的收益也会提高。

4.促进城乡一体化进程

城乡商品市场是城乡经济联系的桥梁和纽带，城乡经济的和谐发展在很大程度上取决于城乡商品流通的畅通和统一。因此，发展城乡商品流通产业是实现城乡一体化的有效途径。相关研究表明，商品流通产业作为联系生产和消费的纽带，在引导市场、决定生产、促进消费等方面发挥着重要作用，并且在促进就业、增加城乡居民尤其是农村居民的经济收入、促进农业产业化经营、调整和优化城乡产业结构、促进城乡各方面交流与融合，以及调整国民经济分配格局等方面也都具有独特的作用，其作为基础性产业和先导性产业的战略地位正不断得到社会各界的广泛认同。城乡一体化流通体系的构建，将实现城乡之间商品的双向流通，促进农民收入提高和农村经济发展，从而带动农民消费水平的提高，同时城市流通产业发展饱和的问题也得以解决。城乡一体化流通体系很好地解决了城乡资源错配和城乡分割的问题，可以很好地推动城乡一体化进程。

三、国际化流通体系

现代流通能力是国家核心竞争力和软实力的集中体现，是决定一个国家经济发展速度、质量和效益的核心和关键所在。全球市场流通产业的发展表明，只有构建自主可控、内联外畅的国际化流通渠道、组织和网络体系，才能获取在国际市场竞争中的贸易定价权、市场话语权和规则制定权。面对国际国内环境的深刻变化，加快构建以国内大循环为主体、国内国际双循环相互促进的新发展格局，需要进一步用好、用足我国具备的超大规模市场优势，不断增强和提升我国在未来更激烈的国际竞争中的韧性和耐性，同时，将我国拥有的超大规模市场资源禀赋优势、制造业优势、全产业链优势和市场主体规模优势，转化为在国际市场竞争中的贸易定价权、市场话语权和规则制定权，从根本上改变我国在国际市场竞争中的被动局面，逐步构建于中国有利的全球流通体系新格局。

2013年，习近平总书记提出的"一带一路"倡议，成为构建中国开放型经济新体系的顶层设计。"一带一路"倡议提出后,设施联通、贸易畅通的国际化流通体系逐渐形成,对"一带一路"国家的经济产生了重要的促进作用,拉动"一带一路"国家、地区流通基础设施建设与完善,推动"一带一路"国家经济高质量发展。"一带一路"倡议将极大地改变中国的流通格局。就国内而言,"一带一路"建设同京津冀协同发展、长江经济带发展等国家战略对接,同西部大开发战略、振兴东北老工业基地战略、中部地区崛起战略、东部地区率先发展战略、沿边重点地区开发开放若干政策措施相结合,区域流通政策、流通标准协同配合度加强,通过构建高效、畅通、有序的国内流通通道,带动全方位开放、东中西部联动发展的局面。就国际化而言,"一带一路"倡议打破了过去被动适应国际经贸流通规则的桎梏,转变为主动参与和影响全球经济治理。不仅增强了中国流通产业引领商品、资本、信息等在全球流动的能力,推动形成对外开放新格局,还增强了我国参与全球流通贸易规则制定的实力和能力,在更高水平上开展国际经济和科技创新合作,在更广泛的利益共同体范围内参与全球治理,以国际化流通体系带动经济水平提升,实现共同发展。

思政园地6-1

本章小结

　　流通体系可以理解为一个概括性的统称,既是生产与消费过程中的商品、服务和信息流所构成的系统性结构,以及流通运行原则和内在机制、流通设施与流通技术等一系列元素及其相互关系所构成的综合体系,也是流通过程中所采用的交易方式、组织形式(业态)、业务模式、流通渠道、运行机制,以及相关政策规制的总和。流通模式是指流通企业的内在价值创造机制,是企业营利过程中一系列特有的运作方式的集合,体现提供给客户的全部价值,以及企业与伙伴组成的创造、营销、传递价值和关系资本的网络,具有完整的体系结构。流通体系和流通模式构成流通经济活动的基本模式、运行方式、运行原则与运行机制,决定着流通过程的顺畅和有序、流通运行的方式和效率、流通管理的方法和绩效。在网络经济条件下,通过数字化赋能,一方面可以大幅提升流通企业内部价值创造的效率;另一方面也有助于形成统一开放、竞争有序的现代流通体系,为构建全国统一大市场、"双循环"新发展格局提供重要支撑。

第六章即测即评

第七章　流通企业

思维导图

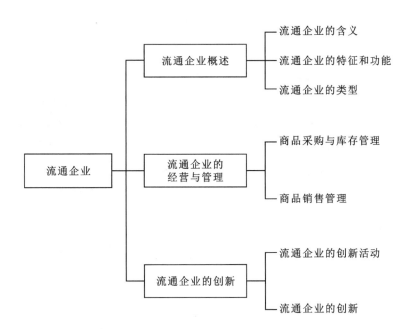

学习目标

◇ **知识目标**

(1) 深入理解流通企业的含义与特征；
(2) 理解流通企业的功能与类型；
(3) 充分认识流通企业的经营与管理；
(4) 充分认识流通企业的创新模式。

◇ **能力目标**

(1) 能够掌握企业经营与管理的方法；
(2) 能够分析流通企业经营与管理中的不足；
(3) 能够把握流通企业创新的方向。

◇ **素养目标**

(1) 引导学生了解行业新技术，培养学生锐意创新精神；
(2) 让学生关注中国经济问题，培养学生辩证、系统的经济分析思维；
(3) 引导学生理解中国社会主义基本经济制度，学习中国文化，增强学生对中国特色社会主义的道路自信、理论自信、制度自信、文化自信。

文档　　视频
流通中国 7-1

第一节　流通企业概述

一、流通企业的含义

流通企业作为企业的一种形式，既具有一般企业所拥有的共性，也有其自身的特性。现代意义上的企业是指在商品经济中，以营利为目的，以产品或劳务满足社会需求，从事生产、流通或服务等经济活动，实行自主经营、自负盈亏、独立核算并具有法人资格的经济组织。现代市场经济条件下，企业是社会的基本经济单位。其中，直接创造物质产品或服务的，称为生产企业；不直接创造物质产品或服务，以为商品交易提供媒介为专门职能的，称为流通企业。

二、流通企业的特征和功能

(一) 流通企业的特征

流通企业的特征主要体现在以下几个方面。

1. 流通企业的职能是完成商品价值形态的变换和物质形态的补偿

商品进入流通领域，流通企业通过购进、运输、储存、销售等一系列流通活动，将产品由生产企业转移到消费者手中。流通劳动的结果不是产生新的使用价值，而是使商品的空间发生位移、所有权发生变化。流通企业所进行的流通过程在生产前完成一个阶段，在生产后又开始进入另一个新的阶段。它的职能是完成商品价值形态的变换和物质形态的补偿，流通企业所接触的对象是有独特利益的经济主体。

2. 流通企业以商品的购、运、存、销为基本业务

流通企业作为生产者与消费者的中间环节，其主要业务是基于产品的购进和销售，以及由此产生的运输与储存业务，完成商品从生产领域向消费领域的转移活动。商品的购进、运输、储存、销售是流通过程的四个基本环节。它们在流通过程中处于不同的地位，具有不同的作用。其中，购进和销售作为流通环节的起始点和终止点，起主导作用，直接决定着流通环节能否顺利进行，运输和储存则是实现销售的必要条件。合理地组织流通的四个基本环节，是提高流通经济效益的重要途径，也是社会再生产过程能够连续不断地进行下去的重要条件。

3. 流通企业是一种使商品或服务流动和交易的专业化经济组织

从整个社会再生产过程来看，流通处于生产与消费的中间环节，流通企业是一种使商品或服务流动和交易的专业化经济组织。流通企业要进行两次交易，即与生产企业之间的交易和与消费者之间的交易。

4. 电子商务对流通企业发展的赋能作用更显著

从流通企业角度看，电子商务是以信息技术为手段、以商务为核心，将流通企业传统业务活动中的物流、资金流、信息流，利用网络技术进行整合，将企业的核心商务过程通过计算机网络实现，以便改善客户服务、减少流通时间、降低流通费用，从有限的资源中得到更多的利润。流通企业开展电子商务，充分利用了电子商务所具有的开放性、全球性，以及全新的时空优势。

（二）流通企业的功能

流通企业的功能，是指在社会再生产过程中，流通企业与生产企业、消费者等其他社会经济组织或机构之间相互作用时，所表现出来的特殊功效，即其承担的特定职能。

1. 流通企业的经济功能

流通企业的本质是交易的专业化生产者或提供者。流通企业拥有一定的资本规模、专用的交易技术和成熟的流通网络，其主要经济功能在于降低交易成本、提高交易效率，从而推动交换经济的发展和社会福利的提高。

2. 流通企业的经营功能

（1）商品集散。流通企业的商品集散功能包含商品数量重组和商品品种组织两个方面的内容。商品数量重组：收购零散商品（如农产品的收购）形成大批量商品，方便企业进行工业加工；为方便消费者购买和使用，把生产企业生产的（大包装）商品进行分解、分装（分销）。商品品种组织：一方面是指流通企业按照市场需求确定经营品种的多寡，另一方面是指选择每类商品的经营深度。商品流通企业要经常调整经营品种，并将生产企业推出的新商品及时纳入经营范围。

（2）时间转移。流通企业帮助解决商品生产与消费之间存在的时间矛盾，有三种方式：① 预订，即流通企业接收顾客订单后，将订单转给上游生产企业组织生产；② 储存，即在市场需求不连续的情况下，流通企业可以通过储存商品解决生产和消费之间的时间矛盾；③ 赊销，在顾客暂时没有能力购买某种商品，或因有其他需要优先采购其他商品而无法购买该种商品时，流通企业可以通过赊销方式促使顾客购买该种商品。

（3）空间转移。流通企业实现了商品从生产领域到消费领域的空间转移。从短期来看，空间转移是指通过商品运输实现商品实体的空间位移；从长期来看，流通企业须建立相应的物流基础设施，如仓库、配送中心等，实现商品实体在时间上的短暂停留，其目的在于保证大规模生产与季节性零星消费在时间上的衔接。

（4）销售组织。流通企业的销售组织功能包括定价、销售保证、销售执行。定价要兼顾企业和消费者双方的利益，商品价格一方面必须避免企业亏本，并且能实现一定的盈利；另一方面必须保证商品被消费者接受。销售保证的一项主要内容是保证商品质量能满足市场的基本要求，同时流通企业可以通过各种公开或隐藏的供货条件，如调换商品、发放质量保证卡等保障消费者权益。对于某些复杂商品，商品流通企业还需要向顾客提供操作及使用指导，如到顾客家中帮忙调试新买的电视机等。销售执行是指商品流通企业的各项具体销售活动，包括收回货款。销售执行可能很简单，如把商品实物交给顾客，或是收银员在扫描仪上扫描商品的条码，这都是具有法律效力的交易过程。

（5）信息交流。流通企业的信息交流功能可分为引导和反馈。引导是指针对流通企业所提供的商品和服务，有意识地去刺激和引导消费，如在零售商业中，采用广告促销或以能刺激顾客购买欲望的方式摆放商品等。反馈是流通企业向上游生产企业反馈市场信息，包括顾客对商品的反映、提出的合理建议等。通过这种信息反馈，上游生产企业可以更好地生产适销对路的商品。另外，流通企业还可以向上游企业提供市场需求量及需求结构等方面的信息。

三、流通企业的类型

随着商品经济的发展和现代社会生产的进步，生产与消费有机结合的流通活动复杂多变，参与流通活动的流通企业的种类也在不断发展和变革，形成了具有不同所有制、不同资产构成、不同专业分工、不同环节的流通企业群体。按照不同的分类标准，流通企业可分为以下几种类型。

（一）按照所有制不同划分

1. 全民所有制流通企业

全民所有制流通企业又称国有流通企业，一般是指由中央或地方的财政主体或国有企事业单位设立，利用全民所有的财产从事流通经营的企业。

2. 集体所有制流通企业

集体所有制流通企业是指流通企业财产归一定范围内的社会成员集体所有。集体所有源自合作制或合作经营，由农村社区或企事业单位投资设立的流通企业。因此，在集体所有制流通企业中又有城市集体所有制流通企业与农村集体所有制流通企业之分。

3. 私营流通企业

私营流通企业则是企业的资本或财产属于私人所有，由私人投资经营的流通企业。其投资形式既有个人独资型的，也有合伙型和公司型的。网络媒体上经常出现的"民营企业""非公企业"的说法，就是为了区别于以公有为特征的国有和集体所有的企业，体现的是各种私人资本的组合。

改革开放以后，我国政府积极鼓励外国资本有条件地进入国内流通领域。外国资本投资流通领域的企业有三种形式，即中外合资经营流通企业、中外合作经营流通企业和外商独资流通企业，有时也称流通领域的三资企业或外商投资企业。

（二）按照资产构成和承担的法律责任不同划分

1. 个人独资型流通企业

个人独资型流通企业是指由一个自然人出资兴办、完全归个人所有和控制的流通企业。个人独资型流通企业的优点是：设立、转让、关闭容易，出资人拥有绝对决策权，管理灵活。其缺点是：负无限责任，风险大；受资金和个人管理能力的限制，规模有限，目前这种类型的流通企业在商品流通企业中的数量相当庞大。

2. 合伙型流通企业

合伙型流通企业是指由两个或两个以上合伙人共同出资、共同经营、共享收益和共担风险的流通企业。合伙型流通企业的优点是：由于可以由众多合伙人共同筹资，因而可以扩大规模；也由于合伙人共负无限责任，降低了贷款者的风险，因而比较容易成长和扩展。其缺点是：合伙企业若属无限责任企业，合伙人对经营有无限连带责任，风险大；合伙人皆能代表公司，权力分散，多头领导，意见易产生分歧，决策缓慢，适用于小规模的服务型流通企业。

3. 公司型流通企业

公司型流通企业是由两个或两个以上自然人或法人投资设立的，具有独立法人资格和法人财产，每个股东以其出资额为限对公司承担有限责任，公司以其全部资产对其债务承担责任的一种流通企业。无论是由出资者直接经营的个人独资型流通企业，还是以家族等较为复杂的形式出现的合伙型流通企业，这些企业都无法克服其本身固有的缺陷，即出资者责任的无限性、企业规模的局限性、组织的不稳定性和投资的短期性，无法满足社会化大生产对企业组织形式、企业资本的集中性、企业的永续性和投资风险的分散性等的基本要求，于是以公司形式为特征的、股东负有限责任的流通企业便应运而生。其优点是：容易筹资；公司具有独立寿命，不受出资人寿命影响；容易吸收人才。其缺点是：手续复杂，透明度较高，而且容易受"内部人"控制。

在我国的公司企业中，出现较多的还有公司集团。公司集团本身不具有法人资格，不是独立的法律主体，仅仅是一种在经济上有紧密联系的组织体。公司集团是由一定数量的公司在相互保持独立性并互相持股的基础上，在融资关系、人员派遣、供应、销售、技术等方面建立紧密联系而协调行动的公司群体或联盟。这是一种具有多元化、多层次及股份化特点的公司组织。公司集团领导机构的主要功能在于规划和协调，而不是直接从事经营活动。这种公司集团的管理体制主要有两种模式：股权式的公司集团，可采取经理会（非常设机构）制，即由处于核心地位的公司出面召集各成员参加，由全体成员做出集团的决策；契约式的公司集团，处于核心层的企业可牵头成立管理委员会，并设立常设机构，从事信息收集与分析、联络等一般工作。其特征可以概括为：一是经济利益的一致性。每一个参加公司集团的企业，都是为了追求共同的经济利益，通过统一规划、协调行动，以求得自身业务的发展。二是以股份制为基础，成员关系平等。公司集团以股权化的资产和托管经营、长期优惠合同等为联合纽带。三是具有多层次的组织结构。由于各企业经营内容、联合的范围各不相同，公司集团包括核心层、紧密层、半紧密层和松散层。核心层是集团内处于核心并具有独立法人地位的母公司，又可称为集团公司；紧密层可以由母公司控制的子公司构成；半紧密层是公司集团内相互参股、持股，但未达到控股程度的公司；松散层为公司集团的固定协作层，协作层的协作公司通过合同关系与核心层、紧密层和半紧密层企业在某些方面达成总体协议。

(三) 按照企业专业分工不同划分

1. 商品经营性企业

商品经营性企业按经营对象不同又可分为商业企业和生产资料流通企业。商业企业是专门从事消费品购销活动的经济组织，如百货商店、超级市场、食品商店等；生产资料流通企业是专门从事生产资料经营的经济组织，如金属材料公司、水泥公司、建材公司、燃料公司、机电公司、化工材料公司等。

2. 物流企业

物流企业是专门从事物流活动的经济组织。它介于供应商、生产商、经营商、用户之间，负责实现商品实体从生产领域向消费（包括生产性消费）领域的转移过程，其经营活动行为主要是提供物流服务，如储存、运输、装卸、搬运、包装、配送、流通加工、货运代理等。

(四) 按照在流通中所处的环节不同划分

1. 以商品零售为主要业务的流通企业

零售企业所服务的顾客是商品的最终消费者（非耐用商品）或最终使用者（耐用商品）。以商品零售为主要业务的流通企业，主要是从批发企业和生产企业那里购进商品，然后转售给城乡居民和企事业单位，并在销售过程中提供一定的服务性劳动。

2.以商品批发为主要业务的流通企业

批发企业是经营大宗商品买卖且买卖活动的对象是生产企业、商品流通企业或其他组织。以商品批发为主要业务的流通企业,具有明显的规模效应。

此外,按照经营规模不同,流通企业还可以分为大、中、小型商品流通企业。划分标准依据流通企业的固定资产、经营收入、员工人数、市场占有率等。衡量企业经营规模的具体数值和标准是随着社会经济的发展而不断变化的。

第二节　流通企业的经营与管理

一、商品采购与库存管理

(一) 采购管理的概念

采购是指企业向供应商购买货物的一种商业行为,由采购部门执行、采购人员完成购买的行为过程。采购管理是在取得商品的过程中,统筹事前的规划、事中的执行及事后的控制,以达到维持正常的企业生产经营活动,降低产销成本的目的。

采购管理要做到"5R",即合适的供应商(right supplier)、合适的品质(right quality)、合适的时间(right time)、合适的价格(right price)和合适的数量(right quantity)。也就是说,采购管理是企业为了达成生产或销售计划,从合适的供应商那里,在确保合适的品质下,在合适的时间,以合适的价格,购入合适数量的商品所采取的管理活动。

(二) 采购管理的意义

美国通用电气公司原董事长兼CEO杰克·韦尔奇说:"采购和销售是公司唯一能'挣钱'的部门,其他任何部门发生的都是管理费用!"采购是企业成本控制的首要环节,有研究表明,采购环节节约1%,企业利润将增加5%~10%,可见采购管理对企业的重大意义。商品采购是流通企业经营过程的第一道环节,商品采购业务完成结果,直接关系着企业经济效益的好坏和企业经营的成败,其重要性具体表现为以下三个方面。

1.采购管理是流通中介实现经济效益的关键

流通中介(如批发商、零售商、代理商、经销商等)的主要职能是通过从市场上购进商品再将其销售出去的方式获得销售利润,所以流通中介的经营前提是以合适的价格采购到合适数量、适销对路的商品。如果流通中介不能以合适的价格及时获得商品,就会导致商品缺货，用户的需求无法满足，从而直接影响企业的正常经营。采购价格过高，会导致销售价格过高，影响用户的需求欲望；反之，采购价格过低，则可能存在某些潜在的质量问题，导致产品再销售时出现销售困难，或导致用户投诉或抱怨。

2. 采购管理是企业正常经营的主要保证

流通中介的经营活动离不开商品的采购，企业进行采购管理就是为了适价、适时、适量地采购到企业经营所需的各类商品，保证商品在销售环节有充足的商品供应，并能在销售环节实现商品的价值和使用价值。"采购好商品等于卖出了一半。"做好采购管理，对于保障企业正常经营具有十分重要的意义。

3. 采购管理能为流通企业科学决策提供依据

在采购过程中，市场供应和销售信息经常处于动态变化之中，因此流通企业必须敏锐捕捉到相关信息。采购管理不仅仅是纯粹的货物或商品采购，更重要的是其伴随着的信息处理，只有及时了解市场信息并反馈，才能为流通企业的科学决策提供依据。

（三）采购管理的原则

流通企业采购管理要遵循的原则主要有以下五个。

1. 以销定进原则

流通企业采购商品是为了把它们销售出去，满足消费者的消费需要，获得一定的收益。以销定进原则就是要根据市场的需求情况来决定进货，保证购进的商品适合消费者的需要，能够尽快地销售出去。坚持这一原则，能够避免盲目采购，促进商品销售。该原则具体内容包括如下两点。

（1）根据市场需求进货。要求采购人员了解并掌握市场需求与发展的变化动向，及时采购适销对路的商品。

（2）根据企业的销售情况进货。商品销售情况是市场需求的客观反映，根据企业的销售情况组织采购，可保证采购能够更客观地反映和满足市场的需求。

2. 快销勤进原则

快销勤进原则是指商品采购要按照市场销售情况，小批量、快节奏、短周期地进货，争取让所采购的商品不积压、不滞销。这是加快资金周转、避免商品积压的重要条件，也是促进企业经营发展的一个根本性措施。流通企业必须利用自身有限的资金来适应市场需求变化，力争以较少的资金经营品种较多、较全的商品。"勤"是相对的，它必须视流通企业的条件以及商品的特点、资源状况及进货方式等多种因素的状况而定；"快"也是相对的，它必须在保证企业经济效益与社会效益的前提下，加快销售速度。

3.经济效益原则

经济效益原则是指企业要时刻从经济效益的角度考虑采购问题，对采购中的各项费用、成本、差价、进货时间和进货量等都要进行精密的核算和安排，其目的是要以尽可能少的劳动占用和劳动消耗，实现尽可能多的劳动成果，取得好的经济效益。流通企业组织商品的进货和销售，涉及资金的合理运用，物质、技术、设备的充分利用，合理的商品储存、运输和人员安排等事项。流通企业从进货开始，就要精打细算，加强经济核算，使支出尽可能少，以获得最大的经济效益。

4.信守合同原则

信守合同原则是指要严格按购销双方签订的采购合同从事商品采购活动。在市场经济条件下，运用经济合同、以法律形式确立商品买卖双方达成交易，维护双方各自的经济权利和应承担的经济义务及各自的经济利益，保证企业经济活动的有效进行，这已成为企业经营的基本原则。按事先签订的合同进行采购活动，不仅有利于稳定商业企业的购销渠道，及时组织品质优良、适销对路的商品，保证经营的正常进行，而且还可减少商品采购过程中的各种纠纷，有利于树立良好的企业形象，不断拓展企业业务。

5.资金安全原则

商业企业在采购商品时，应高度重视并采取有效措施预防资金欺诈风险及商品交付与款项结算的拖延问题，避免给企业带来经济损失。

（四）库存管理的概念

流通企业的存货是指在一定时间内，处于流通过程中相对静止状态的，流通企业持有的待销售的产成品或商品。流通企业的库存管理主要包括对存货的信息管理和在此基础上所做的决策分析。企业滞留存货的原因，一方面是为了保证销售的经营需要，另一方面是出于对价格的考虑。但是，过多的存货会占用较多的资金，并且会增加仓储费、保险费、维护费和管理人员工资等在内的各项开支，因此，进行库存管理的目标就是尽可能在各种成本与存货效益之间做出权衡，达到两者的最佳结合。

（五）库存管理的意义

在没有流通中介的情况下，供应商必须维持一定的商品库存量，以满足下游用户的订货需求，但流通中介介入后，流通中介将众多供应商的商品购入，并集中储存起来。通过流通中介对商品的集中储存，大幅度减少了为保证下游用户订货需求所需的库存保管场所。但是流通中介的存货作为一项重要的流动资产，它的存在势必占用大量的流动资金。其管理利用效果如何，直接关系到流通企业的资金占用水平以及资产运作效率。因此，流通企业若要保持较高的盈利能力，应当重视通过库存管理来降低企业的平均资金占用水平，提高存货的流转速度和总资产周转率。良好的库存管理所能产生的效益有如下几个方面。

（1）减少缺货现象的发生，确保有适量的最终存货使销售保持顺畅，流通过程也不至于中断，无须担心因市场需求增加使得消费者的需求得不到满足。

（2）保持合理的存货，减少资金积压，更有效地利用资金。

（3）在商品供大于求时，确保有存货，当商品供不应求时，则将商品出售，从而起到蓄水池的作用，调节供求之间的不平衡。

因此，流通企业管理人员必须对商品的订购、储存等进行有计划的安排与管理，科学化、合理化的库存管理是企业管理绩效的重要保证和前提。

二、商品销售管理

（一）商品销售管理的意义

商品销售管理是指对流通企业的整个销售活动进行计划、组织、领导和控制，从而实现组织目标。其内容包括编制和执行产品的销售计划，加强合同管理、用户管理、商品仓储管理、销售费用管理、市场信息和情报分析，以及销售人员的培训等方面。销售管理的作用和重要性表现为两个方面。

1.销售工作是实现商品价值和使用价值转移的重要环节

在商品流通活动中，采购环节将适销对路的商品采购回来，其目的是转售，即将采购来的商品进行销售，从而实现商品的价值和使用价值的转移。所以，商品能否以低成本、高效益的方式实现商品价值和使用价值的转移，销售环节是主要的决定性因素。因此，销售观念是否超前、销售工作是否到位、销售管理是否完善、销售预测是否准确，直接关系着企业的生存和发展。

2.销售管理工作决定流通企业的绩效

流通企业的经营利润最终要通过商品的销售实现。而商品销售的成本高低、商品销售的价格高低，都取决于商品销售管理的水平和能力。如果流通企业能对销售工作进行有效的管理，则可以低成本、高效益的方式促使商品完成流通的各个环节。

（二）商品销售规律

1.商品销售的时间规律

商品销售的时间规律是指随着时间的变化而引起商品销售量或商品销售结构变化的规律。商品销售的时间规律大致有以下四种类型。

（1）季节变化引起商品销售变化；
（2）新产品出现和商品供给增加引起商品销售变化；
（3）商品寿命周期引起商品销售变化；
（4）消费者消费行为和习惯变化引起商品销售变化。

2.商品销售的价格变动规律

一般来说，商品销售的价格变动规律有以下四种情况。

（1）商品价格上升，可能导致某些商品销售量下降；商品价格下降，可能导致某些商品销售量上升。

（2）商品价格的变动会使需求弹性系数大的商品的需求量变化幅度增大，需求弹性系数小的商品的需求量变化幅度较小，甚至不发生变化。

（3）在供过于求的市场状况下，某些商品（特别是需求弹性系数较大的商品）价格下降，反而会使消费者持币待购；当这类商品价格上升时，反而会使消费者产生购买欲望。

（4）商品流通企业或商品品牌的市场信誉好，商品价格卖得比市场平均价格高一些，消费者也能接受；反之，商品流通企业或商品品牌市场信誉不好，商品价格卖得比市场平均价格低一些，消费者也不一定会接受。

（三）商品销售渠道

在商品销售过程中，销售渠道的选择也是十分重要的环节。商品流通企业要根据不同的情况，选择不同的销售渠道。

1. 直接销售渠道

直接销售（直销）渠道就是商品所有权直接从生产者手中转移到消费者手中而不经过其他环节的渠道。直接销售渠道主要有以下几种类型。

（1）厂商在各大中城市开设的直销门店、网点。这种形式多用于少数生活资料商品的销售。

（2）由厂商直接将商品送到最终用户手中。这种形式在生产资料的销售中用得比较多，在生活资料的销售中用得比较少。

（3）厂商通过网上销售方式将商品直接销售给顾客。这种形式既适用于生产资料的直销（B2B业务），也适用于生活资料的直销（B2C业务）。

直接销售渠道虽然有环节少、利润空间大的优点，但是由于用这种方法销售商品的市场覆盖面比较小，消费者选择余地较小，厂商送货的成本较大，因此，这种方法在现实经营中受到了较大制约，只适用于一些特殊的、选择性不强、社会需求面不广的商品。随着电子商务技术的不断发展与普及，生产厂商通过电子商务技术进行直销的方式可能还会有较大的发展空间。

2. 间接销售渠道

间接销售渠道是指商品生产出来之后要经过一些中间环节才能到达最终销售环节的渠道。一般来说，经过代理商、批发商和零售商环节的销售渠道都属于这种类型。间接销售渠道是符合市场经济条件下大规模、多品种、个性化消费需求特点的主要销售渠道。

（1）生活资料的间接销售渠道主要有"生产商—零售商"渠道、"生产商—批发商或者代理商—零售商"渠道、"生产商—商品配送商—零售商"渠道、"生产商—连锁经营企业"渠道等。

（2）生产资料的间接销售渠道主要有"生产商—批发商或者代理商—用户"渠道、"生产商—批发商或者代理商—零售商—用户"渠道、"生产商—生产资料配送商—用户"渠道等。

3. 销售渠道的选择

商品流通企业渠道的选择不是任意的，而是受到一定的客观条件的制约。商品流通企业选择销售渠道所要考虑的主要因素有：① 储运成本、费用和效率的高低；② 所经营的商品对储运的技术、安全、环保、质量等方面的要求；③ 所经营的商品的用户需求或者市场需求特点；④ 交通、通信、竞争对手等方面的情况；⑤ 国家法律法规、政策等。

4.对销售渠道的控制

商品流通企业对商品销售渠道的管理还包括对销售渠道的科学控制。对销售渠道的控制主要有以下三种方式。

(1) 绝对控制。这是指供应商通过对销售渠道的有效控制,达到对提供给市场上的商品的数量、类型和市场销售区域进行控制的方法。例如,生产商对批发商或者代理商的选择要有严格的要求,批发商或者代理商对零售商的选择也要有严格的要求,同时对所销售商品的量也要进行有计划的控制。绝对控制销售渠道管理方法的好处是:可以防止假冒伪劣商品的"入侵",保障优质商品的市场信誉;可以适当控制市场供给量,让市场热销商品有一定的"稀缺性",防止盲目地大量供货而导致商品供过于求,造成商品积压、销售价格下降。

(2) 一般控制。这是指生产商与各销售商进行协商,在销售渠道、销售量、销售市场、销售价格等方面进行一般的控制,既达到扩大市场销售面和销售量的目的,又保持该商品在市场销售过程中的长期竞争优势。

(3) 不控制。这是指生产商对批发商和代理商没有严格的要求,更无力对各零售商进行控制,从而让所生产的商品在市场上自由流通的方法。

(四) 销售管理

1.销售管理的内容

销售管理的内容主要包括:编制和执行产品的销售计划,加强合同管理、用户管理、商品仓储管理、销售费用管理、市场信息与情报分析,以及对销售人员的培训等。

2.销售分析

销售额等于价格与销售量的乘积,因此,本期销售额与前期销售额相比,销售额的变化与销售价格变动和销售数量的增减有关。商品流通企业可以根据以下三种组合形式对销售额的变化进行有针对性的分析。

1) 销售增长率分析

商品流通企业的销售增长率主要包括两个方面的内容,一是商品流通企业自身销售情况的对比分析;二是商品流通企业销售增长率与同行业平均销售增长率的对比分析。

商品流通企业自身销售情况可用以下公式进行分析:

增长率=(本期销售额−前期(或基期)销售额)/前期(或基期)销售额×100%

或者:

增长率=（本期销售价格×本期销售量）/（前期销售价格×前期销售量）×100%

与同行业平均销售增长率相比，可用以下公式进行分析：

实际增长率=本企业的销售增长率/同行业平均销售增长率×100%

如果实际增长率大于100%，说明本企业的销售增长率高于同行业平均销售增长率，企业销售业绩好，反之则不好。

2）销售费用分析

销售费用是随着销售活动的开展而发生的。对销售费用的分析和控制是提高销售活动经济效益的重要方法。可用以下公式进行分析：

销售费用率=销售费用/销售额×100%

销售费用率越低，经济效益越好，反之则越差。

3）销售利润分析

对企业销售利润分析的公式有以下两种：

销售毛利润率=销售毛利润/销售额×100%

销售利润率=销售利润/销售额×100%

3.销售实务管理

销售实务管理主要包括销售计划的制订、销售计划的实施、销售计划完成的分析等内容。制订销售计划的主要依据是过去本企业同期的销售额情况、目前市场对企业经营的商品的购买力预测、企业的供货能力等因素。销售实务管理可通过销售预算控制表、销售进度表、销售地区业绩表等形式进行分析与管理。

1）销售预算控制表

销售预算控制表可以表示营业额预算、收入利润预算、销售管理费用预算、回收额预算与每个月实际销售情况差异等内容，也可为下期计划和管理提供分析和研究的依据。销售预算控制样表见表7-1。

表7-1 销售预算控制样表

月份	1月				2月
项目	预算	实际	差异	差异分析	…
营业额					
收入利润					

续表

月份		1月				2月
项目		预算	实际	差异	差异分析	…
销售管理费用	工资 交际费 差旅费 广告费 其他 合计					
营业利润						
回收额	回收金额					
	回收率					

2）销售进度表

销售进度表是企业计划的日销售额或月销售额与实际完成情况的对比分析表。销售进度表可用表7-2表示，也可用月销售累计进度图7-1表示。

表7-2 销售进度表

日期	月销售额	日销售额					
计划							
实际							
差额							

图7-1中的横坐标表示某月的每日时间进度，纵坐标表示每日对应的销售额，图中两条曲线分别表示计划累计销售额曲线和实际完成累积销售额曲线。月销售累计进度图的好处是简便、易操作、直观性强。

3）销售地区业绩表

销售地区业绩表主要是用来分析企业经营的商品在不同地区的销售计划与实际完成情况的对比分析表，可用条形图直观表示（图7-2）。

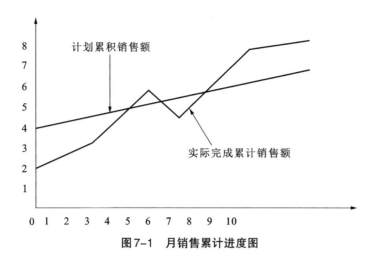

图7-1 月销售累计进度图

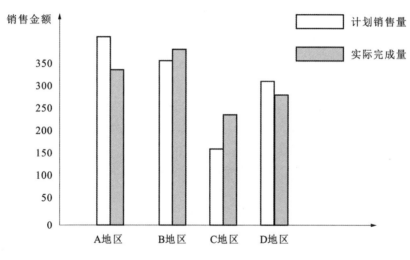

图7-2 销售地区业绩表

第三节 流通企业的创新

一、流通企业的创新活动

(一) 供应链动态联盟发展模式

在企业同质化趋势下,流通企业在商品结构、营销服务、营销能力、企业形象和文化等方面的竞争优势逐渐弱化。流通企业必须从整个业务流程入手,从建立合作制或战略伙伴关系的新思维出发,从产品的源头开始,到最终的用户,全方位考虑产品(商品)和企业的竞争力,转变经营管理理念,从过去单打独斗的观念转换为相互依存、共存共赢的观念,建立协作双赢、多赢理念,从战略层次认识供应链动态联盟。

供应链动态联盟是指供应链中各自为政的实体，为满足消费者需求，使供应链整体优化，通过各种承诺、协议、契约等整合而成优势互补、资源利益共享、风险共担的松散型网络组织。在供应链动态联盟里，下游的企业通过客户关系管理系统捕捉到信息后能通过联盟的信息网络系统与上游企业实时共享，最终促使联盟企业同步化运作，提高市场快速、敏捷的反应能力，在市场竞争中赢得时间上的优势。供应链上的流通企业和生产企业不仅建立了长期稳定的关系，还共同参与到产品的设计和生产中，指导生产活动。生产商可减小实际订单与市场预测的误差，从而降低库存水平，减小市场风险和交易成本；流通企业借助通畅的渠道亦可降低库存水平。借助联盟中各企业的核心竞争力，从原材料到消费，均能取得专业生产和专业经营优势，减小生产成本、物流成本和经营成本，取得成本领先优势。资源共享能发挥、提高并强化企业自身和联盟各企业的核心竞争力，达到成本的有效控制。通过供应链动态联盟，流通企业降低成本、提高适应客户需求的能力，从而具有提升客户价值的优势，而客户价值最大化是培育客户忠诚度的内在驱动力，能够帮助企业在客户争夺中赢得客户。以供应链动态联盟为核心的经营战略，是适应市场环境变化，赢得竞争优势的经营战略发展的必然趋势，是现在及未来流通企业经营战略的主流。例如，沃尔玛和宝洁公司的产销联盟已经成为供应链动态联盟中的典范。按照这种模式，沃尔玛公司同全世界大大小小的制造商建立了广泛而密切的伙伴关系，不但降低了自身的交易成本和市场风险，也为生产企业创造了订单、拓宽了销路、减少了库存、加快了周转。

拓展课堂 7-1

（二）信息化技术创新

随着全球信息化时代的到来，信息技术对社会发展和经济增长的作用越来越明显。信息化带来信息技术的飞速发展，信息产品日新月异，其主要特征是数字化和网络化。现代信息技术特别是互联网在流通领域的应用，赋予了流通技术创新的新内容。信息技术创新，如全球定位系统、地理信息系统、POS（point of sale，销售终端）系统、电子数据交换系统、条形码技术、电子订货系统、管理信息系统、决策支持系统、企业资源计划系统等信息技术在流通领域的应用，使信息收集、储存、传递和分析成本大大降低，便于流通企业在产、供、销各环节建立多元化的产销联通体系，在库存数量、存货地点、订货计划、配送运输等方面实现最佳选择，同时，流通企业对下属机构的监控范围扩大、成本降低，及时性、准确性得到大幅提高。电子商务技术创新，如网络导购技术、网上交互技术、网上支付技术、网上安全技术、商用服务器技术、商业智能技术、触摸屏技术等信息技术将商品的需求、流通和生产有机地联系在一起，交易双方空间上的距离消失了，交易过程中所需要的商流、信息流和资金流在网上一次性完成，流通时间大大缩短，而商品实体则由专业化的物流企业以最快的速度直接送达消费者手中。信息化技术创新大大降低了流通企业的经营成本，提高了管理效率，同时开拓了新的销售渠道——网上销售，也促进了流通企业创新经营模式的开发，如亚马逊、当当等纯网络型流通企业。

（三）连锁经营组织创新

连锁经营是将现代化大生产中统一管理与专业分工相结合的原理成功运用于流通领域的经营方式，具有有效配置资源，提高流通效率与经济效益的优势。连锁经营能使流通企业充分发挥规模优势，通过统一进货、统一定价、统一促销、统一核算，降低经营成本，提高经济效益。连锁经营以资本或长期的契约来约束交易中的机会主义，降低交易中的不确定性，进而降低交易成本。流通企业连锁经营系统一般拥有众多的网点，覆盖全国乃至世界市场，这些网点直接面向顾客，了解顾客的需求，大量丰富的市场信息在流通企业内部主动传递，有效降低了信息的搜寻成本。连锁经营将采购、批发、配送、零售等传统流通体系中相互独立的商业职能有机组合成一个系统，实现产销一体化和批零一体化。通过连锁经营，零售企业具备联购联销功能，减少了交易环节，降低了采购费用；通过连锁经营，各个分店的进货不再是交易行为，而是企业内部的一种协作关系。这种将外部市场交易"内部化"的结果降低了商流过程中的交易费用。此外，通过有效运用现代信息技术，能够降低交易费用和企业内部组织费用，保障信息的畅通、及时，减少物流过程中的"耽搁"和"停顿"，减少运输费用和存储管理费用。

（四）业务流程外包管理创新

外包就是将一些传统的、由企业内部成员负责的非核心业务转让给专业的、高效的供应商，以充分利用企业外部专业资源，达到降低成本、提高效率、增加企业自身竞争能力的目的。流通企业的业务流程外包就是根据实际需要，将包装、运输、储存、装卸与搬运、流通加工、配送、信息处理等功能有机结合，将自身不具有优势的环节外包给供应链上的其他专业化厂商来运作，从而减小风险，降低运营成本，提高供应链的效率和整个流通过程的反应速度、运行质量、可靠性和消费者满意度。

（五）线上、线下融合营销创新

随着电商的不断发展，线上流量经济越来越火爆，很多人都更愿意选择轻松便捷的线上选购模式，这使得以线下销售为主体的实体店经营饱受冲击。房租价格、工资水平的上涨，客源的下跌，线下经营似乎进入低迷期。线上、线下经营各有优缺点，线下经营的优点是顾客具有较强的体验性，但缺点是占用时间，需要消费者到店购买并自行带回。线上经营的优点是商品展示具有多样性，渲染技术更丰富，顾客浏览商品不受货架限制，且能为顾客提供送货上门服务，购物不再受时空限制；缺点是体验性差，物流配送的时效性不能保证。流通企业的实际运作应当线上、线下相融合，积极引入互联网运营机制，加快电商平台、社交平台、移动App等渠道的开发，形成"实体店+电商+社交+移动App"四位一体的消费体验场景，实现企业经营的综合化、全渠道发展。

一方面，企业应根据自身提供的商品和服务，以及企业自身的特点选择并利用线上平台，如国内流量相对较大且用户活跃的平台，包括微信、微博、抖音、小红书等，实现信息的传递及用户反馈的接收。通过文字、图片、视频等更好地将商品或服务优惠、店铺商家形象、消费评价、新品宣传等信息快速地发送到消费者手中，让消费者能及时掌握一手信息，让店铺在消费者的心中更加立体，从而促成成交，实现信息传递效益的最大化。同时充分利用线上平台获得的信息，运用大数据的算法，对消费者进行精准的分类分析，形成专业的用户画像，利于商家后续提供更优质便利的服务，大大提升用户的消费体验。

另一方面，随着用户数据的不断优化，可以通过建立线下体验店，让消费者亲身感受和体验商品、服务的品质与个性化。通过让不同消费者之间迅速实现线下聚集，进行面对面的沟通，从而使线上与线下社交深度融合，实现信息的及时更新与共享，使互联网社群更加现实化、生活化。还可以让消费者根据自身购物体验对商品服务提出意见，让其间接参与产品的研发和设计，提高消费者的体验感和获得感，同时还可以根据消费者需求，优化商品服务，满足个性化需求，形成核心竞争优势。通过线上、线下深度融合，实现信息的更新与共享，吸引更多消费者参与互动，提升消费者黏性，使其转化为企业更深层次的忠实顾客。企业还能利用线下获取到的流量做更多线上的营销推广、用户裂变等，从而大大提升用户身上的商业价值。

二、流通企业的创新

流通企业的核心竞争力是根植于企业内部的知识、技能和经验，是企业学习的能力，以及由此带来的企业整合资源的能力和为顾客创造价值、提高顾客忠诚度的能力。影响流通企业核心竞争力的因素是多方面的，创新是物流企业核心竞争力的源泉。流通企业要适应经济全球化、高新技术迅猛发展、产业调整步伐加快的新趋势，必须建立新型的管理方式和方法，对原有不适应发展的技术进行改进，增强企业创新能力，才能增强企业在市场竞争中的核心竞争力。

（一）服务创新

服务创新是流通企业核心竞争力的载体和体现。在竞争激烈的市场上，流通企业应尽快将经营理念从"商品经营"真正转到"服务经营"上来，进行服务创新，其方向是"商品和售后服务—关联服务—解决方案—综合体验"，为消费者提供竞争对手无法提供的服务价值感知，使消费者不仅可以购买到所需的商品或者服务，而且在购买过程中可以获得良好的体验和归属感，在购买过程中和购买后，均能获得满足。另外，流通企业应增加知识性服务，采用顾问式销售，关注消费者认同的服务特性或特色，提高非顾客的认同感和价值体验，淡化服务活动和促销活动的"热卖现场"色彩，引导其向合作者、现实消费者、未来消费者转化。提高流通企业为消费者创造价值的能力，不仅要满足市场的现有需要，还要创造和引导新的市场需要。

（二）技术创新

技术创新是形成流通企业核心竞争力的关键。流通企业技术创新不仅包括新技术的产生和商业应用，也包括对先进技术的引进、消化、吸收能力，即技术的模仿创新能力。技术创新是以市场为导向，以效益为中心，以提高企业核心竞争力为目标。在企业的经营管理中应用技术创新，如完善企业管理信息系统，充分利用电子商务手段建立战略情报系统，通过网络发布商品信息、提供智能导购、增加网上投诉服务，通过市场调研建立消费者和供应商的动态数据库，通过网上公开招标采购提供网上定制服务，进行消费者信息分析和数据挖掘，等等，这些都为改善服务和技术创新提供了参考。流通技术创新提高了企业管理效率，使流通企业可以更快捷、高效地为顾客提供创新服务，获得忠诚的顾客，提升市场占有率。

（三）组织创新

组织创新是形成流通企业核心竞争力的基础。组织创新是技术创新和服务创新赖以生存与发展的催化剂。现代企业正在走向弹性化、网络化、资本化、虚拟化和全球化的组织形式，从传统的等级制度的组织转变为柔性的、扁平化、团队化的学习型组织，即建立适应环境变化的、富有弹性的、能迅速决策的组织。流通企业应压缩纵向层级，缩短信息沟通渠道，消除机构臃肿、反应迟钝的现象，实现企业由垂直化向扁平化转变。灵活的组织结构更容易激发创新。组织创新过程涉及众多知识，企业有必要建立学习型组织，促进企业员工不断学习、积累知识，使员工成为知识型和技能型相结合的创新人才，为创新打下坚实的基础。流通企业只有实现了组织创新，才能孕育、释放和强化企业的核心竞争力。

（四）制度创新

制度创新是形成流通企业核心竞争力的保障。流通企业创新必须依赖于有效的企业制度结构，建立创新投入、创新沟通交流、宽容失败等机制，构建流通企业创新平台。应建立创新的绩效制度，对企业所发生的创新活动或项目进行审核与评定。建立创新的奖励制度，如酬劳支付（及署名）制度、创新培育制度等。制度决定着企业和个人选择的领域与范围，建立创新的战略决策、投资决策、利益分配和激励等有关制度，可以为流通企业的创新活动和核心竞争力的形成提供一个良好的环境。

思政园地7-1

实训一 聚水潭平台介绍及基础信息设置

实训二 订单管理

实训三 采购管理

实训四 库存管理

本章小结

  企业是现代社会中一种重要的经济组织形式。流通企业是一类以营利为目的，以媒介商品或服务的流动与交易为专门职能的经济组织，具有自身的特性。作为流通运行的主体，流通企业的平稳运营和健康发展不仅是现代流通体系建设的重要基石，更是整个流通产业繁荣有序和高质量发展的关键。随着经济全球化、产业数字化趋势逐渐强化，"双循环"新发展格局给流通企业的经营环境和经营模式带来了深刻变化，如何有效推动流通企业现代化建设，促进流通企业多元化发展，提升产业链、供应链水平，提高流通效率，是流通企业转型升级的关键。本章围绕流通企业的特征、功能、类型及经营与管理，探讨了流通企业的创新发展、数字化转型等内容。

第七章即测即评

第八章　流通的保障

思维导图

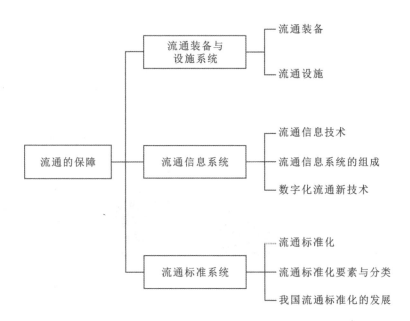

学习目标

◇ **知识目标**

(1) 了解流通的装备与设施;
(2) 理解流通技术进步对于流通发展的赋能作用;
(3) 掌握流通信息系统的组成及其功能;
(4) 理解流通标准化的内涵与作用。

◇ **能力目标**

(1) 能够分析流通技术进步对于流通发展的赋能作用;
(2) 充分认识流通新技术在流通装备与设施中的应用表现;
(3) 充分认识流通信息技术给流通企业带来的实质性提升;
(4) 能够掌握我国流通标准的发展现状。

◇ **素养目标**

(1) 引导学生了解中国国情,培养学生爱国情怀;
(2) 培养学生的流通管理能力;
(3) 提升学生的创新意识和实战能力;
(4) 鼓励学生在流通行业中运用所学知识,为社会流通经济的发展做出贡献。

情境导入8-1　　延伸阅读8-1

第一节　流通装备与设施系统

一、流通装备

流通装备是指企业在进行流通作业活动、实现流通功能的过程中所使用的各种机械设备、器具等物质资料,但不包括建筑物、装卸站台等流通基础设施。它是现代流通企业实现经营目标和生产计划的技术保障和物质基础。流通活动可分为几大环节:包装、运输、储存、装卸与搬运、流通加工、配送和信息处理。按照流通活动的环节和功能可将流通装备划分为包装装备、运输装备、储存装备、装卸搬运装备、流通加工装备、集装单元化装备。

(一) 运输装备

运输是流通中最重要的环节,没有运输,就不可能有物的流通。通过运输,使货物发生场所、空间的移动,从而解决其在生产地和需求地之间的空间距离问题,并创造货物的空间效用,以满足社会需要。流通运输方式主要有公路运输、铁路运输、水路运输、航空运输和管道运输。因此,根据运输方式的不同,运输装备主要分为公路运输装备、铁路运输装备、水路运输装备、航空运输装备和管道运输装备等五种类型。

(二) 储存装备

储存是流通环节中的另一重要环节,任何商品只要不是从生产领域直接进入消费领域,就必然要经过储存这一环节。储存装备是指用于物资储藏、保管的设备。常用的储存装备有货架、托盘、计量设备、通风设备、温度湿度控制设备、养护设备和消防设备等。

(三) 装卸搬运装备

装卸搬运也是流通的重要环节之一,它贯穿于流通的全过程。装卸是在指定地点以人力或机械将物品装入运输装备或从运输装备内卸下的作业活动。装卸是一种以垂直方向移动为主的流通活动,包括物品装入、卸出、分拣、备货等作业行为。搬运则是指在同一场所内,对物品进行的以水平方向移动为主的流通活动。

装卸搬运装备是用来搬移、升降、装卸和短距离输送物料或货物的机械设备。装卸搬运装备是实现装卸搬运作业机械化的基础,它直接影响流通的效率和效益。装卸搬运装备的分类方法有很多,如根据作业性质,可分为装卸机械、搬运机械和装卸搬运机械三大类;根据主要用途或结构特征,可分为起重装备、输送装备、装卸搬运车辆和专用装卸搬运机械等;根据物料运动方式,可分为水平运动方式、垂直运动方式、倾斜运动方式、垂直及水平运动方式、多平面运动方式等几类装卸搬运装备。常用的装卸搬运装备包括叉车、手推车、手动托盘搬运车、自动导引车、输送机、托盘收集机、升降机及堆垛机等。

(四) 包装装备

由于物品的种类、状态和性质等方面的差异,运输要求的不同,以及消费者对产品规格、数量要求的多样化，必须对物品采用合适的包装。包装装备即包装机械，是指完成全部或部分包装过程的机器设备。包装过程包括充填、裹包、封口等主要工序，以及与其相关的前后工序，如清洗、堆码和拆卸等。此外，包装还包括计量或在包装件上盖印等工序。根据不同的标准，包装可进行不同的分类，如按照包装装备的功能可分为灌装机械、充填机械、裹包机械、封口机械、贴标机械、清洗机械、干燥机械、杀菌机械、捆扎机械、集装机械、多功能包装机械，以及完成其他包装作业的辅助包装机械和包装生产线等。

（五）流通加工装备

流通加工指的是在物品从生产领域向消费领域流动的过程中，为了促进销售、维护产品质量和提高流通效率，并使物品在物理、化学或形状等方面不发生本质变化的基础上，对物品进行的包装、分拣、分割、计量、刷标志、拴标签、组装等活动。流通加工装备是指用于流通加工作业的专用机械设备。根据流通加工对象的不同，应采用不同的流通加工装备。流通加工装备种类繁多，按照不同的分类方法，可分成不同的种类。例如，按照流通加工形式，可分为剪切加工设备、配煤加工设备、冷冻加工设备、分选加工设备、精制加工设备、分装加工设备、组装加工设备；根据加工对象的不同，可分为金属加工设备、水泥加工设备、玻璃加工设备、木材加工设备、煤炭加工设备、食品加工设备、组装产品的流通加工设备、延续生产的流通加工设备及通用加工设备等。

（六）集装单元化装备

在货物储运过程中，为便于装卸和搬运，用集装器具或采用捆扎方法将物品组成标准规格的单元货物的作业活动，称为货物的集装单元化。集装单元化装备就是以集装单元化的形式对货物进行储存、运输作业的流通装备，主要包括集装箱、托盘、滑板、集装袋、集装网络、货捆、集装装卸设备、集装运输设备、集装识别系统等。

二、流通设施

（一）立体化自动化仓储设施

流通设施

立体化自动化仓储设施主要是自动化立体仓库，简称高架仓库，采用几层、十几层乃至几十层的货架来储存单元货物，由于这类仓库能充分利用空间储存货物，故常形象地将其称为"立体仓库"。自动化立体仓库系统由货架、堆垛机、出入库输送机、自动控制系统与管理信息系统等构成，采用高层货架存放货物，以巷道堆垛起重机为主要工具，能结合入库与出库周边设备，按照指令自动完成货物的存取作业，进行自动化仓储作业，并对仓库的货物进行自动化管理，使物料搬运、仓储更加合理，从而提高仓库的管理水平。

自动化立体仓库按照仓库的高度可分为三种：一是底层立体仓库，高度在5米以下；二是中层立体仓库，高度在5～15米；三是高层立体仓库，高度在15米以上。立体仓库的建筑高度最高的可达50米，常用的立体仓库高度在7～25米。自动化立体仓库按照操作对象可分为五种，即托盘单元式自动仓库、箱盒单元式自动仓库、拣选式高层货架仓库、单元/拣选式自动仓库，以及高架叉车仓库，其中，国内企业广泛采用托盘单元式自动仓库来保管物料。

自动化立体仓库具有大量存储、自动存取、功能多样等特点。一个自动化立体仓库拥有货位数可达30万个，可存储30万个托盘，以平均每个托盘存储1吨货物计算，则一个自动化立体仓库存取系统可储存30万吨货物。除此之外，自动化立体仓库的出入库及库内搬运作业可以全部由计算机控制，实现机电一体化作业，同时自动化立体仓库也具有分类、计量、包装、分拣、配送等功能。自动化立体仓库能较好地满足特殊仓储环境的需要，保证货品在整个仓储过程的安全运行，提高作业质量；自动化立体仓库由于采用了高层货架和自动化管理系统，大大提高了仓库的单位面积利用率，提高了劳动生产率，降低了劳动强度；自动化立体仓库减少了货物和信息处理过程中出现的差错，能够合理有效地进行库存控制，其整体性运作便于实现系统的整体优化。

(二)"无人化"设施

1.智能仓储环节的"无人化"设施

1）硬件设施：自动化机器人

自动化机器人主要处理货物的分拣、包装和存取工作，包含分拣机器人、分拨机器人、码垛机器人、自动打包机、自动贴标机、自动称重机、AGV（潜伏式AGV小车、AGV叉车等）、穿梭车式立体仓库，等等。自动化机器人承担了大部分的仓储工作，有效提高了仓储作业效率，同时也是智慧物流设备中种类最繁杂的硬件设施。

2）软件设施：货物识别与仓库管理系统

在配备了射频识别扫描仪的仓库中，货物条形码可以被快速读取，通过无线电波将数字标签传输到自动扫描系统中，记录货物信息，最大限度地保证货物库存信息的准确。仓库管理系统（WMS）是智慧物流的基础，可以与ERP（企业资源计划）、MES（制造执行系统）、SRM（频谱资源管理）等信息化系统无缝衔接，合理规划仓库分工，优化作业流程，自动更新库存数据，为管理决策提供支持。

3）可穿戴设备

传统的人工作业中，数据依赖人工记录，过程耗时、易错，经常发生物料不足、打印单据繁杂、动态物料配送应变力下降的情况，此时可穿戴设备便有了用武之地。可穿戴设备包括数据采集用的终端装置（如智能手表、智能手机等），用于室内定位的GPS装置，用于物品识别用的条码移动打印装置等。可穿戴设备可实现人员与系统互联，使人工作业可追踪，提升移动作业效率、减小人员工作强度。

2.干线运输环节的"无人化"设施

干线运输环节与无人驾驶技术紧密联系，但目前依然处于试验打磨阶段，如苏宁物流推出的"无人重卡"。无人驾驶技术经过了2015年的"投资热"及2018年后短期的"寒冬"，在乘用车方面的应用迟迟不能普及，一方面是由于基于深度学习的无人驾驶技术在智能化程度上尚未取得更大突破，另一方面则是因为该技术的应用受到法律及伦理方面的限制。目前，无人驾驶技术已经取得了显著的进步，但仍然处于不断发展和完善的过程中。

3.终端配送环节的"无人化"设施

1）无人配送车

无人配送车所需的无人驾驶技术与乘用车的差别主要体现在场景中。在配送环节，无人车一般从分拨点出发，运行场景多为办公楼、校园、小区等半封闭低速驾驶场景，因此在保障安全方面比较容易达到既定标准。无人配送车至少需要具备四种技术。一是智能感知和避让技术。无人配送车通常可以通过摄像头、距离传感器甚至雷达等模块，收集外界环境的信息，通过内置的智能算法对这些信息进行建模和加工，构建地图，并根据自身的运行轨迹进行实时规划和避让。例如，京东的无人配送车就配备了一个16线激光雷达、3个单线雷达和双目摄像头等，可以通过生成视差图等方式构建外部环境的三维模型，检测障碍物的大小和距离等，并对路线进行规划。二是智能路线规划技术。作为短途自主配送机器人，路线规划是一项必备技能。现在越来越多的机器人可以参照精准的卫星定位和地图测算，根据行驶过程中场景的变化，实时地通过人工智能改变既定路线。例如，阿里巴巴旗下的菜鸟网络自主研发的小G就可以根据景物识别结果和地图定位情况，通过内置算法来变更已有路线。三是智能配送物品，实时报警技术。因为无人配送车是在无人配送的情况下配送货物，所以一定要有智能配送货物的功能，以防乱拿、错拿。在发生货物被盗、自身故障的情况下，要能实时发出报警信号。比如，京东的无人配送车就可以通过总控台的实时监控和位置查询来保证安全。四是其他方面的技术。作为新一代的智能配送手段，这些机器人通常还具有一些额外技能。例如，云迹科技和美国Savioke的服务机器人都可以通过无线信号与建筑物内部的电梯控制器通信，加上智能感知技能，它们可以完全自主乘坐电梯到目标楼层。

2）无人机

近年来，无人机行业发展迅速，军用无人机、民用无人机蓬勃兴起，其应用范围也在不断扩大。无人机运输是无人机物流的重要组成部分，是通过自备的程序控制装置或无线电遥控设备，操纵无人机进行货物运送的过程。依据运输距离、载重及续航时间，可以分为支线无人机运输、终端无人机配送等类型。

（1）大载重、中远距离的支线无人机运输。送货的直线距离一般在100～1000千米，吨级载重，续航时间达数小时，主要应用于跨地区的货运、边防哨所、海岛等地区的物资运输，以及物流中心之间的货运分拨等。

（2）短距离的终端无人机配送。空中直线距离一般在10千米以内，载重在5～20千克，单程飞行时间在15～20分钟，主要应用于派送急救物资和医疗用品、派送果蔬等农产品等方面。

除了运送货物，无人机还用于仓储管理。无人机主要应用于大型高架仓库、高架储区的检视和货物盘点工作；用于集装箱堆场、散货堆场的物资盘点或检查巡视工作。

3）智能快递柜

智能快递柜是一个基于物联网，能够对物品进行识别、暂存、监控和管理的设备，与PC服务器一起构成智能快递终端系统。PC服务器能够对本系统的各个快递终端进行统一管理，并对各种信息进行整合、分析处理。快递员将快件送达指定地点后，只需将其存入快递终端，系统便自动给用户发

文档　　视频

案例阅读8-1

送一条短信，包括取件地址和验证码，用户在方便的时间到智能快递柜前，输入验证码即可取出快件。智能快递柜技术门槛低、布局简单、操作便捷，近年来发展迅速，邮政、丰巢、菜鸟三大物流巨头占据了几乎全部的市场份额。

第二节　流通信息系统

一、流通信息技术

（一）RFID（射频识别）技术

射频识别技术是利用发射、接收无线电射频信号，对物体进行近距离无接触识别和

跟踪的一种高新技术。射频识别技术的基本原理是电磁理论，它的最主要特点是非接触式识别。一个典型的射频识别系统由电子标签、读写器或阅读器组成。阅读器发射无线电射频信号并接收由电子标签反射回来的无线电射频信号，经过处理后获得标签的数据信息。电子标签可以存储数字和字母编码，当它受到无线电信号照射时，能反射回携带数字和字母编码信息的无线电射频信号，供阅读器处理识别。

射频识别的优点突出体现在如下方面：一是无接触阅读、距离远。射频识别技术的传送距离由许多因素决定，如传送频率、天线设计等。二是识别速度快，12位数据的输入速度仅用时0.3～0.5秒。三是适应物体的高速移动，可以识别高速移动中的物体。四是可穿过布、皮、木等材料阅读，由于采用非接触式设计，所以不必直接接触电子标签，隔着非金属物体就可以进行识别。五是抗恶劣环境工作能力强，可全天候工作。

（二）条码技术

条码是由一组规则排列的条、空，以及对应的字符组成的标记，"条"指对光线反射率较低的部分，"空"指对光线反射率较高的部分。这些"条"和"空"组成的数据表达了一定的信息，并能被特定的设备识别，转换成与计算机兼容的二进制和十进制信息。通常，对于每一种物品，它的编码是唯一的，对于普通的一维条码来说，还要通过数据库建立条码与商品信息的对应关系，当条码的数据传输到计算机时，由计算机的应用程序对数据进行操作和处理。

一个完整的条码的组成依次为：静区（前）、起始符、数据符、中间分割符（主要用于EAN码）、校验符、终止符、静区（后）。常用的二维码包括如下三种类型。

（1）线性堆叠式二维码。它是在一维条码编码原理的基础上，将多个一维条码纵向堆叠而产生。典型的码制如Code 16K、Code 49、PDF417等。

（2）矩阵式二维码。它是在一个矩形空间利用黑、白像素在矩阵中的不同分布进行编码而成。典型的码制如Aztec Code、Maxi Code、QR Code、Data Matrix等。

（3）邮政码。它是通过不同长度的"条"进行编码，主要用于邮件编码，如PostNet、BPO 4-State等。

（三）流通信息安全技术

流通信息安全技术要注意以下几点：一是信息的保密性，指信息在传输和存储过程中不能被他人窃取；二是信息的完整性，包括信息传输和存储两个方面，存储时要防止系统中的信息被非法篡改和破坏，传输过程中接收端收到的信息与发送的信息应完全一致，否则就说明信息在传输过程中遭到破坏；三是信息的不可否认性，是使信息的发送方不能否认已发送信息，接收方不能否认已收到信息；四是交易者身份的真实性，指交易双方确实是存在的，交易者互相提供的资料是真实的；五是系统的可靠性，是指防止由计算机失灵、程序错误、传输错误、自然灾害等引起的计算机信息错误或失效。流通信息系统安全主要采用以下技术。

1. 用户认证管理

采用口令认证等验证方式，对所有用户的访问权限进行集中管理，每个使用系统的用户必须经过严格认证。

2. 安全传输层协议（SSL）

SSL可以对整个会话过程的所有数据进行加密，从而保证数据和信息的安全性。

3. 防火墙技术

通过防火墙技术，在连接局域网和外部网络的路由器上建立包过滤机制，防止非法操作对系统内部造成危害。同时建立入侵检测子系统，对系统信息定期进行统计分析，判断网络中是否有违反安全策略的行为和遭到袭击的迹象，从而降低内部攻击、外部攻击和误操作对系统的危害。

二、流通信息系统

（一）流通信息系统的组成

流通信息系统主要包括多媒体实时监控系统、计算机模拟仿真系统及计算机集成管理系统等。它可使各种物料合理、经济、有效流动，并使物流、信息流、商流在计算机的集成控制管理下，实现流通的自动化、智能化、快捷化、网络化、信息化。下面简单介绍几种流通信息系统。

1. 订单管理子系统

订单管理子系统包括客户通过因特网或其他方式，将托运或托管货物清单发送给物流企业，然后由物流企业对其进行处理的全过程。

2. 运输管理子系统

运输管理子系统是对驾驶员等工作人员以及车辆等运输工具资料进行管理的系统。根据货主的要求、货物的性质、货物量，以及一些综合信息如距离、路况、过路过桥费等因素，为运输员提供最优的运输方式，选择最佳的运输路线。

3. 仓库管理子系统

仓库管理子系统的功能是：会对仓库、货架和仓位进行统一编码，进货时根据货物的性质，利用分配算法给货物分配仓位，出货时根据货物的编号进行选货并释放资源；对于需要在库进行加工处理的货物，根据其性质、加工时间、工期等因素，利用调度算法选择合理的加工顺序，生成加工指令；根据货主的要求、货物的性质，如运货时间、到货时间等，确定合理的出货时间；提供在库货物查询功能；提供在库货物监测功能，若发现异常立刻通知客户。

4. 跟踪子系统

跟踪子系统包括多种跟踪类型。从供应商到客户的货品跟踪，即负责跟踪制造商、供应商的名称、货物、订单号、客户名等并存储产品质量数据；在库状态跟踪，即将货物在仓库的状态实时反映给用户，如货物在仓库发生了变质，系统应自动通知客户；运输过程中的实时跟踪，即通过GPS卫星定位系统，跟踪车辆的运行情况，即时反映车辆的地理位置，减小空车的返回率，并将货物在途情况实时反映给客户，为客户提供详细的货物跟踪记录。

5. 接口

接口负责系统与相关信息采集设备的数据交换，以及与其他系统的信息交流。接口包括以下几种：与因特网连接，实现信息发布、业务合作，即与客户建立良好的沟通渠道的接口；条形码、RFID等自动识别系统的接口；负责货物的进出仓管理、集装箱管理等的信息管理系统的接口；其他诸如企业资源计划、电子报关系统、卫星定位系统、地理信息系统等的接口。

（二）流通信息系统的种类和功能

流通信息化的主要表现就是建立了广泛的流通信息系统，目前比较普及的流通信息系统包括POS系统、EOS系统、VAN系统、共同配送系统和顾客管理系统。除了流通系统外，电子卡也是实现流通信息化的重要工具。

1. POS系统

POS（point of sale）系统是指销售时点信息系统，即以把握商品品种、销售、库存等方面的时点信息为主要特征的信息系统，该系统对营业管理、库存管理发挥着重要作用，是主要的流通信息系统。POS系统有两大类型：一是食品杂货类，由食品超市和便利商店采用，读取商品条形码获得信息；二是服装类，使用光学信息读取装置，百货商店、家具店等常采用这一类型。

POS系统具有三大特点：第一，信息的自动收集和传达。该系统在营业现场安装有自动读取装置的终端，通过扫描商品条形码将商品品名、厂家、价格、购买时间、数量等信息收集起来，然后通过网络输送到需要的地方。第二，在发生时点收集信息。POS系统的信息采集主要依靠置于销售现场的光学信息读取装置，实现商品销售、支付货款和信息收集的同步化，POS机在阅读有关资料后，订货部门、库存部门可以同步了解商品销售情况。第三，按照信息使用者的层次和目的输出信息。POS系统对信息的分类、处理能力很强，它可以根据不同的对象发布不同的信息，即使是相同的信息也可以使经营者、店长、业务员等所获得的内容有所差异。

POS系统虽然有不少优点，但也存在一些缺点：一是在有效利用POS系统收集信息的过程中，如果软件设备跟不上，就会影响该系统功能的发挥。由于POS系统收集的信息是单品信息，在超市等信息量庞大的领域，将其收集到的信息作为营销信息的做法还不够成熟。二是POS系统在短期内有利于提高效率，降低库存，但如何长期利用这些信息还存在不少的困难。三是POS系统不能把握顾客潜在的需求，难以了解顾客的内在购买动机和买后感受。四是POS系统与企业其他系统的整合，及企业总系统对POS系统的利用尚待进一步研究。

2.EOS和VAN系统

在流通信息系统发展的高级阶段出现了企业间信息的网络化，早期主要是批发商与大型零售商之间建立的以订发货数据为核心的联机系统（EOS），即生产商、批发商、流通商、零售商之间通过建立信息连接而搭建起来的电子自动订货、发货热线系统。目前，该系统的应用日益广泛。20世纪80年代后随着通信管制的放松和网络技术的进步，中小企业间的地区流通网络系统得到了迅速发展，地区流通网络系统随后发展到批发商与制造商之间，流通信息的联机化进入更高层次。

EOS的简单作业流程如图8-1所示。

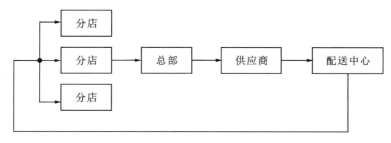

图8-1 EOS作业系统

增值网络（value added network，VAN），是将制造业、批发业、物流业、零售业等之间的信息，通过计算机服务网络实现相互交换的信息系统。VAN是流通企业以网络技术为基础建立的内部信息网络系统，其目的是实现信息在跨地区或连锁店之间的交换，是大型流通组织经营运作的主要手段，目前该系统出现了由内部系统向开放系统发展的趋势。VAN最大的特点是通过计算机服务网络使不同企业、不同的网络系统可以相互连接，从而使不同形式的数据交换成为可能。由于VAN实现了不同系统的对接和不同格式的变换，为无数的使用者提供了交换数据服务，创造了附加价值，因而被称为增值网络。商业VAN的基本结构如图8-2所示。

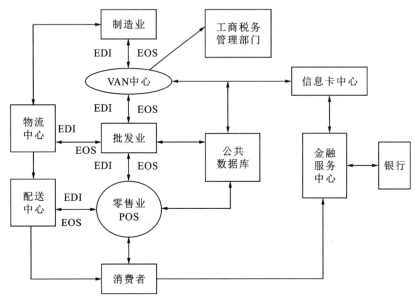

图8-2　商业VAN基本结构

VAN系统在流通过程中的功能主要有以下几个方面：第一，信息处理功能，包括交易信息的交换（订货、商品信息等）、物流信息（发货、储运、库存、配送等）处理、结算业务（银行转账、支付查询、信用卡结算等）；第二，信息供给功能，包括数据库存储、提供图像资料、调查服务等；第三，通信功能，包括电子邮件、声像传递等。

3. 电子卡

除了建立流通信息系统之外，各种各样的电子卡也是实现流通信息化的重要工具。电子卡的发行和使用，使流通产业掌握了新的工具，拓展了流通功能，也为提高流通效率奠定了基础。电子卡的形式有很多，包括会员卡、购物卡、积分卡、服务卡等，其中较典型和普遍使用的是信用卡。信用卡的特征是持卡人在购买商品或服务时，流通企业可以通过信用卡确认其身份并完成交易和结算。从广义上讲，信用卡是指具有ID功能的薄板状的小卡片，其与材质和名称无关。从狭义上讲，信用卡是指在广义信用卡中具有结算功能的卡。信用卡的功能多种多样,主要包括基本功能和附加功能(见表8-1)。

表8-1 信用卡的功能

功能	发行方	持有方
基本功能	结算功能	
	身份确认功能	
附加功能	无	保险功能
		资产运用功能
		优待功能
	顾客信息收集功能	信息提供功能
	记录功能	
	金融功能	
	分期付款功能、信贷功能(有限透支功能)	
	销售信用功能	

三、数字化流通新技术

(一)大数据

2015年,国务院发布的《促进大数据发展行动纲要》对大数据进行了全新界定,即"大数据是以容量大、类型多、存取速度快、应用价值高为主要特征的数据集合,正快速发展为对数量巨大、来源分散、格式多样的数据进行采集、存储和关联分析,从中发现新知识、创造新价值、提升新能力的新一代信息技术和服务业态"。2016年,《大数据产业发展规划(2016—2020年)》发布,全面制订了"十三五"期间的大数据产业发展计划。国际数据公司(IDC)对大数据的定义得到了研究者的广泛认同,该公司提出,大数据具有四个特征:第一,数据容量巨大。数据量从TB级别跃升到PB乃至EB级别,各方研究者虽然对大数据的量的统计和预测结果并不完全相同,但一致认为未来其数据量将急剧增长。第二,数据类型繁多,数据被分为结构化数据和非结构化数据。相对于以往便于存储的以文本为主的结构化数据,越来越多的非结构化数据的产生给所有厂商都带来了挑战。这些不断增长的数据,主要包括图片、声音和视频及地理位置信息等多种类型的数据,因而对数据的处理能力提出了更高的要求。第三,商业价值高。大数据的价值是通过强大的机器算法迅速地完成数据的价值"提纯",通过对非标准化数据的共享、交叉复用后获取最大的数据商业价值。第四,处理速度快。基于数据创建的实时性属性,以及需要将数据流结合到业务流程和决策过程中的要求,数据创建、处理和分析的速度持续加快。

（二）云计算

2006年亚马逊推出云计算服务以来，云计算正经历一个逐渐成熟的过程。云计算服务是与分布式计算、效用计算、负载均衡、并行计算、网络存储、热备份冗余和虚拟化等计算机技术的发展相结合的计算处理服务，同时也是计算机科学概念的商业实现。美国国家标准与技术研究院（NIST）明确定义了云计算，认为它是一种按用户实际需求使用量计费的商业模式，用户无须投入过多的管理工作或与服务供应商进行过多的交互，就能为用户提供既便捷又廉价的按需网络访问服务。在目前大数据环境下，云计算并不是某种具体的计算，而是一种全新、高效、实用的数据传输与储存处理模式。云计算服务方式有以下三种。

（1）SaaS（软件即服务），指通过互联网提供软件服务的模式，用户无须购买软件，只需向供应商租用软件，以此管理企业的经营运作，且软件的管理和维护由服务供应商全权负责，如Microsoft和Google在实际应用中提供的数百个SaaS软件服务产品。

（2）PaaS（平台即服务），指将软件研发的服务器平台或者开发环境作为一种服务，以软件服务的模式提供给用户。因而，PaaS也加快了SaaS应用的开发速度，PaaS对于SaaS运营商来说，还能帮助其实现产品多元化和产品定制化。

（3）IaaS（基础设施即服务），指用户通过互联网获取完备的计算机基础设施服务的模式，如服务器、网络、存储系统等基础设施的租用。另外，云计算在部署方式上可分成私有云、社区云、公有云和混合云。因此，云计算实质上是为了整合与优化各种信息技术，并利用网络服务的商业运作模式，最终将廉价的服务提供给用户。

（三）物联网

物联网是指"物—物相连的互联网"，在万物互联时代，物联网的概念早已突破物—物相连，人与物、物与物、人—识别设备—物之间的连接方式统称为万物互联。物联网之所以能够高效工作，与其基本架构是分不开的。从技术层面来讲，物联网架构可分为感知层、传输层及应用服务层。感知层是物联网中产生数据的主要层次，这一层主要由各种感应器等探测设备组成，负责测量、收集相关数据信息；传输层负责对感知层产生的数据和内容进行可靠传递；应用服务层负责对感知层的基础信息数据进行智能处理和分析。

（四）区块链技术

区块链从科技层面来看，涉及数学、密码学、互联网和计算机编程等很多科学和技术领域；从应用视角来看，它是一个分布式的共享账本和数据库，具有去中心化、不可篡改、全程留痕、可以追溯、集体维护、公开透明等特点。作为一种数据载体，区块链由不同区块组成，构成商品交易数据的全过程。其作用机理类似于会计上的分类账簿，并通过密码学原理确保交易数据不会被更改。

区块链技术的特征主要体现为信息共享、数据安全、可追溯及智能合约。① 信息共享。作为一种去中心化的数据存储机制，区块链上各个节点的数据彼此交互，可以实现实时共享，因此区块链上的每一条数据都是可靠、透明的。② 数据安全。基于分布式节点，区块链可以存储海量的数据，并借助密码学原理进行有效保护，当且仅有51%以上的节点在同一时间达成共识时，才能更改节点数据。因此，对于整个区块链而言，可以有效地保障数据的安全，不会因为某个节点出现故障而损坏数据。③ 可追溯。区块链是由多个单独的区块个体组成，每一个区块都会存在独特的哈希值，因此，区块上的每一条数据都具有独特的哈希属性。基于区块链实现的数据存储都可以根据数据的哈希属性来准确追踪其起源点。④ 智能合约。区块链技术使得智能合约的应用成为现实，通过开源代码的形式将以太网客户端上传到区块链网络，使得区块链上包含了所有的潜在交易信息。当某一节点完成了某一任务，将会驱动另一方执行不可逆转的交易。

区块链技术是流通数字化的重要补充，有利于推动现代流通体系高质量发展。在传统商贸流通体系下，整个商品流通的过程伴随着商流、物流、信息流和资金流。然而由于技术受限，在整个商贸流通过程中，这些信息无法得到有效融合。其结果就是造成商贸流通体系下各个节点较为分散、运行效率较低，影响整个商品流通产业的高质量发展。区块链技术的应用有利于充分开发商品流通过程中的各项信息，基于区块链技术，结合大数据、云计算、物联网及人工智能等数字技术在商品流通产业中的应用，可以有效实现商贸流通过程中的"四流"合一。由此确保了交易安全、过程可控、物流信息通畅、产品信息可溯源、供应链融资更为便利，同时也带来了监管的便利性。

思政园地8-1

第三节　流通标准系统

一、流通标准化

流通标准化是指以流通系统为对象，围绕包装、运输、储存、装卸与搬运、流通加工、配送，以及信息处理等流通活动，制定、发布和实施有关流通标准，并按流通标准的配合性要求，统一整个流通系统的标准的活动过程。流通标准化的主要特点表现在以下几个方面。

1. 广泛性

与一般的标准化系统不同，流通系统的标准化涉及面更为广泛，其对象更为复杂，包含了机电、建筑、工具、作业方法等多个种类。虽然这些种类的标准处于一个大系统中，但缺乏共性，从而使标准种类繁多、内容复杂，给标准的统一和相互配合带来困难。

2. 起点高

由于流通管理思想与流通实践诞生较晚，因此组成流通大系统的各个分系统在没有归入流通大系统之前，就已分别实现了本系统的标准化。在推行流通标准化时，必须在各个分系统标准化基础上从适应及协调的角度来建立新的流通标准化系统。

3. 科学性、民主性和经济性

科学性是指流通标准化能体现现代科技的综合成果，能与流通现代化相适应，能与流通大系统相适应；民主性是指流通标准的制定采用协商的办法，广泛考虑各种现实条件，广泛征求有关部门的意见，使各个分系统都能采纳、接受，从而使标准更具权威性，更便于贯彻和执行；经济性是决定流通标准生命力的关键因素。由于流通过程必须大量投入和消耗，如不注重标准的经济性，片面强调反映现代科技水平，过分顺从流通习惯及现状，就可能引起流通成本的增加，自然会使标准失去生命力。

4. 国际性

由于全球经济一体化进程的加快，国际交往大幅度地增加，而所有的国际贸易又最终靠国际流通来完成，因此，各个国家都很重视本国流通标准体系与国际流通标准体系的一致性。标准体系的不一致会加大国际交往的技术难度，增加国际贸易的成本。

5. 安全性、可靠性

流通在保证生产经营活动顺利进行，以及提供高效、快捷、方便的服务的同时，也带来了不安全因素，如交通事故，货物对人的碰撞，危险品的爆炸、腐蚀、有毒性等；流通机械设备由于其本身的机械能作用，可能产生倾倒、跌落、砸伤、夹挤、剪切、缠绕、坠落、触电等伤害。所以，在流通标准化活动中，非常重视制定安全性、可靠性方面的流通标准，以保证流通安全和质量。

二、流通标准化要素与分类

(一) 流通标准的构成要素

流通标准是流通活动的基本依据,是流通能力的综合反映,是获得最佳流通秩序与效益的重要条件。要制定、贯彻执行流通标准,就必须正确理解流通标准的构成要素。流通标准的构成要素是构成流通标准内容的必要因素,它能完全体现流通标准的本质。根据流通标准的定义,构成流通标准的要素主要有以下几个方面。

(1) 适用范围。任何流通标准都有自己的适用范围,超出适用范围,流通标准的效力就不存在了。这是流通标准存在的空间要求。

(2) 有效时间。这是流通标准存在的时间要素,表明流通标准在什么时间开始生效,什么时候终止。任何一个流通标准都不可能是永远适用的,都有终止时间。有效时间又称作有效期或标龄。

(3) 规定内容。这是流通标准规定的具体内容,规定了应该怎样、不允许怎样等,体现了流通标准的约束性,流通标准的效力也是通过此要素发挥作用的。

(4) 确认形式。这是标准区别于其他规范的特有的要素。流通标准生效的关键就在于有关部门的批准和发布。

流通标准的构成要素不仅有助于对流通标准结构的全面认识和深刻理解,而且对流通标准的制定有着积极的意义。要使流通标准得到更好实施,必须在流通标准的内容和形式上体现其要素。

(二) 流通标准的分类

流通标准化工作是一项复杂的系统工程。为了实现流通标准化的基本任务,做好流通标准化管理工作,必须掌握流通标准的分类。按流通标准的性质和应用范围分类,可分为流通技术标准、流通管理标准和流通工作标准三大类。

1. 流通技术标准

流通技术标准是指对流通标准化领域中需要协调统一的技术事项所制定的标准。它是从事流通活动的一种共同遵守的技术依据。流通技术标准的种类有很多,按其标准化对象的特征和作用,主要分为以下几种。

1) 流通基础标准

流通基础标准是指在一定范围内作为其他流通标准的基础而被普遍使用,具有广泛指导意义的标准。

（1）流通专业计量单位标准。它是指对流通系统中独特的专业计量单位所制定的标准，它是对国家发布的统一计量标准的补充，更具有专业性。它的制定要在国家的统一计量标准的基础上，考虑许多专业的计量问题和与国际计量标准接轨的问题。流通专业计量单位的标准化，是流通作业定量化的基础。

（2）流通基础模数尺寸标准。模数是指某系统的设计、计算和布局中普遍重复地应用的一种基准尺寸。流通基础模数尺寸是指流通标准化的共同单位尺寸，或流通系统各标准尺寸的最小公约数尺寸。在基础模数尺寸确定之后，各个具体的尺寸标准都要以基础模数为依据，选取其整数倍数为规定的尺寸标准。流通基础模数尺寸标准是流通系统中各种设施建设和设备制造的尺寸依据，在此基础上可以确定集装基础模数尺寸，进而确定流通的模数体系。

（3）集装基础模数尺寸标准。集装基础模数尺寸是最小的集装尺寸，它是在流通基础模数尺寸的基础上，按倍数推导出来的各种集装设备的基础尺寸。在流通系统中，由于集装尺寸必须与各环节流通设施、设备、机具相配合，因此，整个流通系统在设计时往往以集装尺寸为核心，然后，在满足其他要求的前提下决定各自尺寸。所以，集装基础模数尺寸决定和影响了其他流通环节的标准化。

（4）流通建筑模数尺寸标准。流通建筑模数尺寸是指流通系统中各种建筑物所使用的基础模数尺寸。该尺寸是设计建筑物长、宽、高等尺寸，以及门窗尺寸、建筑物柱间距、跨度、深度等尺寸的依据。

（5）流通专业名词术语标准。它是指对流通专业名词的统一化、专业名词定义的统一解释所作的规定。它是实现信息快速准确传递、避免流通工作混乱的基础条件。如《物流术语》（GB/T 18354—2021）等。

（6）流通标志、图示与识别基础标准。它是指为便于识别和区分流通中的物品、工具、机具而做的统一规定。如识别标记、储运标记、危险货物标记等。

（7）流通基础编码标准。它是指对流通对象进行编码，并按流通过程的要求，转化成条形码，实现流通大系统有效衔接、配合的最基本的标准。它是采用信息技术对流通进行组织、控制的基础标准，主要是流通实体的编码（即标识代码）技术标准以及这些编码的数据库结构标准。如物品分类编码标准、储运单元条码标准、流通单元条码标准、托盘编码技术标准、集装箱编码技术标准及其数据库结构标准等。

（8）流通单据、票据标准。它是指对流通活动中的所有单据、票据所做的规定，包括计算机和通信网络进行数据交换和传递的基础标准，例如EDI单证标准等。

2）流通分系统技术标准

流通分系统技术标准是针对流通分系统的各环节所制定的技术标准，对流通分系统的规范发展具有很强的指导意义。流通分系统技术标准主要有：

（1）运输车船标准。它主要是对火车、卡车、拖挂车等运输设备制定的车厢尺寸、船舱尺寸、载重能力、运输环境条件等标准。

（2）仓库技术标准。它主要是指对仓库形式、规格、尺寸、性能、建筑面积、设计通用规则、建设设计要求、防震防火以及安全等事项所制定的技术标准。

（3）包装标准。它主要是指对包装尺寸、包装材料、质量要求、包装标志以及包装的技术要求所制定的技术标准。

（4）装卸搬运标准。它主要是指对装卸搬运设备、装卸搬运车辆、传输机具、装卸搬运质量要求、装卸搬运的技术要求等所制定的标准。

（5）站台技术标准。它主要是指对站台高度、站台设计要求等事项所制定的标准。

（6）集装箱、托盘标准。它主要是指对托盘系列尺寸、集装箱系列尺寸、托盘技术要求和标记、集装箱技术要求和标记、荷重、集装箱材料等所制定的标准。

（7）货架、储罐标准。它主要是指对货架的技术要求、货架结构形式与净空间、货架载重能力、储罐的技术要求、储罐结构形式与净空间、储罐的容积尺寸等所制定的标准。

3）流通作业标准

流通作业标准是指为保证流通活动顺利进行，对流通过程中的作业工艺要素、作业程序和方法等所制定的标准，包括：作业工艺文件格式、作业工艺要素、作业工艺程序、一般流通作业要求、典型流通作业工艺等方面。流通作业标准是流通技术标准的主要内容之一，是实现流通作业规范化、效率化，以及流通作业质量的重要基础保障。

4）流通信息应用标准

流通信息应用标准主要是指自动识别与分拣跟踪技术标准和电子数据交换标准。自动识别与分拣跟踪技术主要有：条码技术、扫描技术和射频技术。条码技术标准主要包括码制标准和条码标识标准。其中，码制标准主要有128码制标准、交叉二五码制标准、三九码制标准等；条码标识标准有一维条码标准和二维条码标准。在流通管理中，与射频技术相关的标准或规范，涉及标签技术、读写器技术、射频识别过程的通信等方面。电子数据交换标准主要包括电子数据交换语法标准和电子数据交换报文标准。

5）能源、环保、安全和卫生标准

能源、环保、安全和卫生标准是指为保护流通环境、有利于生态平衡、保证人和货物的健康与安全，对流通系统以及流通活动涉及的能源、环保、安全和卫生要求所制定的标准。

2. 流通管理标准

流通管理标准是指对流通标准化领域中需要协调统一的流通管理事项所制定的标准。制定流通管理标准的目的是合理组织流通工作，科学地行使计划、监督、指挥、调整、控制等流通管理职能。流通管理标准的一般内容主要有：流通管理工作应达到的质量要求、流通管理程序与方法、流通统计和核算方法；流通管理有关资料、报表和原始记录的要求；流通工作任务完成情况的凭证编制要求；等等。

随着流通管理逐步向科学化、现代化发展，流通管理标准将越来越多地在流通管理中发挥有效作用。为便于制定、贯彻、实施流通管理标准，常按管理对象把流通管理标准划分为流通技术管理标准、流通组织管理标准、流通经济管理标准、流通质量管理标准、流通设备管理标准、流通劳动组织管理标准、流通行政管理标准等7大类。

3.流通工作标准

流通工作标准是指对流通工作的内容、方法、程序和质量要求所制定的标准。它是对各项流通工作制定的统一要求，其内容主要包括：各岗位的职责和任务；每项任务的数量、质量要求及完成期限；完成各项任务的程序和方法；与相关岗位的协调、信息传递方式；工作人员的考核与奖励方法；等等。

此外，根据《中华人民共和国标准化法》的规定，我国标准分为国家标准、行业标准、地方标准和团体标准、企业标准等。这几类标准是根据适用范围不同而划分的，而不是标准技术水平的分级。这种分类同样也适合流通标准的分类。

三、我国流通标准化的发展

我国的现代流通产业是一个综合性的行业，它是在传统行业的基础上发展起来的，因而流通标准化工作也是在不同行业标准化的基础上发展起来的。我国的相关流通部门都建有相应的流通标准化研究机构，在相应的领域进行标准化方面的研究。

（一）我国流通标准化现状及存在的问题

近年来，随着我国信息技术、经济建设的飞速发展，以及我国流通产业的快速发展，流通标准化工作受到了重视，并取得了一定成绩，我国制定和发布了一系列流通标准。《物流术语》的出台对于规范当前我国流通产业的基本概念、促进流通产业迅速发展并与国际接轨起到了重要作用。但是，目前我国的流通标准化工作仍不能完全适应流通系统快速发展的需要，如在流通系统的建立方面，有关业务流程数据和规则的不统一，造成货物流通和信息交换的不畅，流通环节增多，流通速度减慢，流通费用增加，降低了流通系统的效率和效益，制约了我国流通体系的建立，严重影响我国现代商业流通的快速发展。我国流通标准化现状及存在的问题主要体现在以下几个方面。

1. 没有统一的流通标准化归口管理单位，部门分割问题严重

制约我国流通产业发展的因素非常多，体制性障碍是关键因素，表现为长期计划经济体制所形成的一种条块分割、部门分割、地区分割的状态。尽管国家标准的行政主管部门是国家市场监督管理总局，但由于流通产业覆盖了多个行业，标准的归口管理大多数设在各个管理部门的标准化技术委员会，例如条形码标准的归口管理单位是中国物品编码中心。而这些标准要达成统一，需要进行很多协调工作，衔接难度非常大，更不便于统一管理。

2. 尚未建立起完善的流通标准化体系

尽管我国已经制定了一些重要的国家标准，如《商品条码 零售商品编码与条码表示》《商品条码 储运包装商品编码与条码表示》等，但还没有建立起完善的流通标准化体系，流通标准化工作缺乏明确的发展方向和目标。另外，尚未制定流通标准化总体规范，流通设备、流通作业以及流通系统的建立、流通市场如何管理等尚没有规范化，非标准化的流通装备、设施、信息表示和信息交换仍然相当普遍。此外，缺乏货物运输过程中基本设备的统一规范，如集装箱的尺寸、集装箱中托盘的尺寸、卡车的大小、仓库的货架尺寸等无法相互配套。我国的流通企业有的采用欧美标准，有的采用澳大利亚标准，也有采用日本标准的，还有少量是自己定义的，这不仅会导致流通成本的上升和服务质量的降低，影响我国流通产业与国际标准和国际惯例的接轨，而且还会严重阻碍我国流通的现代化进程。

3. 流通信息标准化工作滞后

在流通管理中，统一的商品信息对供应链成员信息的交换和共享非常重要。目前我国许多部门和单位都在建立自己的商品信息数据库，但数据库的字段、类型和长度都不一致，形成了一个个"信息孤岛"，数据不一致便无法实现交换和共享，严重影响流通管理和电子商务的运作。

4. 流通标准的应用推广力度不够

在实际操作中，有流通标准而得不到很好的推广和贯彻执行的现象时有存在，严重影响着流通标准的效力。以《储运单元条码》（现已作废）为例，该标准的作用是规范货物储运过程中的流通条码，标识货运单元，然而当时该标准的应用正确率不足15%。

（二）我国流通标准化的发展方向

在我国流通开始蓬勃发展的时期，为了规范流通市场和企业，有效地管理和引导流通市场和流通企业，促进我国流通产业与国际市场接轨，推动流通产业向更加健康的方向发展，可从以下方面加快流通标准化的发展。

1. 设立全国性的流通标准化行业管理组织

为适应现代流通发展的需要，保证流通系统各环节之间的高效衔接，应尽快设立一个全国性的流通标准化委员会，以统筹安排我国流通的标准化工作，制定我国流通标准化发展规划，加强各流通系统、流通环节之间标准的组织协调工作和标准化管理监督工作。

2. 尽快建立起一整套符合我国国情、有特色的流通标准体系

流通标准化的目标是要建立一套完整的流通标准体系，使流通的各个工作环节都有据可依，实现效率最大化。为此，我国应研究和编制完整、合理和科学的流通标准体系表，有计划、积极稳妥地制定流通系统全套标准，加强对流通系统标准化总体规范、流通各分系统作业标准、流通标识系统标准、流通设施标准，以及流通管理标准的制定，完善流通配套标准，逐步形成配套齐全的流通标准体系。

3. 建立流通信息服务系统，实现流通信息的标准化

在流通的整个过程中，信息的传递是极其重要的，畅通的信息传递是提高流通效率的关键。因此，应建立统一的信息数据库，为整个流通系统中的用户提供标准化的数据来源，保证流通信息传递的准确性和及时性。

4. 加强流通标准的宣传贯彻工作

实现流通标准化最终的落脚点在于流通标准的实施。我国已经制定了许多与流通相关的标准，但宣传、贯彻工作做得不够。所以，应不断加强流通标准的宣传力度，鼓励企业积极采用流通领域的国家标准，并进行有效的监督检查工作，以推动流通企业标准化水平的提高。同时，流通标准的具体条款是要通过我国国内流通行业的具体运作和实践进行检验的。因此，企业应积极配合流通标准的要求，认真贯彻执行流通领域的国家标准，这样不仅有利于企业自身的发展，也会促进国内整个流通产业的发展。

5.加快与国际流通标准的协调统一,实现国际化

国际标准通常指国际标准化组织(ISO)、国际电工委员会(IEC)和国际电信联盟(ITU)制定的标准,以及国际标准化组织确认并公布的其他国际组织制定的标准。国外先进标准通常指未经国际标准化组织确认并公布的其他国际组织的标准、发达国家的国家标准、区域性组织的标准和国际上有权威的团体标准与企业(公司)标准中的先进标准。当代社会经济发展的重要趋势是国际化。在流通的国际化发展趋势下,要求在制定流通标准时,必须考虑流通标准的国际通用性。因此,应积极采用国际标准和国外先进标准,特别是大力推行ISO9000质量管理标准,加速与国际接轨,提高我国流通管理的现代化水平。

本章小结

流通装备是指企业在进行流通作业活动、实现流通功能过程中所使用的各种机械设备、器具等物质资料,但不包括建筑物、装卸站台等流通基础设施。

自动化立体仓库采用几层、十几层乃至几十层的货架来储存单元货物,由于这类仓库能充分利用空间储存货物,故常称为"立体仓库"。

流通信息系统主要包括多媒体实时监控系统、计算机模拟仿真系统及计算机集成管理系统等。

流通标准一般是指在流通领域内为获得最佳秩序和效益,对流通活动或其结果所做的统一规定。

流通标准化是指以流通系统为对象,围绕包装、运输、储存、装卸与搬运、流通加工、配送,以及信息处理等流通活动,制定、发布和实施有关流通标准,并按流通标准的配合性要求,统一整个流通系统的标准的活动过程。构成流通标准的要素主要有:适用范围、有效时间、规定内容、确认形式。按流通标准的性质和应用范围分类,流通标准可分为流通技术标准、流通管理标准和流通工作标准三大类。

拓展课堂8-1

第八章即测即评

第九章 流通产业的展望

思维导图

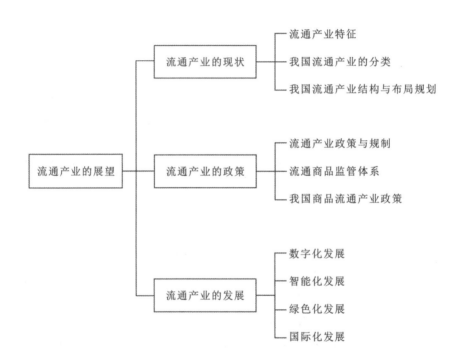

学习目标

◇ **知识目标**

(1) 掌握流通产业的特征与分类；

(2) 理解并掌握流通产业的结构；

(3) 理解流通产业政策的内涵。

◇ **能力目标**

(1) 能够厘清我国流通产业的分类；

(2) 能够掌握我国流通产业政策的现状；

(3) 能够分析流通产业的数字化、智能化、绿色化、国际化发展趋势。

◇ **素养目标**

(1) 引导学生了解中国流通产业政策，培养学生遵纪守法意识；

(2) 培养学生的创新能力，鼓励学生勇于探索，敢于创新，把自己的创新理念融入流通产业的发展中。

情境导入9-1

文档

视频

延伸阅读9-1

第一节　流通产业的现状

一、流通产业特征

我国商品经济的发展，从商品交换到流通产业的形成经历了漫长的发展过程。流通产业是介于生产者和消费者之间，专门从事商品交换、以营利为目的的行业。具体包括批发、零售、物流等产业。如今，中国流通产业已经基本形成，并在市场经济中发挥先导性和基础性的作用。但流通产业并不参与社会产品的生产，与传统的工业和农业相比，流通产业有属于自己的特征，我国流通产业具有以下三个特征。

1. 进入退出壁垒低，劳动力吸纳性强

与制造业相比，流通产业的经营资本与技术约束条件较少，不需要苛刻的资本与技术条件，对场地、人员以及技术设备等方面的要求都较低，如果没有国家政策的特殊要求，流通产业几乎不存在进入与退出壁垒。因此，流通产业的进入与退出壁垒相对较低，这意味着流通产业的竞争主体较多，行业竞争激烈。流通产业不像制造业那样对从业者的特殊技能和体力有要求，由于流通产业的组织和结构的多层次性，即大型流通企业、购物中心、便利店、杂货店和小商贩并存，因此流通产业具有其他产业没有的广泛性，对从业者的要求也具有层次性，可以解决不同层次劳动者的就业需求。从我国目前的情况来看，流通产业不仅吸纳了大量的新就业人员，而且有相当数量的其他产业的下岗职工也在流通产业实现了再就业。流通产业为我国实现产业结构调整，促进劳动力逐渐由第一产业向第二、第三产业转移做出了贡献。根据国家统计局的数据，截至2022年底，全国就业人员总数为73351万人，批发和零售业年末从业人数为1306.1万人，占全国就业人员总数的1.8%。

2. 流通产业对技术创新需求的积极性不高

社会技术进步的一般规律是，生产领域对技术创新的需求往往强于流通领域，这主要是由于流通产业规模较小，流通产业无力进行研发和技术创新。此外，由于流通产业的技术含量相对较低，流通产业也没有自发组织人力和物力进行技术创新的动力。因此，许多重大的技术创新及其扩散通常是在生产过程中迅速实现的，然后才逐渐影响到流通领域。

3. 流通行业集中度较低，规模经济效益不明显

规模经济是指在特定时期内，企业产品绝对量增加时其单位成本下降所带来的效益，即扩大经营规模可以降低平均成本，从而提高利润水平。对于任何企业而言，都存在着固定成本与可变成本，随着企业经营规模的扩大，平均固定成本降低，就会导致生产经营总成本降低，进而提高经济效益。规模经济效益对流通产业来说并不明显，这主要是由于流通产业的企业结构以小型流通企业为主，企业的平均规模远小于其他产业，尤其是小于制造业企业的平均规模。流通产业的企业不仅平均规模小，而且比较分散，行业集中度相对较低，这就导致了流通产业的组织化程度低，规模经济效益不显著。

二、我国流通产业的分类

（一）按业种分类

业种即流通产业的经营对象和商品种类。流通产业按业种分为生产资料流通产业和

生活资料流通产业。其中生产资料流通产业包括钢材流通产业、机电流通产业、化工流通产业等，生活资料流通产业包括食品流通产业、服装流通产业、电器流通产业、化妆品流通产业等。

（二）按业态分类

按业态分类即按流通企业采取什么样的经营方式进行分类。例如，零售业中广泛采用的是超市、百货商店、专业店、便利店等业态。

（三）按环节分类

按环节分类即将流通产业按照商流或物流环节进行分类。商流产业是以商品价值流通为主要内容的流通产业，如将商流产业分为国内商业、物资供销社、对外贸易业等；物流产业是以商品使用价值流通为主要内容的流通产业，可将物流产业分为运输业和仓储业。

（四）按阶段分类

将流通产业按照商品流通的阶段可分为批发业和零售业。批发业又包括综合批发业、专业批发业、经纪业和代理业；零售业包括有店铺零售和无店铺零售。常见的有店铺零售如百货商店、便利店、折扣店、连锁店等，而电话零售业和邮寄零售业则属于无店铺零售。

三、我国流通产业结构与布局规划

（一）我国流通产业结构特点

随着我国工业化进程的不断加速，生产日益规模化，消费日益多样化，供求关系正发生根本性的转变，我国流通产业结构主要表现为以下几个特点。

1.流通产业市场集中度低，规模经济效益较差

虽然现阶段由于流通企业间的兼并、联合、重组促进了流通产业结构的优化与升级，从而使我国流通产业市场组织结构发生了一些积极变化，但我国流通产业结构长期存在产业集中度低、没有规模经济效益、产业进入壁垒低等特征，导致地区垄断与过度竞争并存、产业国际竞争力差，而这些问题目前依旧没有得到根本性解决。流通产业具有的技术要求低、投资少、进入门槛低等特点，决定了流通产业的经济性壁垒普遍较低，促使许多竞争力较差的人员纷纷涌入流通领域。大量小商业资本盲目扩张使得商业

企业过度竞争、不正当竞争时有发生，也就导致了流通领域的低效率、高成本和对城市公共资源的严重破坏。这种盲目扩张和小型化使流通产业的商业结构向两极化方向发展，因而难以形成规模经济。

2.流通竞争秩序混乱，过度竞争与限制竞争行为并存

流通产业内众多同质的企业并存，必然导致流通市场陷入一种恶性竞争的局面，造成企业整体效益下降，缺乏提高服务水平与技术创新的实力和动力，导致价格战、促销战此起彼伏。此外，有的流通企业甚至还采取售假、贩劣、以次充好、挤压供应商等不正当竞争手段，这些违规行为严重扰乱了市场秩序。由于服务差异化程度低，在流通领域的投资中容易出现盲目跟风的现象，造成社会资源的极大浪费与不良的社会影响。同时，"官本位"的权力机制依托尚不健全的市场竞争机制，促使各种带有行政色彩的限制竞争行为出现，破坏了公平竞争的市场环境；一些地方政府打着反对重复建设、规范市场秩序的旗号，分割市场，排斥企业跨区竞争，阻碍流通资源向有效率的企业流动。这些行政性限制竞争行为束缚了高效率企业从竞争中脱颖而出，阻止了企业集中度的提高，使得我国流通产业长期陷入"集中度低—过度竞争—集中度低"的恶性循环中，无法迅速成长起来。

3.整体流通效率低下

目前我国流通产业的规模经济效益差，流通企业服务差异化程度低，分工协作体系不健全，市场分割明显，企业间同质竞争，最终导致企业效益低下，无力进行营销创新和技术进步，这些都是造成我国流通产业社会交易成本居高不下的原因。流通效率极低，不能适应大规模工业化生产与大规模多样化消费的需求。

（二）流通产业布局与规划

1.商品流通布局结构的特点

商品经济的运行要求形成全国统一的开放市场，但在我们这样一个大国，统一市场必然是多样化、分层次的。层次性从一定意义上说就是网络性，而不同品种的生产资料和生活资料的需求和供给，以及供产销的衔接、生产的专业化协作和联系、生产力布局等，都是在一定空间内进行的。因此，必然存在区域性问题，特别是在商品经济由不发达向发达阶段发展过程中，这种多层次性就更加明显且突出，为了适应商品经济运行的层次性，客观上要求形成一个全国性的多层次的商品流通网络体系。其特点表现为如下几个方面。

1)多层次性

我国的商品流通网络一般分为四个层次:一是大中城市内部的商品流通网络;二是大中城市与周围地区或毗邻地区(经济区内)的商品流通网络;三是大中城市与国内其他城市之间、地区之间的商品流通网络;四是某些城市与国外一些城市或地区的商品流通网络。在这四个层次中,网络的疏密程度都是由内向外递减的,"网眼"也在依次加大,然而经济联系的重要性不会降低。由此形成了四个层次的市场,即城市市场、地区市场、国内市场和国际市场。上述四个层次中,缺少了任何一个层次,商品流通网络都是不完善的。

2)多中心性

我国大中城市众多,商品流通网络以大中城市为中心,形成多个商品集散中心。不仅大城市是全国的商品流通网络中心,某些中小城市也有可能成为全国某种商品的流通网络中心,甚至某些集镇也有可能成为该地区某种商品的流通网络中心。我国全国性市场正是依托这些流通网络中心形成的。市场是区域性的,网络是全国性的。商品流通网络中心可分为全国商品流通网络中心、经济区商品流通网络中心、毗邻地区商品流通网络中心等。当然,某一流通网络的中心城市可能不止一个,可以有两个或者多个。

3)整体性

以城市为中心,以农村为基础,城乡接合,相互依存,成为一个统一的整体。我国农民占比大,农村地域辽阔,农村市场在国内市场中举足轻重。商品流通网络以城市为中心,依托广大农村,连接许多小城镇,促进城乡物资交流,乃至劳务、技术、人才、资金的流动,使得城乡共同繁荣和发展。这是中国商品市场的最大特点之一。

2. 构建以城市为中心的流通产业布局

在流通产业网络结构中,一个核心的问题就是要以城市为中心构建流通产业的布局。一个中心城市,尤其是大型中心城市,往往集工业生产中心、交通运输中心、商品流通中心、经济信息中心和经济服务中心于一体,具有多种经济功能。商品流通功能是中心城市的重要经济功能之一。以城市为中心的流通产业布局就是以经济发达的城市为中心,根据流通产业发展的需要和商品流通的内在规律,把城市及其所在区域内的流通企业和商品市场组织起来,在构建区域市场的基础上,形成全国统一市场,进而连接国际市场,实现国内、国际市场一体化。

构建以城市为中心的流通产业网络结构要充分利用城市的向外辐射能力。别是经济比较发达的中心城市,这些中心城市是集中的、强大的工业生产基地,拥有的骨干企业多、产品门类齐全、工业资源和技术雄厚。以这些城市为中心组织流通产业布局,可以充分发挥其优势,通过大购大销和深购远销的经营活动,输出技术、设备、资金、人才，输入原材料、劳动力，促使以中心城市为依托的经济区内，城乡之间、地区之间、部门之间、企业之间的专业化分工与协作逐渐趋于细化、稳定，构成一个有机的商品市场体系，从而带动周边地区、中小城市和农村的繁荣发展。同时，中心城市也可享受到市场容量不断增大的好处。

2022年1月24日，国家发展改革委发布的《"十四五"现代流通体系建设规划》提出："布局建设一批流通要素集中、流通设施完善、新技术新业态新模式应用场景丰富的现代流通战略支点城市"，"打造若干设施高效联通、产销深度衔接、分工密切协作的骨干流通走廊"，搭建"支点城市+骨干走廊"的现代流通网络。

文档　　视频

案例阅读9-1

第二节　流通产业的政策

一、流通产业政策与规制

（一）流通产业政策

流通产业政策是国民经济产业政策的一个重要组成部分，它是以流通产业为直接对象，根据国民经济整体发展要求以及流通产业的实际情况，直接或间接干预产业活动，从而实现产业发展等特定经济和社会目标的各种政策的总称。流通产业政策具有系统性、协调性、统一性、复杂性等特点。

流通产业政策是经济政策的重要组成部分，流通经济体系是流通产业政策制定的基础，流通产业政策必须与一国经济水平与流通的发展特点相符，否则就会阻碍流通产业的进步。因此，一个国家流通产业政策的制定与实施应以本国流通经济体系为基础。

流通产业政策是产业政策的一个重要组成部分，是政府为了纠正市场失灵、协调流通活动、促进流通产业发展所制定的方针、原则和采取的干预行为，包括立法机构、司法机构及行政机构等对社会商品流通的公开介入或干预。它区别于流通政策，属于流通政策中的一部分，具体表现为流通领域的各项法律、法规、计划、方案、项目等。它是政府对流通产业的发展采取的公共性介入，表明了政府在一定时期内对流通产业发展的基本态度和总体意向。

（二）流通产业规制

流通产业的规制是指政府管制机构为弥补市场缺陷、提高流通经济效率，依据相关法律法规或政策对流通领域微观经济主体的经济活动所实施的干预行为。流通产业规制有五个要素。

（1）规制目标：流通产业规制主要是为了减少流通领域的交易成本、提高流通经济运行效率；抑制垄断，维护公平交易与公平竞争，规范流通市场秩序；解决流通企业产生的外部性问题。

（2）规制主体：主导流通产业规制的政府机构体系包括行政机构、立法机构和司法机构，除中央机构外，还包括地方各级政府的相关管制机构。

（3）规制客体：受管制的对象是所有从事流通经营活动的经济个体和组织。

（4）规制手段和方式：包括行政手段和法律手段，以及部分经济手段，具有强制性。规制方式主要是指政府机构对流通领域微观经济主体的经济行为进行的直接限制或干预。

（5）规制依据：主要是指流通产业规制执行时参照的法律规章制度，如《中华人民共和国反不正当竞争法》《中华人民共和国反垄断法》《中华人民共和国消费者权益保护法》等。

（三）流通产业实施规制的理由

1. 流通领域存在垄断

市场机制只有在竞争状态下才能有效地发挥其作用，但流通领域中的垄断会抑制竞争、导致资源无法有效配置，造成消费者的损失和社会福利的损失。因此，有必要对流通领域的垄断进行规制。

2. 对外部效应的内部化

企业的流通经济活动在给自身带来经济利益的同时，却产生了负的外部性，如产生环境污染、社会危害和治安问题等，这种负的外部性造成的成本并不能在企业的内部成本中表现出来，仅仅依靠市场机制是无法将这种外部成本转化为企业的内部成本的。因此，由政府对产生外部性的流通企业实施规制，通过某种制度安排，制定法规、政策以实现流通企业外部效应的内部化。这既是必需的，也是合理的。

3. 流通交易中存在信息不对称

流通领域中，作为市场交易主体的厂商、销售商和消费者之间都存在着信息不对称，由于信息不对称的存在，使得市场机制难以有效发挥作用，导致交易成本上升，使社会福利损失增加。因此，对流通产业进行规制，由政府提供公共信息或要求经营者提供信息，建立或实施有关产品质量、价格等信息的标准和公示制度，以减少交易成本，降低社会福利损失。

4.经济运行中的不确定性因素的存在会导致风险

由于流通是连接生产和消费的重要环节,流通领域中的许多不确定性变量和风险会导致市场机制调节结果的不确定性,而一些因不确定性因素导致的风险和损失仅靠市场力量是无法规避的。因此,必须通过政府规制的力量来防范和降低经济风险,以实现流通产业的正常运行。

二、流通商品监管体系

(一) 规范流通主体

流通主体,即广泛意义上的流通机构,是指所有参与商品流通活动的组织机构,除了批发商、零售商、物流服务商和消费合作社等专业化流通机构外,还包括生产者和消费者。从强化主体意识、规范主体行为的角度来看,规范流通主体是构建和完善监管体系中不可或缺的一部分。2011年,国家工商行政管理总局(2018年改为国家市场监督管理总局)发布了一系列完善和规范流通环节市场主体准入有关工作的通知,使各地各级监管机构充分认识到规范流通环节市场主体准入工作的重要性和紧迫性。强化流通主体的责任意识、规范流通主体的行为,能够有效促进流通监管与规制体系的协调,提高流通效率,为构建全国统一大市场打下基础。

1.严把流通主体准入关,依法规范流通许可和注册登记行为

首先,对于商品流通许可项目中的主体进行分类单项审核和管理,对涉及相关经营项目的,应由申请者依照相关法律法规提出申请,由其核发机关按照条件审核,并依法核发流通许可证;其次,对于已经从事某类商品流通经营的企业,若想更改或增加相关经营范围,应提前主动到有关部门申请变更许可项目和经营范围;最后,各地市场监督管理部门应加大宣传力度,在企业年检、个体工商户验照等环节,督促各类流通主体主动办理经营范围和相关许可项目等的变更。

2.加强流通主体管理,积极推进流通主体信息数据库建设

流通主体信息数据库的建设能够有效地解决数据共享交换壁垒、交易流通不畅、标准不明、数据质量参差不齐等问题,是推动基于数据互联的数字经济发展中的重要一环。首先,建设流通主体信息数据库首先要对流通企业、互联网企业、电信运营商及相应的政府部门进行原始数据的采集,进行规范后形成集政府、企业和个体行为于一体的信息资源支撑服务系统,接着再围绕各类流通主体,形成多主体、多维度、多层次相互关联的数据系统。其次,对于已经取得流通主体资格的经营者,要结合审核工作,依据

市场主体信息数据库的信息进行互查、落实，通过网络实现登记在册的信息的互联互通。要确保流通主体市场准入情况全面、真实、有效。最后，监管机构要与登记注册机构、信息化管理机构密切合作，切实做到流通主体信息数据库和登记、管理信息的有效衔接与共享。

3.加强流通主体行为监督，积极构建流通主体信用分类监管体系

首先，各级市场监督管理部门要切实加强市场监督检查，依法查处流通企业非法经营行为，要将监督检查任务切实落实到基层，划分责任区，强化流通主体意识，督促流通主体自觉主动地加强行为规范；其次，各级市场监督管理部门要积极建立、健全流通主体信用分类监管体系和"黑名单"制度，有针对性地强化市场监察，激励守信者，惩戒失信者，引导和监督流通主体不断提高自律水平，切实对消费者负责。

（二）优化市场环境

完善和提升市场环境质量是治理能力现代化的必然要求，优化市场环境在监管体系中发挥着重要用，能够激发流通市场内生活力，规范流通主体行为秩序，构建有利于要素自由流动的干净的、统一的大市场。优化市场环境就是要更好地发挥市场配置资源的决定性作用，而方法则是不断地改进营商环境、政务服务、市场主体保护、市场监管和法治保障等方面，通过一系列创新监管、高效服务等方面的改革，为各类市场主体创造良好的市场环境，推动中国经济实现高质量发展。首先，要大力破除影响交易便利性和减少交易成本的障碍，激发市场活力。激发市场活力是我国经济稳增长的关键，其最重要的就是将市场主体的活跃度提上去、保持好，打造良好的营商环境，降低企业交易成本和生产要素成本，最大限度地减少对资源的直接配置，让企业轻装上阵。其次，要持续增强市场监管和政府服务的水平，规范市场秩序。公平竞争是市场经济的灵魂，公平竞争有赖于政府的公正监管。加强公正监管，要加快清理妨碍统一市场和公平竞争的各种规定与做法。要明规矩于前，画出红线、底线，让市场主体知晓行为边界；寓严管于中，依法当好"裁判"，维护好市场竞争秩序；施重惩于后，对严重违法违规、影响恶劣的市场主体要坚决清出市场，以儆效尤。最后，不同层级政府职责不同，在市场监管方面要有明确分工。国家层面主要是制定统一的监管规则和标准，并加强对地方政府执法行为的监督。在大量减少审批和行政许可后，地方政府要把主要力量放在公正监管上，创新监管模式，强化监管手段，提升监管效能。

（三）稳定流通秩序

流通秩序，是指商品流通经营主体、商品流通管理和调控的监管主体在商品交易活动中所形成的组织状态和行为状态。商品流通秩序包含以下含义：一是指商品流通运行

的状况是否有序,这决定着商品是否能够顺利地到达消费者手中;二是指商品流通经营主体之间经济活动的状况是否有序,这决定着商品经营者是否顺利地获得应有的合理经济利益;三是指商品流通管理和调控的监管主体的组织状况和管理调控状况是否有序,这决定着商品流通管理和调控的监管主体所采取的管理和调控行为是否促进商品顺利进入消费领域,是否促进企业顺利获得合理的经济利益。稳定的流通秩序就是要构建"公平、开放、安全、有序"的流通市场秩序,营造公平竞争、市场开放、经营合法、秩序规范的经济发展环境。

稳定流通秩序要做到:一是规范执法。良好的流通秩序依赖市场规则来维护,国家要加强宏观调控,建立良好的市场规则,综合运用经济、法律、行政手段,建立健全各项法律法规。二是健全社会信用建设。形成以道德为支撑、法律为保障的社会信用制度,这是稳定流通秩序的治本之策。为此,要加强社会信用建设,加快建立社会信用体系和失信惩戒制度。三是突出规范领域。在重要的流通领域,如农副产品批发市场、农贸市场等,不断进行整治,打击制假、售假行为和商业欺诈行为,优化流通环境,稳定流通秩序。

三、我国商品流通产业政策

流通产业政策应该包括流通产业结构政策、流通产业组织政策、流通产业技术政策和流通产业布局政策。流通产业结构政策是指通过确定流通产业的构成比例、相互关系和流通产业发展序列,为实现流通产业结构合理化和高级化而实施的政策。流通产业组织政策是指政府为实现产业内部、企业之间资源合理配置而制定的政策的总和。流通产业技术政策是指国家对流通产业技术和经济发展进行宏观指导的政策规定。流通产业布局政策是政府根据国民经济与区域经济发展的要求,制定和实施的有关社会生产力在空间的分布以及区域内部、区际之间经济协调发展的政策总和。

改革开放以来,中国流通产业政策从计划经济型逐渐变成市场导向型发展,流通产业规模不断壮大,业态不断创新,体制不断深化,技术不断提高,对外开放水平不断提升。目前流通产业已经成为国民经济的基础性和先导性产业,未来我国的流通产业政策将继续朝着流通数字化、智能化、绿色化、国际化方向发展。

(一)改革开放后到加入世界贸易组织前

改革开放以来,商品经济由计划经济走向市场经济。这一时期,政府关于流通体制的改革更多是为了适应经济体制转轨而进行的流通政策改革。第六个五年计划期间,改革流通价格体系以促进和调节商品流通,实行以税代利,以进一步发挥税收集聚资金和调节生产流通和分配的作用,同时发挥国营商业在商品流通中的主导作用。1987—1993年发布的《城乡个体工商户管理暂行条例》《中华人民共和国私营企业暂行条例》《中华人民共和国城镇集体所有制企业条例》《关于促进个体私营经济发展的若干意见》，对流通产业的所有制结构进行调整，确立了集体、私营、商业企业的合法地位，并给出了指导意见。同时农村商品流通体制的改革工作也在逐步推进，1983年发布《国家体改委、商业部关于改革农村商品流通体制若干问题的试行规定》等文件。1992年进一步实行对外开放之后，政策重心逐渐往建设流通现代化、提高对外开放水平的方向发展。之后，我国又陆续发布了《全民所有制商业企业转换经营机制实施办法》《指导外商投资方向暂行规定》《外商投资产业指导目录》等政策文件。

（二）加入世界贸易组织后到党的十八大前

这一阶段，我国以市场为导向，以企业为主体，深化流通体制改革，利用加入WTO的机遇，同时有效应对国际金融危机的严重冲击，提高流通现代化水平以及对外开放水平，促进流通产业升级。2002年发布的《"十五"商品流通行业结构调整规划纲要》、2004年发布的《流通产业改革发展纲要》提出，要深化流通体制改革、扩大国内消费需求，促进服务业健康发展以及规范流通行业发展。针对上述目标，政府发布了《商务部关于促进中小流通企业改革和发展的指导意见》《商务部 国家开发银行关于进一步推进开发性金融支持流通业发展的通知》《商务部关于促进网络购物健康发展的指导意见》《商务部关于"十二五"期间流通服务业节能减排工作的指导意见》等指导文件。2008年受国际金融危机的影响，国内外消费需求呈现萎缩状态，投资信心低迷，流通产业的发展面临挑战，但也为整个流通产业的重组以及结构调整带来新机遇。这一时期我国发布了十大产业振兴规划，力求促进流通产业经济的发展，实现传统物流业现代化转型。

（三）党的十八大至"十四五"时期

2012年，《国务院关于深化流通体制改革加快流通产业发展的意见》中首次提到"流通产业已经成为国民经济的基础性和先导性产业"。这一时期我国继续深化流通体制改革，加快构建以国内大循环为主体，国内国际双循环相互促进的新发展格局，构建开放型的现代流通体系。首先，为培育新增长点，发展新业态，促进国内商贸流通发展，相继出台多项政策意见。2014年发布《国务院办公厅关于促进内贸流通健康发展的若干意见》，2015年发布《国务院办公厅关于推进线上线下互动加快商贸流通创新发展转型升级的意见》，2016年发布《国务院办公厅关于深入实施"互联网+流通"行动计划的意见》。其次，改革农村流通体制，发展农村商业体系，助力乡村振兴。2015年发布《国务院办公厅关于促进农村电子商务加快发展的指导意见》，2016年发布《国家邮政局办公室关于鼓励邮政服务农村电子商务的意见》，2021年发布《商务部等17部门关于加强县域商业体系建设促进农村消费的意见》《商务部办公厅 发展改革委办公厅 中华全国供销合作总社办公厅关于进一步推动农商互联助力乡村振兴的通知》，提出大力发展农村商业体系，增加专营农产品的农村商贸流通市场在地市级的覆盖率，促进现代化农业发展。最后，提高流通产业的国际化水平，推进国内外市场一体化。2014年中共中央发布政府工作报告时提出，要抓紧规划建设丝绸之路经济带。因此，扩大跨境电子商务试点，开创高水平对外开放新局面迫在眉睫。2015年发布《国务院办公厅关于促进跨境电子商务健康快速发展的指导意见》《中华人民共和国与俄罗斯联邦关于丝绸之路经济带建设和欧亚经济联盟建设对接合作的联合声明》，2022年国家发改委在《"十四五"现代流通体系建设规划》中提出，促进内外贸流通一体化发展。

思政园地9-1

第三节　流通产业的发展

伴随着数字经济、智慧经济、绿色经济和经济全球化等新经济形态的涌现与发展，我国产业发展进入从规模增长到质量提升的重要窗口期。流通作为连接生产和消费的纽带，在经济生活中扮演的角色和发挥的作用也在不断发生转变。流通产业未来的发展方向和发展趋势主要表现在流通数字化、流通智能化、流通绿色化和流通国际化四个方面。

一、数字化发展

数字驱动是商品流通企业快速成长的重要创新模式。数字化有利于带动流通效率提升、流通渠道畅通、流通规模扩大和流通结构优化，继而对流通产业创新发展起到良好的助力作用。流通数字化，顾名思义就是数字技术与流通产业的融合，将商贸流通全过程进行数字化赋能。流通数字化有助于使生产、流通、分配和消费更加高效，实现商品流通全过程的有效衔接。在数字经济时代，数字技术被认为是大流通、大循环和大消费的重要抓手。

流通数字化最明显的特点是大数据算法准确破译市场需求。随着大型零售商和电商平台成为消费与交易信息的集结地，以及网络通信和信息技术的深度运用，采用大数据分析、选择货品成为解决流通数字化痛点、难点的技术利器，精准化的营销推送更是加快了"货找对人"的过程，并且提升了库存周转次数和商品经营效率。

（一）流通数字化的作用与表现

1. 为中小城市商品流通产业注入发展新动能

从马克思流通理论视角看，零售业的本质是要素的交换，通过媒介供求作用实现生产和消费之间的联动,流通数字化有利于社会生产关系的改善和生产力的提高,社会再生产基本规律实现突破,形成高度适应需求的动态柔性生产,从而形成经济增长的新动能。

2. 大幅提升零售业连锁扩张速率

数字化信息系统的广泛连接性,将显著增强连锁经营模式的扩张优势,通过电子价签、远程监控、数据和会员共享及总部大数据赋能等方式,有望彻底消除传统加盟店难以步调一致的弊端,从而突破直营模式资产负担偏重、托管模式难以调动投资人积极性的局限。

3. 推动社会生产与生活方式的优化重构

借助数字化技术,流通产业可以更加轻松精准地助力制造业"量体裁衣",引领柔性生产和智能制造,支持全要素生产率的提高。同时,在促进消费升级,形成强大国内市场的大背景下,流通过程还将成为匹配消费需要、培育消费增长点、引导健康生活方式和明确消费者责任的重要一环。然而也有专家指出,流通的数字化变革,在就业和分配层面的影响犹如一把双刃剑。一方面,数字化将颠覆流通产业作为劳动密集型行业大量吸纳就业的优点,带来大批裁员和就业岗位的减少,必须警惕这一过程通过收入的传导机制而影响居民消费的连带效应,做出妥善的政策安排;另一方面,数字化也在互联网贸易、数字管理、物流和供应链、农业和农村电商等领域催生了大量新兴岗位和创业机会,对此,应在政策上加以引导和鼓励。

(二)流通数字化发展的着力点

1. 以电子商务为抓手,增加现代流通"新模式"供给

通过全国性总部、结算中心、物流配送中心和信息中心的组建,规划、管理、控制和促进各地区与各行业电子商务的发展。大力支持实体店"上网"、互联网销售,拓展销售渠道,同时提升线下体验、配送和售后服务,从而积极推动制造业与电商企业、物流企业、金融企业的跨界融合,拓宽广大中小制造企业产品的网络零售渠道,提高销售额,扩大制造业发展规模。

2. 政府提供平台、技术支持数字化转型

"十四五"规划中提到,要加快数字化发展,加强数字社会、数字政府建设,提升公共服务、社会治理等数字化、智能化水平。因此,要建立数据资源产权、交易流通、

跨境传输和安全保护等方面的基本制度和标准规范，推动数据资源的开发利用，从而推动公共基础信息数据有序开放，建设国家数据统一共享开放平台。

3. 以商业模式创新促进传统商贸转型升级

鼓励传统商品流通企业把数字化贯穿于市场分析、客户分析、产品分析、供应链分析、经营分析等的整个过程，全面提升商品流通产业的服务水平和服务效率。要以推进数字化为突破，创新发展商业模式，鼓励传统商品流通产业大力发展电子商务和跨境电商及新型数字化商业，鼓励电子商务和跨境电商企业创新业务模式，激活中小城市流通市场活力，促进中小城市商贸流通实体经济的转型升级。

4. 制定数字化保障方案，建立有序信息安全保障机制

要将信息安全摆在中小城市商品流通产业数字化转型建设的重要位置，按照国家、省、市信息安全技术标准，制定中小城市商贸流通数字化转型建设与运营安全保障方案，积极配合国安、公安、通信管理等部门加强信息安全管理。加大力度打击非法利用他人数据、非法窃取商业机密、非法收集政务机密等不法行为，建立有序的信息安全保障机制，确保中小城市商品流通产业数字化转型和建设中商业机密的信息安全。

二、智能化发展

流通智能化是指流通组织通过广泛应用人工智能、大数据、云计算、区块链等新型数字信息技术，强化与互联网的深度融合，坚持包容性创新导向，构筑智能学习、推理、决策系统，促进流通媒介机制升级、组织节点高速响应、消费者满意度提升、数据信息充分传递、物流通达能力增强、资源利用更加高效、商品产销精准对接、市场供求动态平衡，建立高效畅通且具有持续竞争优势的智能流通体系。2016年，国务院办公厅出台了《关于深入实施"互联网+流通"行动计划的意见》，明确了要从积极推进流通创新发展、加强智慧流通基础设施建设、拓展智能消费新领域、大力发展绿色流通和消费、深入推进农村电子商务等方面加快流通产业发展，对流通产业的智能化发展提出了方向和要求。

流通智能化转型强调智能流通平台的搭建，借助新型数字技术促进各流通主体与政府、市场实现信息的对接和共享，弥合商品市场信息鸿沟，并基于智能化决策系统及其对海量商品信息的试错、筛选、整合、优化流通资源，完成对供求两端的精准、高效匹配。

（一）流通智能化的特点及作用

1. 消费便利性

线上线下流通渠道的高效协同为消费者在指定的时间和地点获取所购买的商品提供了便利条件。此外，基于区块链技术的电子支付手段能够以更加低廉的成本提供安全、便捷的线上支付体验。

2. 服务增值化

智能流通体系能够通过对商品状态与流通运行过程的实时监控，深入挖掘消费者的衍生需求，并据此提供定制化配套服务，实现商品与流通服务的创新性结合，改善消费者购物体验，提高其持续的消费意愿。与此同时，智能流通体系基于对消费者购物体验的重视，可将顾客个性化创意适时融入产品设计与流通过程，这种逆向化服务性生产既能通过差异化定制服务满足当前顾客消费意愿，又能通过网络口碑效应吸引更多消费群体，激发潜在市场需求，还能为厂商提供产品与配套增值服务创新的思路。

3. 科技密集型

智能流通从海量数据中筛选有效信息，运用智能决策系统推理得到最优流通解决方案，并基于高效响应机制开展对各环节流通资源的优化整合。与此同时，随着商品市场数据容量的持续递增，流通系统不断丰富自身知识储备，并通过深度学习、智慧推理，有效降低商品资源错配发生率，规避信息不对称所导致的逆向选择和机会主义交易行为，进一步完善智能流通信息平台。大数据、云计算等先进技术有助于积累数据并跟踪顾客全流程消费过程，通过与顾客的实时互动掌握其消费偏好。第五代移动通信技术（5G）的普及将优化智能流通系统施效的空间，进一步释放大数据潜在的商业价值。人工智能技术的全面开发能够降低现代流通体系中人工投入的比重，可在极大提高流通运行效率的同时有效缩减流通成本。

（二）流通智能化发展的着力点

1. 充分利用现代信息技术提高流通信息化水平

在"互联网+"背景下，流通产业业态已经发生了很大的变化，未来也会持续发展。可以说现代信息技术的广泛应用是"互联网+流通"的主要创新来源，正是在互联网技术的渗透和带动下，流通领域才呈现出大范围、宽领域、多渠道、全链条、深层次流通创新的总体特征和趋势。而流通产业业态的智能化、需求的个性化、移动互联网化，以及基于这种移动终端消费需求决定的消费市场，将成为消费的主流方式。基于此，流通企业必须审时度势，积极开发和引进新技术，及时在商品流通过程中运用新技术。

2. 加大流通行业人力资本的引进和培育

智能化的流通，意味着传统流通行业不断向知识密集型的新型流通行业转型，这必然需要一支强大的流通人才队伍进行智力支持。但是，目前我国流通行业的发展模式较为粗放，企业在人才引进方面没有形成充分的意识，也没有足够的投入。所以必须加大流通行业人力资本的引进和培育。一方面，应加大开放程度，大力引进流通方面的专业人才队伍，夯实本土流通行业的智力基础；另一方面，应加大教育投入，政府应联合流通企业、高等院校等机构，加大对流通人才的培训力度，并鼓励企业自主开展内部员工培训。此外，政府也要积极加强公共设施投入，在居住、生活、教育、医疗、文体等方面做好全方位服务，进一步确保流通人才引得进、留得住。

3. 持续推动流通智能化基础设施建设

要发展智能化的流通产业，促进流通产业价值链升级，就要在大的区域范围内完善与流通产业发展相关的基础设施体系，进一步夯实流通智能化发展的基础。首先，应加强物流基地的建设力度，科学谋划、合理布局，建设规模化、集约化、智能化的区域性仓储基地、物流配送中心，完善智能化的物流基础设施。其次，应鼓励在城镇建设智慧街区、智慧商场等智慧商业点，为流通智能化业态的发展提供更大的空间。再次，积极提高互联网的全域覆盖率，特别是加大农村地区的宽带建设，消除城乡的"信息鸿沟"，推动智能化流通价值链向农村延伸。最后，持续发展电子商务，进一步开拓线上商业渠道，并进一步促进线上、线下互联互通，为流通产业智能化的发展和价值链升级提供更加坚实的后台支撑。

三、绿色化发展

"十四五"规划明确指出，要强化绿色发展的法律和政策保障，发展绿色金融，支持绿色技术创新，推进清洁生产，发展环保产业，推进重点行业和重要领域绿色化改造。流通作为连接生产与消费的中间环节，其过程能否实现绿色化，关乎经济能否实现绿色发展。在经济新常态和供给侧结构性改革背景下，绿色发展也成为流通企业转型升级的重要方向和应对市场竞争的主动选择，这些都促使流通过程趋向绿色化。

(一) 流通绿色化的特点及作用

1. 效率是流通绿色化的本质要求

在经济整体运行层面，提高资源回收利用效率，在资源节约条件下实现最大产出，是流通绿色化的重要体现。目前，我国工业生产、城市生活产生的各类废弃物主要通过填埋、焚烧等方式处理，资源化率并不高。对于旧家具、旧电器、二手车等旧货的流通，市场发展还不规范，旧货行业还没有很好地发挥扩大内需、增加就业、保护环境等方面的作用。流通绿色化的重要一环将建立在资源回收和再利用领域，通过对人类活动弃置物的回收与利用，鼓励旧货市场发展，使资源二次甚至多次进入商品生产与流通环节，从整体上提高对自然资源的利用率，降低人类活动对自然环境的不利影响，从而在宏观上实现资源的高效运用。

2. 和谐是流通绿色化的重要内涵

企业之间存在竞争、分工、合作等多种关系。在流通内涵不断扩大、消费升级趋势明显、新商业模式不断涌现的市场环境中，流通企业之间构建新型、和谐的竞争或合作关系，是流通绿色化的必然要求。绿色流通作为连接人类活动与自然界物质与能量交换的重要一环，更要承担起促进人与自然和谐相处的生态责任，在促进潜在价值转化、减少人类活动对自然界资源的攫取、降低污染物对生态环境的影响等方面做出重要贡献。

3. 循环是流通绿色化的运转基础

流通绿色化能够促进物质能量资源在人类社会与自然界之间的循环。自然资源和环境是人类生存的基础，但人类对自然生态的破坏和废弃物的不断增加，已经超过自然资源增长和环境自我恢复的速度。对此，流通绿色化发展应着重对废弃物中潜在价值的发掘和转化进行研究。传统商品流通理论聚焦于"生产—消费"链条的"前端"，研究商品价值和使用价值的转化问题，而绿色流通理论应将重点放在"消费—再生产"链条的"后端"，研究潜在价值的转化问题，在资源分类、回收、循环再利用等领域有所突破，形成对流通理论的补充和完善。

4. 低耗是流通绿色化的实践特征

在城市污染治理和经济社会发展中，仅仅强调生产领域的清洁生产和节能减排是远远不够的，"绿色生产、绿色流通、绿色消费"才能构成一个完整的绿色经济体系。流通过程迫切需要低耗发展，通过资源、信息等要素整合，减少无效率、重复的流通活动，以降低能源损耗、减少资源浪费，在同等产出下消耗更少资源，进而增加效益。因此，低碳流通应运而生。绿色流通是经济发展的必然产物，而低碳流通是在绿色流通的基础上升级而成的。

5. 可持续是流通绿色化的动态追求

流通产业连接着生产市场与消费市场、要素市场与产品市场、国内市场与国际市场，是推进社会化大生产的"润滑剂"，是国民经济正常运转的保障。流通产业的可持续发展是社会经济可持续发展的重要组成。流通绿色化中的可持续主要是指流通企业在商业模式、竞争策略、领域协同方面形成的可持续发展，进而带动相关产业的可持续发展，最终促进人类社会发展模式与自然生态的可持续发展。

（二）流通绿色化的着力点

1. 不断完善流通绿色化发展体系

从国家层面来说，可以通过绿色流通相关法律法规，完善绿色商品采购、商品包装空位及预留容量、废弃物处理、能源消耗、运输车辆车型及燃油使用、购物袋使用等与流通活动过程有关的法规、条例，不断完善流通绿色化发展体系。倡导消费者进行绿色消费，为废弃物的回收负担一定的费用，并承担一些垃圾分类的责任，从源头上促进流通企业绿色化。在政策实施方面，要能制定绿色流通发展综合性法律体系，运用经济杠杆激励并引导流通企业的行为，通过绿色税收、绿色补贴等政策对流通产业绿色化发展起到积极作用。

2. 建立流通产业绿色环保基金

对自主研发节能环保技术、开展环保活动、达到绿色标准和购置节能环保技术设备的流通企业，给予重大项目立项、资金、贷款等方面的补助和支持，建立流通产业绿色环保基金，并减轻流通企业税费负担。积极发展绿色信贷、绿色融资租赁、碳金融等金融产品，解决绿色产业发展融资难的问题，促进绿色产业健康发展。

3. 开发应用绿色流通服务技术

大力推进店面节能、环保改造，开发应用绿色流通服务技术。在流通企业中推广、应用能源管理体系，保证能源、资源的有效利用。企业实施绿色流通，是一项系统工程，需要整个供应链的企业加强合作。尤其是当企业面临成本方面的压力时，通过与供应链上的企业合作，可以共同分摊成本，共享收益。

4. 加强绿色流通人才培养培训

推动流通产业绿色研究组织机构建设，促进流通产业扩大规模、提高人员素质，推出一批水平较高、能够真正指导实践的流通产业绿色发展的理论成果。改进教育模式，加强高校绿色流通前沿管理方法与技术的开发。与流通企业紧密合作，注重实际操作能力训练，培养一批流通产业绿色领导人才、绿色企业经营管理人才、绿色专业技术人才。要注重物流管理和环境科学的结合，促进专业物流人才培训，保障物流人才成为技能水平高、环保意识强的复合型人才，保障物流管理工作软环境的优化。此外，要注重将绿色创新知识和当前知识经济时代的发展要求紧密结合起来，积极促进动态化知识创新战略转变，使之能够和当前流通产业绿色化发展目标相契合。

四、国际化发展

流通国际化是流通要素跨国界的流动，其基本表现形式为资本的国际化、管理的国际化和商品经营的国际化。流通国际化是一个双向过程，可以将其概括为外向国际化和内向国际化，前者是一国的流通企业通过各种形式参与国际市场竞争，使企业经营具有国际化特征；后者是外国流通企业进入国内市场，使国内市场竞争呈现出国际化特征。流通国际化特征的形成使得世界流通产业形成了"大企业主导的格局"，国际性超大流通企业在世界流通产业中产生了重要影响。

（一）经济全球化与流通国际化

1. 流通产业转型升级是应对经济全球化的客观需要

随着全球经济一体化发展，产品、劳动资源与资金等在世界范围内实现了流通与分配。2004年我国流通产业完全对外开放，为我国流通产业发展带来了全新的发展机遇与挑战。一方面，外资的流入为我国流通产业发展提供了源源不断的动力，在资金、技术与运营管理模式引进方面发挥积极作用，有效驱使了流通产业业态与交易模式的多样化发展，从而推动了我国流通产业的现代化发展进程，促使我国流通产业快速发展；另一方面，国际市场的形成使得市场竞争日益激烈，外商进入我国流通产业，占据一部分市场份额，对部分流通途径进行了控制。经济全球化的发展要求对我国流通产业提出更严格的标准，在"十四五"规划要求的大背景下，基于互联网、大数据、信息技术等对传统流通设备与运营流程进行优化升级，在很大程度上将减少物流运营资金、提升物流运输效率、优化流通产业结构。只有通过流通产业结构升级才能发挥我国流通产业在国际市场中的重要地位与竞争优势。

2. 全球一体化商品流通产业发展格局正在逐步形成

在进一步加大改革开放力度、大力推进"一带一路"建设的背景下，国家各部委陆续出台一系列政策措施，鼓励我国企业加快对外投资，推动中国企业、中国商品、中国产品"走出去"。国家发改委印发了《关于发布〈民营企业境外投资经营行为规范〉的通知》，支持规范民营企业对外投资；国务院国有资产监督管理委员会通过了《中央企业境外投资监督管理办法》，引导中央企业规范对外投资行为。一系列政策措施的实施，激发了中国企业对外投资的热情，对外投资持续增长。在商贸流通基础设施方面，特别是在亚洲、非洲、欧洲一些国家和地区，投资力度不断加大，随着境外经贸合作区、特殊经济区等的建立，全球贸易方式不断延伸。商贸网络全球布局加速优化，全球一体化商贸流通体系正在形成。比如，中欧班列连通亚欧大陆多个国家和地区，充分激发贸易活力，有效降低了全球商品流通成本，提升了全球商贸流通效率，中欧班列已成为国际物流陆路运输的骨干力量。随着对外投资的增长，我国一些跨国企业也逐步形成面向全球的贸易、投融资、生产、服务网络，国际竞争优势和能力稳步提升。

（二）"双循环"新发展格局与流通国际化

1. "双循环"背景下流通国际化程度提升

适应新的对外开放经济形势，商贸流通向国际、国内两个市场持续深入发展。一方面，流通国际化加快推动了国际物流园区、跨境电商等的发展，许多流通企业通过新建、并购、参股、增资等方式建立了海外分销中心、展示中心等，并且与跨境电商平台进行线上、线下融合，更好地推进流通企业走出去。同时，国内也快速形成并发展了一批连接国际、国内市场的跨境贸易电子商务综合服务平台，畅通国内外流通网络。另一方面，随着内贸流通领域外资准入限制日渐放开，更多外资投向共同配送、连锁配送，以及鲜活农产品配送等物流服务领域。跨国公司也纷纷设立采购、营销等功能性区域中心，更好地与国内市场有效对接。

2. 流通国际化面临新挑战

当前，外商投资企业进入自我调整和局部收缩阶段，应进一步完善外商投资商贸流通领域的法律法规，放开外资准入限制，落实第三方物流、专业批发市场、物流配送中心、仓储设施等领域的对外开放，推进国内外流通企业深度合作。这些措施都将成为"双循环"新发展格局中推动商品流通企业发展的重要推力。

（三）流通国际化的着力点

1.积极适应经济全球化大趋势，不断改进对外投资方式和渠道

一是中国企业要积极建设境外工业园区、境外仓储中心等重点项目，顺应产业转移趋势，发挥我国经验优势，主动实施产业布局，既可拓展市场，提升我国产业分工地位，又可与其他国家深化经贸合作关系，促进经济发展，实现互利共赢；二是不断改进投资方式，拓宽投资渠道，针对其他国家市场的实际需要，积极采取投资、并购、参股控股等多种方式，加强海外业务布局，融入本土，打造本土化企业，切实履行好企业的社会责任，带动东道国经济和贸易的繁荣；三是对战略联盟方式进行创新，加强与有关发达国家企业的合作，充分借助发达国家企业在某些方面的优势，弥补中国企业进入某些国家市场的劣势。

2.发展现代供应链，畅通循环机制

一是充分利用物联网、云计算、大数据、人工智能等新兴技术，深入挖掘消费者需求，提高企业快速反应能力，采用定制化生产方式，为消费者提供个性化、多样化商品；二是大力推进供应链结构升级与创新，将消费需求贯穿产品设计、采购、生产、销售、服务等全过程，推动生产型供应链向消费型供应链转变，并与互联网、物联网深度融合，促进供应链升级为高效协同的智慧供应链，助力我国由供给大国向供给强国演进；三是加快供应链及产业组织方式、商业模式和政府治理机制创新，在整合上游生产资源的同时，对供应链各个环节加以优化，以信息共享推进有效对接，降低交易成本，提高运营效率，从而加速推进产业结构升级，保障产业链、供应链安全，增强我国全球竞争力。

3.以目标客户为导向，创新商品流通产业组织

我国商品流通产业组织创新发展已经取得一定成效，但是普遍性不高，可以从以下几个方面提升我国流通产业组织创新的积极性。一是向国际流通产业组织看齐，在对外开放不断深化的前提下，通过技术引进、学习等方式实现产业组织创新；二是在国家大力倡导集约化的背景下实现以大带小，小组织集聚后形成合力推动创新水平的提升和创新范围的扩大；三是流通产业组织要通过产业链优化来实现组织结构优化，并以产业链终端需求，即以目标客户为导向，创新商品流通业态，不断满足目标客户的个性化和差异化需求，实现战略与经营的差异化，形成核心竞争优势。

4.建立相关配套体系，完善各项法律法规

目前，我国电子商务蓬勃发展，我国亟待建立一套完善的社会信用体系，尤其是要将信用体系与商品流通产业对接，将该体系作为商品流通产业结构优化的基石。针对当前我国商品流通产业以及经济发展的实际情况，在法律层面的建设可以从以下两个方面入手。一是要不断完善相关的法律法规，制定并建立起易操作的标准和准则，坚决打破行业垄断和地区封锁，实行规模化、集约化经营和管理，形成全国统一市场，孵化出一批跨行业、跨地区、跨国界的具有较高竞争水平的商品流通企业集团，这样不仅可以降低企业运营成本，还可以让企业在激烈的市场竞争中站稳脚跟，最终达到规模扩张的目的。二是要制定适度的产业竞争政策，提高国外企业进入我国市场的壁垒，提高对外商投资的数量和质量的控制，保证国内市场的有序竞争。

拓展课堂9-1

本章小结

广义的流通产业是指商品所有者一切贸易关系的总和，是商流、物流、信息流和资金流的集合，包括批发、零售、物流、餐饮、信息和金融等诸多行业。狭义的流通产业仅仅指批发、零售和物流三个行业。

流通产业结构是流通产业与相关产业以及流通产业内各细分产业间的数量比例关系与经济技术联系的总和。

流通产业政策是国民经济产业政策的一个重要组成部分，它以流通产业为直接对象，根据国民经济整体发展要求，以及流通产业的实际情况，直接或间接干预产业活动，从而实现产业发展等特定经济和社会目标的各种政策的总称。

第九章即测即评

流通产业的规制是指政府管制机构为弥补市场缺陷、提高流通经济效率，依据相关法规或政策对流通领域微观经济主体的经济活动所实施的干预行为。

参 考 资 料

[1] 彭晖.流通经济学[M].北京：科学出版社，2010.

[2] 张建华.流通经济学[M].北京：机械工业出版社，2011.

[3] 张建华.商品流通学[M].北京：中国经济出版社，2014.

[4] 吴小丁.商品流通论[M].3版.北京：科学出版社，2015.

[5] 霍焱.商品流通实务实验教程[M].北京：清华大学出版社，2017.

[6] 刘仲芸，刘星原.现代流通经济学[M].2版.北京：首都经济贸易大学出版社，2022.

[7] 赵娴，丁俊发，黄雨婷.流通经济学[M].北京：清华大学出版社，2023.

[8] 周进.共建"一带一路"：发展历程、主要成果与重要经验[J].当代中国史研究，2023，30(03):4-20,150.

[9] 兰洋.现代金融促进商贸流通产业发展的对策探究[J].商业经济，2024，(02):67-69.

[11] 中国物流与采购联合会.2023现代流通企业高质量发展报告[R].北京：中国物流与采购联合会，2023.

[12] 官方网站指引：

国家统计局网站.https://www.stats.gov.cn/jg/jgsz/.

中华人民共和国中央人民政府网.https://www.gov.cn/.

中华人民共和国国务院新闻办公室官网.http://www.scio.gov.cn/.

中华人民共和国商务部流通业发展司官网.http://ltfzs.mofcom.gov.cn/.